国家级一流本科专业建设点配套教材

北大社 "十四五"普通高等教育本科规划教材

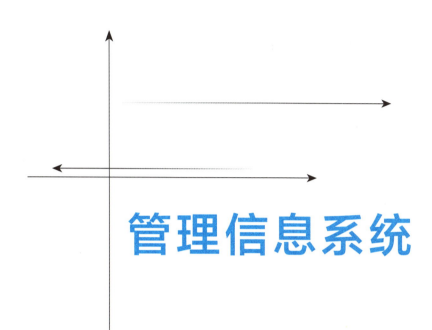

管理信息系统

陈琴 ◎ 主编

内 容 简 介

本书采用理论与实际相结合的方法，结合案例、实例和实验，系统地介绍了管理信息系统的核心内容，全面阐述了管理信息系统的基本理论和实践应用。全书共十一章，包括：信息和信息系统概述，管理信息系统，组织与战略、组织架构和业务流程，信息系统中的商业伦理与信息监控，管理信息系统的技术基础，数据管理与数据库，信息系统安全，供应链与供应链管理，商务智能与商务数据分析，信息系统项目管理，碳中和背景下的管理信息系统。

本书可作为高等院校工商管理类专业的本科生教材，也可供从事管理信息系统研究和应用的人员学习参考。

图书在版编目（CIP）数据

管理信息系统 / 陈琴主编. -- 北京：北京大学出版社，2024.9. -- ISBN 978-7-301-35372-1

Ⅰ. C931.6

中国国家版本馆 CIP 数据核字第 2024SN9247 号

书　　　名	管理信息系统 GUANLI XINXI XITONG
著作责任者	陈　琴　主编
策 划 编 辑	王显超
责 任 编 辑	耿　哲
标 准 书 号	ISBN 978-7-301-35372-1
出 版 发 行	北京大学出版社
地　　　址	北京市海淀区成府路 205 号　100871
网　　　址	http://www.pup.cn　新浪微博：@北京大学出版社
电 子 邮 箱	编辑部 pup6@pup.cn　总编室 zpup@pup.cn
电　　　话	邮购部 010-62752015　发行部 010-62750672　编辑部 010-62750667
印 刷 者	北京溢漾印刷有限公司
经 销 者	新华书店
	787 毫米×1092 毫米　16 开本　18.5 印张　440 千字 2024 年 9 月第 1 版　2024 年 9 月第 1 次印刷
定　　　价	59.00 元

未经许可，不得以任何方式复制或抄袭本书之部分或全部内容。
版权所有，侵权必究
举报电话：010-62752024　电子邮箱：fd@pup.cn
图书如有印装质量问题，请与出版部联系，电话：010-62756370

前言
PREFACE

　　管理信息系统课程是管理学学科各本科专业的必修课，是一门运用系统科学、管理学、计算机科学等多个学科中的概念和方法，综合发展起来的边缘性、综合性、系统性的课程，既具有较深和较宽的理论基础，又具有很强的实践性。

　　2019年3月，教育部高等学校工商管理类专业教学指导委员会在上海对外经贸大学召开了年度第一次会议，会上针对新商科的概念、内涵和路径进行了深入细致的探讨。新商科以数字经济为背景，数字经济迫切需要一批能掌握数字商业规律，具有全球视野和数字商业价值观、多种思维交叉融合的复合型新商科人才。党的二十大报告提出，要加强基础学科、新兴学科、交叉学科建设，加快建设中国特色、世界一流的大学和优势学科。

　　作为一门多学科交叉融合的综合性课程，管理信息系统课程的任务和教学目的是使学生掌握管理信息系统的概念、结构和建立管理信息系统的基础、建设管理信息系统的方法，以及数字化时代管理信息系统在企业管理中的作用，同时，通过实践培养学生综合运用知识的能力和应用系统的能力。该课程定位符合"新商科"建设对人才培养的相关要求。

　　由于管理信息系统课程在管理学学科本科专业教学中具有重要地位，近年来，国内外出版了很多相关教材。这些教材各有所长，为管理信息系统课程的本科教学提供了很好的支持和帮助。

　　本书编者是长期从事管理信息系统课程及相关课程教学的教师，在教学过程中积累了一些教学经验和成果，在此背景下，编者决定编写本书。本书由广西大学优质本科教材倍增计划项目资助出版。

　　本书共包括十一章。第一章介绍了信息和信息系统的相关内容；第二章介绍了管理信息系统相关内容；第三章介绍了组织与战略、组织架构和业务流程；第四章介绍了信息系统中的商业伦理与信息监控；第五章介绍了管理信息系统的技术基础；第六章介绍了数据管理与数据库；第七章介绍了信息系统安全；第八章介绍了供应链与供应链管理；第九章介绍了商务智能与商务数据分析，其中重点介绍了数据分析工具——Python；第十章介绍了信息系统项目管理；第十一章介绍了碳中和背景下的管理信息系统。

　　本书采用理论与实际相结合的方法，丰富的案例、实例和实验是本书的特色。每章都有相应的案例，有些章还有实例或者实验，从而增加了教材的可读性和适用性。

　　由于编者水平有限，书中难免有错误和不足之处，敬请广大同行和读者批评指正。

编者

2024年5月

目 录
CONTENTS

第一章　信息和信息系统概述 …………… 1

第一节　信息概述 ……………………… 2
 一、信息的概念 ………………………… 2
 二、数据、信息、知识和
  智慧的关系 ………………………… 2
 三、信息价值及其度量 ………………… 4

第二节　系统、信息系统的定义、
  特征和分类 ……………………… 5
 一、系统的定义、特征和分类 ……… 5
 二、信息系统的定义、特征和
  分类 ………………………………… 8

第三节　信息系统在企业运营和
  管理中的作用 ………………… 10
 一、为企业决策和控制提供
  保障 ………………………………… 10
 二、优化企业的业务流程 …………… 10
 三、提高企业的客户服务水平 ……… 10
 四、加强企业的安全管理 …………… 10
 五、促进企业资源的利用 …………… 10

本章小结 ………………………………… 12
习题 …………………………………… 12

第二章　管理信息系统 ………………… 15

第一节　管理信息系统概述 …………… 16
 一、管理信息系统的
  起源和发展 ……………………… 16
 二、管理信息系统的特点 …………… 17
 三、管理信息系统的结构 …………… 18

第二节　管理信息系统的分类 ………… 25
 一、按组织职能分类 ………………… 25
 二、按信息处理层次分类 …………… 25
 三、按综合结构分类 ………………… 25
 四、按所使用的技术手段分类 ……… 26
 五、按信息处理方式分类 …………… 26
 六、按信息服务对象分类 …………… 26

第三节　管理信息系统的功能 ………… 27
 一、数据处理功能 …………………… 27
 二、预测功能 ………………………… 27
 三、计划功能 ………………………… 28
 四、控制功能 ………………………… 28
 五、辅助决策功能 …………………… 28

本章小结 ………………………………… 28
习题 …………………………………… 29

第三章　组织与战略、组织架构和
业务流程 ……………………… 32

第一节　组织与战略 …………………… 33
 一、组织 ……………………………… 33
 二、战略 ……………………………… 35
 三、组织与战略的关系 ……………… 36

第二节　组织架构 ……………………… 37
 一、组织架构概述 …………………… 37
 二、组织架构的模式 ………………… 39
 三、组织架构的优化 ………………… 40

第三节　业务流程 ……………………… 41
 一、业务流程概述 …………………… 41
 二、业务流程图 ……………………… 43
 三、业务流程重组 …………………… 46

第四节　【实例】广西君武糖业集团
  组织架构及业务流程设计 …… 50
 一、广西君武糖业集团
  组织架构 ………………………… 50

二、广西君武糖业集团各
　　　模块业务流程……………52
本章小结………………………………54
习题……………………………………55

第四章　信息系统中的商业伦理与信息监控……………57

第一节　信息系统中的商业
　　　　伦理概述……………………58
　　一、商业伦理的相关概念…………58
　　二、商业伦理的特征、
　　　　功能与作用…………………59
　　三、信息系统中的商业伦理………61
第二节　信息系统中的个人隐私………64
　　一、个人隐私………………………64
　　二、个人信息与个人隐私的
　　　　关系…………………………65
　　三、大数据时代个人隐私的
　　　　保护…………………………66
第三节　信息系统中的知识产权………69
　　一、知识产权的概念………………69
　　二、商业秘密的特征………………70
　　三、商业秘密的分类………………71
本章小结………………………………71
习题……………………………………72

【实验 4-1】广西君武糖业集团信息
　　　　系统中的信息监控……………74
　　一、系统日志………………………74
　　二、系统进程………………………75
　　三、用户状态………………………76
　　四、用户历史………………………77

第五章　管理信息系统的技术基础………79

第一节　数据采集………………………80
　　一、数据采集的概念………………80
　　二、数据采集方式…………………80
第二节　数据组织………………………81
　　一、数据组织的概念………………81
　　二、数据组织的层次………………81

三、数据组织的维度………………82
第三节　数据结构………………………83
　　一、物理结构………………………83
　　二、逻辑结构………………………90
第四节　计算机网络技术………………98
　　一、计算机网络概述………………98
　　二、计算机网络体系结构…………104
　　三、Internet/Intranet/Extranet……110
　　四、物联网…………………………114
第五节　云计算技术与大数据技术……116
　　一、云计算技术……………………116
　　二、大数据技术……………………117
本章小结………………………………119
习题……………………………………119

第六章　数据管理与数据库……………122

第一节　管理信息系统的数据管理……123
　　一、数据管理概述…………………123
　　二、管理信息系统的数据
　　　　管理方法……………………129
第二节　数据库、数据库管理系统
　　　　与数据模型…………………130
　　一、数据库…………………………130
　　二、数据库管理系统………………136
　　三、数据模型………………………139
第三节　关系模式与关系模式规范……143
　　一、关系模式………………………143
　　二、关系模式规范…………………144
第四节　数据库设计……………………145
　　一、需求分析………………………146
　　二、概念结构设计…………………146
　　三、逻辑结构设计…………………146
　　四、物理结构设计…………………149
第五节　数据模式………………………151
　　一、三级模式………………………151
　　二、两级映射………………………152
第六节　从数据库获取信息的工具……153
　　一、SQL 查询………………………153
　　二、ETL 工具………………………157

三、数据 API……………………… 159
　　　四、数据抽取器 …………………… 160
　　　五、数据分析工具………………… 160
　第七节　业务数据的查询与分析
　　　　　工具——SAP HANA ………… 160
　　　一、SAP HANA 简介 ……………… 160
　　　二、SAP HANA 架构 ……………… 161
　　　三、SAP HANA 的优势 …………… 163
　本章小结 ……………………………… 164
　习题 …………………………………… 165
　【实验 6-1】SAP HANA Studio 与
　　　　　信息建模………………… 167
　　　一、SAP HANA Studio …………… 167
　　　二、信息建模 ……………………… 168

第七章　信息系统安全 …………… 171

　第一节　信息系统安全概述 ………… 172
　　　一、信息系统安全的概念 ………… 172
　　　二、信息系统安全的内容 ………… 172
　第二节　信息安全概述 ……………… 174
　　　一、信息安全的概念 ……………… 174
　　　二、信息安全的内容 ……………… 174
　第三节　信息安全技术 ……………… 175
　　　一、信息安全技术的概念 ………… 175
　　　二、常见的信息安全技术 ………… 175
　　　三、信息安全技术的应用 ………… 177
　　　四、信息安全技术的发展趋势 …… 178
　第四节　SAP HANA 安全管理 ……… 180
　　　一、信息安全管理 ………………… 180
　　　二、SAP HANA 安全管理 ………… 181
　本章小结 ……………………………… 183
　习题 …………………………………… 184

第八章　供应链与供应链管理 …… 186

　第一节　供应链与供应链管理概述 … 187
　　　一、供应链概述 …………………… 187
　　　二、供应链管理概述 ……………… 190
　第二节　供应链管理系统 …………… 194
　　　一、供应链管理系统的概念 ……… 194

　　　二、供应链管理系统的价值 ……… 194
　　　三、供应链管理系统的模块 ……… 195
　　　四、供应链管理系统中的信息 …… 196
　第三节　推式供应链业务流程 ……… 197
　　　一、推式供应链的概念 …………… 197
　　　二、推式供应链的运作模式 ……… 197
　　　三、推式供应链的特点和
　　　　　适用场合 ………………… 197
　　　四、推式供应链业务流程 ………… 198
　第四节　拉式供应链业务流程 ……… 199
　　　一、拉式供应链的概念 …………… 199
　　　二、拉式供应链的运作模式 ……… 199
　　　三、拉式供应链的特点和
　　　　　适用场合 ………………… 199
　　　四、拉式供应链的业务流程 ……… 200
　第五节　供应链驱动方式选择 ……… 200
　　　一、供应链驱动方式选择策略 …… 200
　　　二、推拉结合的供应链
　　　　　整合运作模式 …………… 201
　本章小结 ……………………………… 202
　习题 …………………………………… 203
　【实验 8-1】广西君武糖业集团拉式
　　　　　供应链整体业务流程 …… 205

第九章　商务智能与商务数据分析 … 208

　第一节　商务智能概述 ……………… 209
　　　一、商务智能的概念 ……………… 209
　　　二、商务智能的发展 ……………… 209
　　　三、商务智能的前景分析 ………… 211
　第二节　商务智能系统的基本架构 … 214
　　　一、数据源层 ……………………… 214
　　　二、数据仓库层 …………………… 215
　　　三、数据整合层 …………………… 216
　　　四、数据分析层 …………………… 217
　　　五、数据展现层 …………………… 222
　第三节　数据的模型和商业价值 …… 223
　　　一、数据的模型 …………………… 223
　　　二、数据的商业价值 ……………… 224

第四节 商务数据分析……………225
  一、商务数据概述……………225
  二、商务数据分析概述…………226
第五节 数据分析工具——Python……230
  一、应用Python进行数据
    清洗与规整…………………230
  二、数据的分组与聚合…………232
  三、时间序列数据分析…………232
  四、Python在财务会计数据
    分析中的应用………………233
第六节 数据可视化………………234
  一、折线图……………………234
  二、饼（状）图………………236
第七节 数据挖掘及其商业应用……238
  一、数据挖掘的概念…………238
  二、数据挖掘的步骤…………238
  三、数据挖掘的方法…………240
  四、数据挖掘的成功案例………251
本章小结……………………………251
习题…………………………………252
【实验9-1】电子商务数据分析……253

第十章 信息系统项目管理……255

第一节 项目管理……………………256
  一、项目管理概述……………256
  二、项目管理技术……………257
  三、会计项目管理……………262
第二节 项目管理结构体系…………264
  一、项目管理组织结构的定义…264
  二、项目管理组织结构的类型…265
  三、如何选择适合的项目
    管理组织结构………………265
第三节 项目管理模块主数据………267
  一、主数据管理概述…………267
  二、主数据管理框架和流程……268
  三、主数据管理实现过程中
    遇到的一些关键技术挑战…269
本章小结……………………………269
习题…………………………………270

第十一章 碳中和背景下的管理信息系统……273

第一节 碳中和概述…………………274
  一、碳中和的基本概念…………274
  二、碳中和提出的背景和意义…274
  三、我国碳中和的实现…………274
第二节 碳中和下的碳管理系统……277
  一、碳管理系统的概念和建立
    碳管理系统的重要性………277
  二、碳管理系统的关键要素和
    碳管理系统的作用…………277
  三、建立碳管理系统的步骤……278
第三节 碳管理系统建设中存在的
     问题和面临的挑战…………279
  一、碳管理系统建设中存在的
    问题…………………………280
  二、碳管理系统建设中面临的
    挑战…………………………280
本章小结……………………………281
习题…………………………………281

参考文献……………………………284

第一章

信息和信息系统概述

学习目标

1. 掌握信息的概念；
2. 了解数据、信息、知识和智慧的联系和区别；
3. 掌握信息价值及其度量；
4. 掌握信息系统的定义、分类；
5. 了解信息系统在企业运营和管理中的作用。

第一节 信息概述

一、信息的概念

信息化是当今社会的潮流和趋势，信息化程度标志着一个国家的生产力发展水平，并决定着未来的发展实力与机会，信息化因此成为世界各国关注的焦点。国家信息化是指在国家统一规划组织下，在农业、技术、国防及社会的各个方面应用技术深入开发和广泛利用信息资源，加速适应国家现代化的进程。从这个定义可以看出，信息化的关键是信息资源的开发利用。随着社会的发展，信息资源的重要性日益突出，信息和材料、能源这两种重要资源一起成为现代社会发展的三大资源。

关于"信息"，目前还没有一种各方都认可的权威性定义，不同的领域、不同的人群和不同的组织从不同的角度对信息进行研究并给出信息的定义，下面是几种比较经典的关于信息的定义。

① 美国数学家哈特莱认为，信息是选择通信符号的方式，可以用选择的自由度来计量这种信息的大小。

② 信息奠基人香农认为，"信息是用来消除随机不确定性的东西"，这一定义被人们看作经典定义并加以引用。

③ 控制论创始人维纳认为，"信息是人们在适应外部世界并使这种适应反作用于外部世界的过程中，同外部世界进行互相交换的内容和名称"，这一定义也被作为经典性定义并加以引用。

④ 我国信息学专家钟义信教授认为，"信息是事物存在方式或运动状态，是以这种方式或状态直接或间接的表述"。

⑤ 美国信息管理专家霍顿给信息下的定义是："信息是为了满足用户决策的需要而经过加工处理的数据。"简单来说，信息是经过加工的数据，或者说，信息是数据处理的结果。

二、数据、信息、知识和智慧的关系

我们常见的与信息相关的概念还有数据、知识和智慧，它们之间既有联系又有区别。

（一）数据、知识和智慧的概念

1. 数据（Data）

数据是指对客观事件进行记录并可以鉴别的符号，是对客观事物的性质、状态以及相互关系等进行记载的物理符号或这些物理符号的组合。数据是事实或观察的结果，是对客观事物的逻辑归纳，是用于表示客观事物的未经加工的原始素材。数据的表现形式有很多

种，可以是符号、文字、数字，也可以是语音、图像、视频等。其中，文字和数字是数据最常见的表现形式，如某市百货大楼某年上半年电视机的销售数量为 3560 台。

2. 知识（Knowledge）

知识是人们从相关信息中过滤、提炼，进行归纳、演绎、加工而得到的有价值的信息。知识不是信息的简单累加，知识可以用来解决较为复杂的问题，帮助人们进行决策，还可以用来指导任务的执行和管理。

3. 智慧（Wisdom）

智慧是人们从已有的知识中提炼出精华，再通过形式化的组合来指导行为并找出问题的解决方案的能力。智慧是应用知识和信息处理问题的能力，是人类所表现出来的一种独有的能力。

（二）数据、信息、知识和智慧的联系和区别

数据是信息的表现形式和载体，信息是数据的内涵，是加载于数据之上，对数据所做的具有含义的解释，数据和信息是形与质的关系。数据和信息是不可分离的，信息依赖数据来表达，数据则生动具体地表达出信息。数据本身没有意义，数据只有在对实体行为产生影响时才成为信息。

数据是反映客观事物属性的记录，相互之间是没有联系的、孤立的。数据解决的是具有确定性的问题。比如，2022 年 2 月某商场的肥皂的销售额是 20 万元。这里面的 2022、商场、肥皂、销售额都是数据，它们如实地测量、反映了肥皂销售情况这件事情。

而信息是已经被处理的具有逻辑关系的数据，它是对数据的解释，使数据具有意义。比如，某季度洗发系列产品华南地区销售额比去年同期减少了 15%。可以看出，只有经过解释的数据才有意义，才能成为信息。另外，从不同的背景和目的对相同的数据进行解释，可能会得到不同的信息。

知识是人们利用归纳、演绎、比较等方法挖掘出的信息中的有价值的部分，人们将其与已存在的人类知识体系相结合，用以指导人们的生产生活实践。比如，对美国尿布和啤酒的购买情况进行分析发现，购买尿布的顾客在买尿布的时候通常也买了啤酒，经过归纳得到了"啤酒+尿布"这种隐含的模式，这就是知识。利用这个知识，商家在摆放货物的时候，会把啤酒和尿布这两样商品靠近摆放或者是捆绑在一起，以方便顾客选购。

智慧是人们掌握知识和运用知识，并且能做到举一反三的能力。这种能力运用的结果是将信息中有价值的部分挖掘出来并使之成为已有知识架构的一部分。比如"啤酒+尿布"这个知识，经过深入研究可以发现，购买尿布的同时也购买啤酒的顾客大多是年轻的男性顾客，他们在购买尿布的时候也顺便买啤酒犒劳自己。那么，除了啤酒和尿布有这种特点，还有哪些商品也有这样的特点？这就是对知识进行举一反三。

数据、信息、知识和智慧的联系和区别可以用图 1-1 所示的模型来表示。

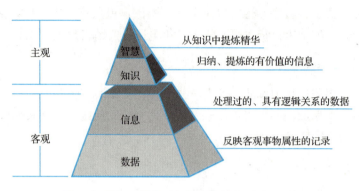

图 1-1 数据、信息、知识和智慧的联系和区别

三、信息价值及其度量

（一）信息价值

信息是有价值的，信息价值是人们对信息的一种感觉价值，是一种主观价值。由于不同的人有不同的经历、经验，因此，不同的人对信息价值的判断会出现较大的差异，不同领域对信息价值的判断也有所不同。经济学所讲的信息价值主要是指信息消除经济变动不确定性给经济活动当事人所带来的利益（或者好处）。例如，保险公司掌握了健康保险投保人的有关信息，就可以预防大量的逆向选择风险从而获得收益。在公司决策方面，信息价值表现为决策的不确定性程度。如果企业的决策方案是确定的，只有一种选择，那么所有相关信息就不具有价值；如果决策者获得的信息能有效排除做决策时的各种不确定因素，那么获得的该信息就有价值，信息能排除决策过程中的不确定因素越多，信息具有的价值就越大。

（二）信息价值的度量

如前所述，通过对数据的解释，可以得到对我们有用的信息，但是，不同的数据资料包含的信息量不一样，有的数据资料包含的信息量大一些，有的则小一些，那我们怎么来度量数据资料中包含的信息量的大小呢？

根据香农对信息的定义，我们知道，信息是减少不确定性的任何事物，那么，信息量的大小就取决于信息内容减少不确定性的程度，减少不确定性的程度大，信息所包含的信息量就大；减少不确定性的程度小，信息所包含的信息量就小。在特殊情况下，如果事先就确切知道信息的内容，那么信息中包含的信息量就等于零。

例如，有以下两个数据。

数据1（对事件1的描述）：北京1月气温范围是-9～2℃。

数据2（对事件2的描述）：南宁1月气温范围是-9～2℃。

从对两个事件的描述来看，其主题内容大致相同，那么我们是否可以认为事件1和事件2具有相同的信息量呢？显然是不行的。根据以往经验，我们认为事件1是一个大概率事件，所以事件1的不确定性比较小，故当事件1发生时，我们从数据1中得到的信息量

（消除的不确定性程度）很小。而就事件2而言，由于它是一个极小概率事件，我们得到的信息量很大。由此我们可以推断：数据2的信息量大于数据1。

概率论的知识告诉我们，事件的不确定性程度可以用其出现的概率来描述，因此，信息量可以这样定义：信息中包含的信息量 I 与事件发生的概率 $P(x)$ 密切相关，事件出现的概率越小，信息中包含的信息量就越大。当 $P(x) \to 1$ 时，$I \to 0$；当 $P(x) \to 0$ 时，$I \to \infty$。

由于概率本身是没有单位的，因此以上定义的信息是无量纲的。量纲是物理量的度量，用来表示量纲的单位必须反映特定物理现象或者物理量。每种物理量都有自己的单位，如温度的单位有摄氏度、华氏度、开尔文；长度的单位有米、厘米；质量的单位有克、千克等。

而信息也是一种物理量，所以也有相应的单位。那信息量的单位是怎么来的呢？先找到一个参照物，再以这个参照物的信息量大小为标准来衡量其他信息的信息量大小。这个参照物的信息量大小具体可以这样定义：$I(a_i) = -\log_a a_i$，其中，底数 a 可以取任意大于1的数，常见的有三种取值，分别为2、e 和10。最常见的底数取值为2，这时信息量的单位被称为比特（bit），由于是香农提出的，因此这里的1比特也被称为1香农；底数为e时，信息量的单位被称为奈特（nat）；底数为10时，信息量的单位被称为哈特（hart）。其中，比特是最常用的信息量单位，另外两个信息量单位与比特之间的换算关系为：

$$1 \text{奈特} = \log_2 e \text{ 比特} \approx 1.443 \text{比特}$$
$$1 \text{哈特} = \log_2 10 \text{ 比特} \approx 3.322 \text{比特}$$

那么，1比特的信息量是怎么定义的呢？或者说多少信息量才是1比特呢？含有两个独立均等概率状态的事件，所具有的不确定性能被全部消除所需要的信息量就是1比特。

在这种单位制度下，信息量的公式可写成：

$$H(x) = -\sum P(X_i) \log_2 P(X_i) \qquad i = 1, 2, 3, \cdots, n$$

这里 X_i 代表第 i 个状态（总共有 n 个状态），$P(X_i)$ 代表出现第 i 个状态的概率，$H(x)$ 就是用以消除这个系统不确定性所需的信息量。

【例1-1】硬币落下可能有正反两种状态，出现这两种状态的概率都是1/2，即 $P(X_i)=0.5$，这时，用以消除这个系统不确定性所需的信息量 $H(x) = -[P(X_1) \log_2 P(X_1) + P(X_2) \log_2 P(X_2)] = -(-0.5-0.5) = 1$（比特）。

第二节　系统、信息系统的定义、特征和分类

一、系统的定义、特征和分类

（一）系统的定义

系统的英文是 System，该词来源于古代希腊文 systεmα，意思是部分组成的整体。关于"系统"的不同定义，虽然文字描述不相同，但都是围绕这个意思而展开的。下面列举两个典型的"系统"的定义。

① 系统论创始人贝塔朗菲认为，"系统是相互联系、相互作用的诸元素的综合体。"这个定义强调元素间的相互作用，以及系统对元素的整合作用。

② 中国学者钱学森认为，系统是由相互作用、相互依赖的若干组成部分结合而成的，具有特定功能的有机整体，而且这个有机整体又是它从属的更大系统的组成部分。这个定义强调系统具有特定功能，即系统目标。

"系统"一词频繁出现在社会生活和学术领域中，不同学者在不同的场合赋予"系统"不同的含义，对"系统"的文字描述非常多，但对于系统的定义和特征，尚无统一规范的描述。虽然描述不同，但分析总结后可以发现，有关系统的定义都包含了系统的三大组成部分（构件）：系统功能（系统目标）、组成要素、组成要素之间的影响关系（简称"关系"）。这三个构件都一样重要，缺一不可，我们经常以是否包含这三个构件来判断是否为系统。因此，可以将系统定义为：系统是所辖边界范围内的由一些相互联系、相互影响、相互制约的若干组成部分结合而成的，具有特定功能的、实现明确目标的一个有机整体（集合）。

（二）系统的特征

一般来说，系统具有以下特征。

1. 集合性

系统是由两个或两个以上可以相互区别的要素组成的，单个要素不能构成系统，数量多但完全相同的要素也不能构成系统。

2. 相关性

组成系统的各个要素不是孤立的，它们相互依存、相互制约、相互作用、相互影响，它们之间是有关系的，各要素通过这种关系体现出了系统的整体性，而这种关系不是一成不变的，如果某个要素发生了变化，就可能会引起其他要素的变化，从而引起系统的变化。

3. 目标性

任何一个系统都具有明确的目标，系统的目标是系统表现出的功能。一般来说系统的目标是指系统的整体目标，而不是构成系统各个要素的局部的目标。系统目标是一个系统存在的意义，也作为系统各组成部分的运转指导，系统各个组成部分的运转都要为系统目标服务，受它指导或限制。一个系统如果没有明确的目标，或者不受系统目标指导而运转，那么这个系统的运转就可能是无序的、无效的，甚至是矛盾的，系统的效率就是低下的。

4. 层次性

一般来说，一个复杂的系统的各个组成部分之间的关系比较复杂，因此，在分析一个复杂的系统时，为了避免大量组成部分之间的关系互相交叉，就需要考虑相对的关系。我们通常将一个复杂的系统分为若干独立的部分（我们称这些独立的部分为子系统），这样我们就可以把这些子系统看成一个大的组成部分，独立地考虑这些子系统之间的关系，然后独立地考虑每个子系统内各个组成部分之间的关系。一个复杂的系统由许多子系统组成，每个子系统可能又分成许多子系统,而这个系统本身又是一个更大系统的组成部分,这就是系统的层次性。一般来说,系统越复杂,分的层次越多。

5. 环境适应性

任何系统都处在一定的外部环境中,会受到外部环境的影响,系统要具有随外部环境变化而相应进行自我调节以适应新环境的能力。可以说,没有环境适应性的系统,是没有生命力的系统。

6. 动态性

系统的动态性表现在以下两个方面。

第一,系统的活动是动态的,系统是通过与外部环境进行物质、能量、信息的交换,从而实现系统功能的。因为物质、能量、信息是动态的,所以,系统的活动也是动态的。

第二,系统的过程是动态的,是系统产生、发展、成熟、衰退、消灭的动态变化的过程。

党的二十大报告强调,必须坚持系统观念。万事万物是相互联系、相互依存的。只有用普遍联系的、全面系统的、发展变化的观点观察事物,才能把握事物发展规律。

(三)系统的分类

1. 按组成要素的属性划分

按组成要素的属性,系统可分为自然系统、人工(人造)系统和复合系统。

(1)自然系统

自然系统的组成要素是自然物,它是在客观世界发展过程中自然形成的系统,如气象系统、生理系统、植物系统等。

(2)人工(人造)系统

人工(人造)系统是人们为满足某种需要,通过人的劳动所创造的各种要素构成的系统。人工(人造)系统一般有以下三种。

第一种是人造物质系统,是由人们通过加工自然物获得的,如机器设备、工程设施等。

第二种是管理系统和社会系统,是由人们用一定的制度、程序、组织组成的系统,常见的有教育系统、经济系统、管理系统等。

第三种是各种科学体系和技术体系,是根据人们对客观世界的认识建立起来的系统。

(3)复合系统

复合系统是由自然系统和人工系统相结合而组成的系统,常见的复合系统有农业系统、生态环境系统、无线电通信系统等。

2. 按系统形态或存在形式划分

按系统形态或存在形式,系统可分为实体系统和概念系统。

(1)实体系统

实体系统是指组成系统的要素是具有实体的物质,典型的实体系统有机器系统、电力系统等。

（2）概念系统

与实体系统不同，概念系统是由非物质实体，如概念、原理、原则、制度、方法、程序等组成的系统，各种科学技术体系、法律、法规等都是我们常见的概念系统。

在现实中，实体系统和概念系统是紧密联系的，是不可分割的，概念系统为实体系统提供指导和服务，而实体系统是概念系统的服务对象。比如，电力系统是实体系统，而电力系统中的各种设计方案、运行程序、管理制度等是概念系统。

3. 按系统与环境的关系划分

按系统与环境的关系，系统可分为封闭系统和开放系统。

（1）封闭系统

封闭系统是指系统与环境无物质、能量、信息交换，与外界环境无联系的系统。

（2）开放系统

开放系统是指与外界环境进行物质、能量、信息交换的系统。

现实中存在的系统几乎都是开放系统，封闭系统只是相对的。

4. 按系统状态是否随时间变化划分

按系统状态是否随时间变化，系统可分为静态系统和动态系统。

（1）静态系统

静态系统是指系统的状态参数不随时间改变的系统。

（2）动态系统

动态系统是指系统的状态参数随时间改变的系统。

与物理学中运动是绝对的，而静止是相对的类似，在现实中，绝对的静态系统是不存在的，只是为了研究问题的方便，可在一定的范围和时间内，近似地将某些系统看成静态系统。

除了以上分类，按组成要素的多少及相互之间关系的复杂程度，系统可分为简单系统和复杂系统；按研究对象的不同，系统可分为教育系统、交通系统、经济系统、农业系统、能源系统、军事系统等。

二、信息系统的定义、特征和分类

（一）信息系统的定义

信息系统（Information System，IS），是一个进行信息处理的系统。信息系统可以不涉及计算机等现代技术，可以是纯人工的，因此，"计算机出现之前企业中没有信息系统"这一说法是不正确的。

随着计算机的不断发展，它极快的处理速度、极大的存储能力使其在信息处理领域得到广泛应用，人工信息系统逐步被取代，计算机解决了人工情况下人们想做而又没有能力做，或者做得不好、效率不高的数据处理、信息分析，甚至管理决策等工作。

（二）信息系统的特征

信息系统既然是一个系统，它自然具有一般系统的所有特征。除此之外，它还具有不同于其他系统的特征。信息系统的主要特征包括以下几个。

1. 整体性

整体性是指信息系统不是孤立的、自足的系统，它总是附属于一个更大的系统，整体性主要体现在信息系统的功能上，它要求即使实际开发的功能仅仅是组织中的一项局部管理工作，也必须从全局的角度规划系统的功能。

2. 以计算机为核心进行信息处理

现阶段的信息系统是人机系统，这是它与其他采用人工手段进行信息处理的系统的明显区别。

3. 稳定性和高可用性

信息系统的稳定性和高可用性体现在系统能够长期稳定地给予用户应用请求的及时反馈。

4. 作用间接性

信息系统的作用是间接的，其作用是通过管理决策水平的提高来间接体现的。

（三）信息系统的分类

根据信息系统处理信息的特点和信息系统的功能，信息系统可分为事务处理系统、管理信息系统、决策支持系统三类。

1. 事务处理系统（Transaction Processing System，TPS）

TPS 主要负责处理日常事务，这些事务一般是组织中的一些常规的、重复的、结构化的日常业务活动，如超市结账操作，仓库的出入库操作等。TPS 的作用是将各种业务活动处理过程计算机化。

2. 管理信息系统（Management Information System，MIS）

MIS 是一个以人为主导，利用计算机硬件、软件、网络通信设备及其他办公设备，对信息进行收集、储存、加工、传输、更新、拓展、使用和维护的系统。

一个 MIS 如果满足确定的信息需求、信息的可采集与可加工、为管理人员提供信息以辅助决策、对信息进行管理四个标准，就可以认为这是完善的 MIS。

3. 决策支持系统（Decision Support System，DSS）

DSS 是 MIS 的应用深化，是从 MIS 中获得信息，帮助管理者制定好的决策。与 MIS 相比，DSS 的一个重要特点是，它主要解决一些非结构化问题，为高层决策者提供决策依据。DSS 按功能可分为专用 DSS、DSS 工具和 DSS 生成器。

决策支持系统利用能处理数据和进行推测的分析程序，支持管理者制定决策。它是基于计算机的交互式的信息系统，需由分析决策模型、管理信息系统中的信息、决策者的推测三者组合，以达到好的决策效果。

第三节　信息系统在企业运营和管理中的作用

一、为企业决策和控制提供保障

信息系统可以帮助企业管理者及时获取和分析各种数据，使得企业经营管理信息的准确性和及时性得到提高，从而使企业管理者更好地了解企业的运营状况和市场趋势，帮助企业管理者做出更加准确的决策，提高企业的决策效率和决策质量。

二、优化企业的业务流程

通过信息系统，企业可以实现自动化的生产和管理，企业管理者可以优化企业的业务流程，减少人力和物力的浪费，提高企业的运营效率和生产效率，从而提高企业的效益和竞争力。

三、提高企业的客户服务水平

信息系统可以帮助企业管理者更好地了解客户需求和反馈，从而提高企业的客户服务水平。即通过信息系统，企业可以实现对客户信息的管理和分析，及时响应客户的需求和反馈，从而提高客户满意度和忠诚度。

四、加强企业的安全管理

信息系统可以帮助企业管理者加强企业的安全管理，保护企业的信息资产和业务流程。通过信息系统，企业可以实现对信息资产的保护和监控，防止信息泄露和网络攻击，提高企业的安全性和稳定性。

信息系统对企业管理的作用是不可忽视的。企业管理者应该充分利用信息系统，提高企业决策效率、优化业务流程、提高服务水平和加强安全管理，从而增强企业的竞争优势，实现企业的可持续发展。

五、促进企业资源的利用

信息系统可以帮助企业在现有资源条件下，使资源达到最佳利用效果，从而大大提高企业的生产经营效率和管理效率。

案例 1-1

青岛啤酒集团信息化建设

青岛啤酒集团的信息化建设是从 20 世纪 90 年代初开始的。

当时，在计算机硬件设备上，青岛啤酒集团采用 PC 服务器结构，拥有计算机 300 多台，PC 服务器 20 台左右，主要应用在文件服务、打印服务、互联网服务、邮件服务等方面。青岛啤酒集团是一个酒类生产厂，不像机械类、电子类企业那样有大量的设计工作，因此，工作站中应用不多，只有一台工作站管理内部交换机、集线器。

青岛啤酒集团网络建设的构架是：几个骨干厂基本建成了局域网，并以数字数据网方式接入互联网。1997 年，青岛啤酒集团总部选用 3Com 公司的网络产品，建成了青岛地区最早的异步传输模式，并选用 3Com 公司的网管软件，实现了智能化管理；一厂于 1998 年建成了 100M 以太网；二厂网络由于建成较早（10BASE2 网络），网络速度较慢，已不能满足企业现代化管理的需要，因而进行了网络改造。

操作系统采用 Novell NetWare 和 Windows NT 混合结构。Novell NetWare 主要用于文件及打印服务，青岛啤酒集团还通过 Novell 公司的 Z.E.N Works 管理软件，实现了对客户端的资源管理、远程监控、自动分发应用软件等功能，大大降低了计算机总体维护成本。Windows NT 主要作为应用服务器，应用在互联网接入及邮件服务等方面。青岛啤酒集团的应用软件以合作开发为主，主要应用在生产管理、财务管理、人力资源管理、档案管理等方面，减轻了员工的劳动强度，规范了集团的业务流程，为集团提供了大量可靠的数据。

在硬件设备的采购方面，服务器及网络设备是关系到网络能否正常运行的关键，因而在选购时，应该更多地考虑系统的性能和稳定性，其次才是价格。青岛啤酒集团购买的 PC 服务器及网络设备大多是知名品牌的。在 PC 服务器的采购方面，更多考虑的是性价比，联想作为中国市场占有率较高的 PC 品牌，质量稳定、性能较高、售后服务也较好，因而成为青岛啤酒集团的主要采购品牌。

企业的管理软件是把一种管理思想通过程序代码反映出来的软件系统。企业选购管理软件的指导思想是：软件系统要灵活，能够适应企业多变的环境；软件功能要强大，能够满足现有管理体制的需要，在不全盘推翻现有管理体制的前提下提供新的管理思想。计算机系统能够给企业带来新的管理模式，提高整个企业的管理水平，规范业务流程，加速资金、物资、信息在企业内部的运转，并为企业未来的发展提供可靠的分析数据。同时，计算机系统又是一个非常复杂的系统，它与企业管理紧密相关。为了降低应用计算机系统的风险，需要分步、分块地应用计算机系统，如在管理比较规范或人工管理无法满足需要的部门首先应用。

比如青岛啤酒集团的财务部门，其管理比较规范，从 1995 年就开始实施基于 DOS 平台的万能财务软件系统，该系统提高了财务部门的办事效率，使财务部门摆脱了大量的手工汇表工作，使领导者能及时掌握资金流向，给决策层提供了大量可靠的数据，避免了一些手工管理的漏洞。后来因为这个系统已不能满足集团财务管理的需要，必须采用功能更加强大的软件系统，所以集团财务部门会同计算机中心的技术人员重新进行了软件系统的选型。

又如青岛啤酒集团的销售公司，其机构横跨全国，销售环节复杂，依靠人工很难管理好，容易在一些环节上出现失控现象。为了实现对货物流向的有效控制，减少区域间冲货，统筹安排库存，加快资金周转，堵塞漏洞，避免财务风险，实现管理规范化，降低管理费用，提高新鲜度管理，销售公司应用了"销售公司物流管理系统"。

近年来，随着互联网技术的迅猛发展，互联网已成为企业自我宣传、获取信息、降低通信费用的重要手段。青岛啤酒集团建立了自己的网站，并不断更新网站内容，使其成为品牌宣传的一个窗口，让青岛啤酒这个品牌更加贴近客户，保持这个品牌在全国乃至世界范围的影响力。

资料来源：根据网络资料整理。

本 章 小 结

信息是在一种情况下能减少不确定性的任何事物。信息和数据、知识、智慧有一定的联系，也有区别。通过对数据的解释，我们可以得到对我们有用的信息，但是，不同的数据所包含的信息量不一样，有的数据包含的信息量大一些，有的则小一些，信息量的大小取决于信息内容减少不确定性的程度。信息量的单位有比特、奈特、哈特。

信息是管理工作至关重要的组成部分，信息系统是一个进行信息处理的系统，信息系统的主要特征包括整体性、以计算机为核心进行信息处理、稳定性和高可用性、作用间接性等。

根据信息系统处理信息的特点和信息系统的功能，信息系统可分为事务处理系统、管理信息系统、决策支持系统三类。

信息系统在企业运营和管理中起到重要的作用，主要体现在：为企业决策和控制提供保障；优化企业的业务流程；提高企业的客户服务水平；加强企业的安全管理；促进企业资源的利用。

习　　题

一、单项选择题

1. 下列选项中属于信息的是（　　）。

    A．上季度东部门店消毒水的销售额为 20 万元

    B．上季度洗发系列产品华东地区销售额比去年同期减少了 20%

   　　C．上季度洗发系列产品华东地区销售额比去年同期减少了 20%，原因是该系列产品进入了衰退期

   　　D．以上都不是

   2．处理组织中的一些常规的、重复的、结构化的日常业务活动，如超市结账操作，仓库的出入库操作等，使用（　　）比较合适。

   　　A．MIS　　　　B．TPS　　　　C．DSS　　　　D．以上都不是

   3．以下说法中，正确的是（　　）。

   　　A．信息就是数据，数据就是信息，二者的概念一样

   　　B．信息减少不确定程度越大，信息所包含的信息量就越小，其价值就越小

   　　C．信息减少不确定程度越大，信息所包含的信息量就越大，其价值就越大

   　　D．以上说法都正确

二、多项选择题

   1．信息系统的特征有（　　）。

   　　A．整体性　　　　　　　　　　B．以计算机为核心进行信息处理

   　　C．稳定性和高可用性　　　　　D．作用间接性

   　　E．系统性

   2．根据信息系统处理信息的特点和信息系统的功能，信息系统可以分为（　　）。

   　　A．企业管理信息系统　　　　　B．事务处理系统

   　　C．管理信息系统　　　　　　　D．教务管理系统

   　　E．决策支持系统

三、判断题

   1．如果事先就确切知道信息的内容，那么信息中包含的信息量就等于零。（　　）

   2．数据就是信息，信息就是数据，这两者是同一概念的不同表述。（　　）

   3．信息系统可以帮助企业在现有资源条件下，使资源达到最佳利用效果，从而大大提高企业的生产经营效率和管理效率。（　　）

四、填空题

   1．投六面体骰子，出现每个数字的概率都相等，则用以消除这个系统不确定性所需的信息量是_____。

   2．数据的表现形式有很多种，可以是_____、_____、_____，也可以是_____、_____、_____等。

   3．信息系统的整体性主要体现在_____上，它要求即使实际开发的功能仅仅是组织中的一项局部管理工作，也必须从全局的角度规划系统的功能。

五、名词解释

   1．数据

   2．信息

   3．信息系统

六、简答题

1. 为什么说信息是有价值的？
2. 为什么"计算机出现之前企业中没有信息系统"这一说法是不正确的？

七、拓展阅读

熵 与 信 息

熵（entropy）的概念起源于物理学，最初是由德国物理学家克劳修斯提出的，用于度量一个热力学系统的无序程度，表示一个系统在不受外部干扰时，其内部最稳定的状态，其表达式为：

$$\Delta S = \frac{Q}{T}$$

由于它是 Q（表示能量）与 T（表示温度）的商，且跟火有关，中国学者在翻译时，便把 entropy 形象地翻译成"熵"。

我们知道，任何粒子的常态都是随机运动，也就是"无序运动"，如果让粒子呈现"有序化"，必须耗费能量。所以，温度（热能）可以看作是"有序化"的一种度量，而"熵"可以看作是"无序化"的度量，熵越大，表示越无序。

如果没有外部能量输入，封闭系统趋向越来越混乱（熵越来越大）。比如，如果柜子不收拾，只可能越来越乱（无序化），不可能越来越整齐（有序化），所以要让柜子变得更有序（即整齐），必须有外部的能量输入（如花时间和力气去收拾）。从一般意义上来说，要让一个系统变得更有序，必须有外部能量的输入。

20 世纪 40 年代，香农引入信息熵，将其定义为离散随机事件的出现概率。一个系统越有序，信息熵就越小；反之，一个系统越混乱，信息熵就越大。所以说，信息可以被认为是系统有序化程度的一种度量，表现为负熵，信息量越大，熵越小。

第二章

管理信息系统

学习目标

1. 了解管理信息系统的起源、发展及特点；
2. 掌握管理信息系统的结构；
3. 掌握管理信息系统的分类；
4. 掌握管理信息系统的功能。

第一节　管理信息系统概述

一、管理信息系统的起源和发展

管理信息系统的概念最早可以追溯到 20 世纪 30 年代，随着科技的快速发展，管理信息系统也随之不断发展。管理信息系统经历了以下几个发展阶段。

（一）第一阶段

20 世纪 30 年代，柏德强调决策在整个管理活动中占有重要地位，科学决策是一切管理活动的核心，决策贯穿于管理的整个过程。这标志着管理信息系统概念的萌芽。

（二）第二阶段

20 世纪 50 年代，以西蒙、马奇为代表的决策理论学派在统计学和行为科学的基础上，运用计算机技术和统筹学的方法，寻找适合管理领域的科学决策方式，并提出"管理就是决策"的决策理论。过去那种主要依靠决策者的经验、智慧进行决策的方式越来越不适应管理的需要，决策者需要掌握大量真实的信息，并进行科学合理的归纳、整理、比较、选择，才能做出科学的决策。能够对大量数据进行处理、分析，为决策者提供决策依据的管理信息系统由此进入了一个新阶段。

（三）第三阶段

20 世纪 60 年代，随着计算机的应用，出现了数据处理系统、信息控制系统等管理信息系统。美国经营管理协会及其事业部第一次提出了建立管理信息系统的设想，即建立一个有效的管理信息系统，使各级管理部门都能了解本单位的所有相关的经营活动，为各级决策者提供所需要的信息。但由于受到当时硬件、软件水平的限制，开发方法还比较落后，因此应用效果并不突出。

（四）第四阶段

1970 年，肯尼万首次使用"管理信息系统"一词，并给它下了定义："管理信息系统是以书面或口头的形式，在合适的时间向经理、职员以及外界人士提供过去的、现在的、预测未来的有关企业内部及其环境的信息，以帮助他们进行决策。"

（五）第五阶段

随着信息技术的发展，管理信息系统在功能和组成上都有了很大的变化。1985 年，管理信息系统的创始人之一——美国教授戴维斯给管理信息系统下了一个较完整的定义："它是一个利用计算机硬件和软件，分析、计划、控制和决策模型，手工操作以及数据库的人-

机系统。它能提供信息，支持企业或组织的运行、管理和决策。"这个定义说明了管理信息系统的组成和功能。

（六）第六阶段

20世纪70—80年代，随着管理信息系统应用的不断深化，人们在管理信息系统基础上发展起来了决策支持系统（Decision Support System，DSS），主要用于解决非结构化问题，服务于高层的管理决策。

（七）第七阶段

进入21世纪，随着人工智能和信息技术的进步，专家系统快速发展。专家系统（Expert System，ES）是人工智能的一个重要分支，是在某一特定领域中，能够像人类专家一样解决复杂问题的计算机软件系统。它含有大量的某个领域专家水平的知识与经验，并且可以根据数据，利用计算机模型模拟人类专家的思维过程进行推理，解决只有专家才能解决的复杂问题。

二、管理信息系统的特点

1. 面向管理决策

管理信息系统是一个能够根据管理的需要及时提供信息并帮助决策者做出决策的信息系统。它使用数学模型（如运筹学模型和数理统计模型）来分析数据和信息，以便对未来进行预测并提供决策支持。

2. 人-机结合

管理信息系统只是提供帮助决策者做出决策的信息，怎么使用这些信息，做出什么样的决策是由决策者来决定的。因此，管理信息系统是一个人-机结合的系统。在管理信息系统开发过程中，要正确界定人和计算机在系统中的地位和作用，充分发挥各自的优势，使系统整体性能达到最优。

3. 综合性

一个企业是由多个不同的部门组成的，管理信息系统要对整个企业进行全面的管理。在建设管理信息系统时，一般需要先逐步应用单个领域的子系统，然后进行综合，最终达到应用管理信息系统进行综合管理的目的。

4. 多学科交叉的边缘科学

管理信息系统作为一门新的学科，同时也是多学科交叉的学科，其理论基础涉及计算机科学与技术、经济学、统计学、决策学、管理学、运筹学等相关学科。多学科交叉的特点使管理信息系统成为一个有着鲜明特色的边缘科学。除具备信息系统的基本功能外，管理信息系统还具备预测、计划、控制和辅助决策等独特功能。

三、管理信息系统的结构

管理信息系统的结构描述的是管理信息系统中各个组成部分以及它们之间的相互关系。研究者从不同角度理解管理信息系统的各个组成部分之间的关系,总结出三种常见的管理信息系统结构:基本结构、层次结构和职能结构。

(一)基本结构

根据戴维斯给出的管理信息系统的定义,管理信息系统是由信息源、信息处理器、信息使用者和信息管理者四个基本组成部分构成的,管理信息系统的基本结构就是这四个组成部分及其之间的相互关系,具体如图2-1所示。

图2-1　管理信息系统的基本结构

1. 信息源

信息源是指信息来源,它是原始数据的产生地。根据原始数据的产生地不同,信息源可以分为内信息源和外信息源两种。其中,内信息源主要是指企业内部生产、财务、销售和人事等方面所产生的数据;外信息源则是指来自企业外部环境,如国家的政策、经济形势等方面的数据。

2. 信息处理器

信息处理器的功能是利用合适的方法对原始数据进行收集,将收集到的数据以一定的形式存储起来,对数据进行加工和整理,把它们转化为有用的信息并传输给信息使用者。根据实现的功能不同,信息处理器可以分为数据采集器、数据存储器、数据变换器和数据传输器等。

3. 信息使用者

信息使用者是指使用信息的用户,不同层次的信息使用者利用其收集到的信息进行决策。

4. 信息管理者

信息管理者处于结构的顶层,负责对管理信息系统进行设计和维护。在管理信息系统投入运营之后,信息管理者还要负责协调管理信息系统的各个组成部分,保证管理信息系统的正常运行和使用。

（二）层次结构

管理信息系统是组织信息系统的核心，覆盖了管理业务的各个层次，贯穿于组织管理的全过程。管理信息系统主要是辅助管理决策，为管理决策服务的，因此，管理信息系统的层次结构跟组织的管理层次一致。研究表明，如果层次结构的层次过少（我们称这种情况为层次结构过于"扁平"），则管理幅度过宽，下层就容易出现各自为政的情况，以致无法进行有效的管理与控制。如果层次结构的层次过多（我们称这种情况为层次结构过于"陡峭"），则管理幅度过窄，机构容易出现僵化、反应迟钝的情况，不利于管理效率的提高。一般来说，组织中管理层次的多少，应根据组织的任务量与组织规模的大小而定。常见的管理层次有以下几种。

1. 管理层次的三层结构

管理层次可分为上、中、下三个层次，每个层次有明确的分工。

（1）上层

上层又称最高经营管理层或战略决策层，其主要职能是从整体利益出发制定组织总目标和大政方针，并对组织实行统一指挥和综合管理。

（2）中层

中层又称经营管理层，其主要职能是为各职能部门制定具体的管理目标，以实现组织的总目标。

（3）下层

下层又称执行管理层或操作层，其主要职能是按照规定的计划和程序，协调基层组织的各项工作，以及实施计划。

美国斯隆管理学院提出把经营管理分为战略规划层、战术计划层和运行管理层三个层次，它实际上相当于上、中、下三个层次。

2. 管理层次的四层结构

管理层次可分为决策层、管理层、执行层、操作层四个层次。

（1）决策层

决策层负责确定组织的目标、纲领和实施方案，进行宏观控制。

（2）管理层

管理层把决策层制定的方针、政策贯彻到各个职能部门的工作中去，对日常工作进行组织、管理和协调。

（3）执行层

执行层在决策层的领导和管理层的协调下，通过各种技术手段，把组织目标转化为具体行动。

（4）操作层

操作层负责按照规定的计划和程序协调基层组织的工作和实施计划。

3. 管理层次的五层结构

管理层次可分为决策层、领导层、管理层、督导层、执行层五个层次。

（1）决策层

决策层负责确定组织的目标、纲领和实施方案，进行宏观控制。决策层一般由组织内部的决策性人物，如董事长、股东（董事）、董事会秘书等组成。

（2）领导层

领导层是决策层的下属机构，具体负责企业生产经营的管理工作。领导层一般由总经理、副总经理、总监、总经理助理等组织内部的领导性人物组成。

（3）管理层

管理层是领导层的下属机构，由各部门的经理或者主管组成。其职责是对日常工作进行组织、管理和协调，把领导层制定的方针、政策贯彻到各个职能部门的工作中去。

（4）督导层

督导层是管理层的下属机构，由各部门的主管或储备干部组成。其职责是按照管理层的要求进行细化分工，督促和指导执行层员工把工作目标转化成具体行动。

（5）执行层

执行层一般由班组长级、业务主办级、专员级，以及普工级员工组成，在管理层和督导层的统一调遣指挥下，通过各种技术手段，把组织目标转化为具体行动。

不同管理层次对信息的需求和所需信息处理量是不一样的。一般来说，处于战略层（三层结构中的上层、四层结构中的决策层、五层结构中的决策层和领导层）的人员需要制定或调整组织目标，这关系到组织的全局和长期利益，一般需要来自外部的、范围很宽的、概括性较强的信息，其所需信息处理量较小。处于战术层（三层结构中的中层、四层结构中的管理层、五层结构中的管理层和督导层）的人员要根据组织的整个目标和长期规划制订组织的各种经营活动计划，需要大量的反映业务活动状况的内部信息，也需要相当多反映市场情况、原材料供应者和竞争者状况的一些外部信息，其所需信息处理量比战略层要大。处于运行控制层（三层结构中的下层、四层结构中的执行层和操作层、五层结构中的执行层）的人员主要是合理安排各项业务活动的短期计划，如生产日程安排等，主要需要来自系统内部的反映当前业务活动情况的详细信息，其所需信息处理量较大。

不同管理层次所需信息处理量呈现出金字塔的形状，如图 2-2 所示。处于金字塔下层的管理层次所需信息处理量大，所做的管理和决策属于结构化管理和决策，如订货处理、员工工资级别的确定、奖金的分配、办公用品的再次订购等，即其决策过程和方法有固定规律可循，能用明确的语言和模型加以描述，并依据一定的模型和决策规则实现其决策过程的自动化。处于金字塔上层的管理层次所需信息处理量小，所做的管理和决策属于非结构化管理和决策，如开发新产品、开辟新市场、重大项目投资、工厂选址等，即管理和决策过程复杂，无法用确定的模型和语言来描述，决策方法没有固定的规律可以遵循，决策效果受决策者的学识、经验、直觉、判断力、洞察力、个人偏好和决策风格等主观方面的影响。处于金字塔中层的管理层次所需信息处理量介于下层和上层之间，所做的管理和决策也介于结构化和非结构化之间，属于半结构化管理和决策。

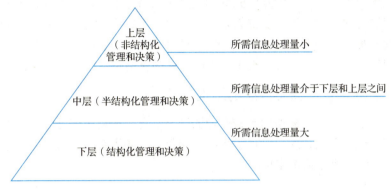

图 2-2　不同管理层次所需信息处理量

（三）职能结构

管理信息系统的结构也可以用系统所支持的不同的组织职能来描述。企业由不同的职能部门构成，各职能部门相对独立（这里，我们把功能相对独立的系统称为功能子系统），它们为完成各自的职能而对信息有不同的要求。同时，各职能部门之间也存在联系，从而构成一个整体。管理信息系统就是完成信息处理的各个功能子系统的综合。

企业的三大基本职能是财务、生产和营销，为实现这三大基本职能，企业的管理信息系统又由不同的子系统构成，每个子系统完成相关功能的信息处理。下面以贸易企业和制造企业两种最常见的企业为例来分别说明。

1. 贸易企业的管理信息系统的结构

从职能角度来看，一个典型的贸易企业的管理信息系统由业务管理子系统、财会管理子系统、仓储管理子系统和人力资源管理子系统四个子系统构成。

（1）业务管理子系统

业务管理子系统是整个管理信息系统的核心部分，它反映了企业日常业务运作的情况，是业务员进行日常工作的依据，是管理者进行实时管理的工具。该子系统包括计、报价管理，合同管理，报运管理等。

（2）财会管理子系统

财会管理子系统是企业日常运营中必不可少的一个系统，它集成了各个方面的财务模块，保证了财会管理的及时性和准确性，使其更好地服务于企业经营决策。一般来说，财会管理子系统集成了如会计核算、资金管理、报表查询、往来管理、费用报销、预算管理等多个子模块，涵盖了企业运营中各个方面的财会管理内容。

（3）仓储管理子系统

仓储管理子系统是仓储管理信息化的具体形式，它能有效控制并跟踪仓库业务的物流和成本管理全过程，仓储管理子系统的模块包括入库模块、仓库管理模块、分拣模块、出库模块、物流运输模块、盘点模块、库存管理模块等。

（4）人力资源管理子系统

人力资源管理子系统是从人力资源管理的角度出发，将与人力资源相关的信息统一管理起来，其业务处理内容主要涉及资源规划、员工招聘分配、员工培训、社保管理、绩效考核管理、薪资管理六大模块，支持人才的选、育、用、留。管理者通过人力资源管理系统提供的数据对员工进行有效组织管理，注重提高员工的满意度和忠诚度，从而提高员工的贡献度，即提高绩效，进而降低组织管理成本和加速增长，以创造更多的利润。

2. 制造企业的管理信息系统的结构

从职能角度来看，一个典型的制造企业的管理信息系统由生产计划子系统、采购子系统、生产控制管理子系统、库存管理子系统、销售与市场子系统、财会管理子系统以及人力资源管理子系统七个子系统组成。

（1）生产计划子系统

生产是制造企业最重要的活动，一般来说，生产计划包括三个方面：综合生产计划、主生产计划、物料需求计划。

综合生产计划是对未来一段时间内不同产品系列所做的概括性安排。主生产计划是把综合生产计划进行具体实施的计划。物料需求计划则是根据主生产计划的要求，对所需全部物料所做出的具体安排，有些企业把物料需求计划包含在主生产计划中。

（2）采购子系统

采购子系统由采购计划和采购预算、供应商管理、采购系统绩效评估、在线采购等功能模块组成，可确定订货量，甄别（或选择）供应商和产品，提供订购、验收信息，跟踪、催促外购或委外加工物料，保证货物及时到达。

（3）生产控制管理子系统

生产控制管理子系统的主要功能是在发展生产技术的同时，合理调配资源，提高资源利用率，降低生产成本。其主要功能模块包括综合分析看板、生产进度管理、生产成本计算、生产计划管理、生产加工管理等。

（4）库存管理子系统

库存管理子系统是用来控制、管理存储物资的，该子系统的功能是结合部门需求对库存进行动态的、真实的控制，随时调整库存，精确地反映库存现状。库存管理子系统的功能主要包括：为所有的物料（原材料、半成品、成品）建立库存、管理检验入库、收发料等。

（5）销售与市场子系统

销售与市场子系统覆盖企业进行销售和推销的全部管理活动，该系统分为三个层次。第一个层次是根据人口、购买力和技术发展等因素，对顾客、竞争者进行评价，利用预测技术对开发新市场和新市场销售进行分析和研究的战略计划。第二个层次是根据客户、竞争者、竞争产品和销售能力要求等信息，对总的销售成果、销售市场和竞争者等方面的情况进行分析和评价，以确保销售计划完成的管理控制。第三个层次包括对雇用和训练销售人员、日常销售和推销活动的调度和安排、管理客户信息、销售订单、分析销售结果的运行控制。

（6）财会管理子系统

财会管理子系统由会计核算和财务管理两个模块组成，会计核算模块主要是对总账、应收账、应付账、现金、固定资产、工资、成本等进行核算和管理。财务管理模块主要是对财务数据进行分析和预测，并根据分析预测的结果对财务进行决策。

（7）人力资源管理子系统

人力资源管理子系统是将几乎所有与人力资源相关的信息集中起来统一管理的系统，主要包含人力资源规划、员工招聘分配、员工培训、社保管理、绩效考核管理、薪资管理、差旅核算等模块。

江铃国际集团管理信息系统

一、信息化建设动因分析

随着IT技术的飞速发展，江铃国际集团面临的竞争环境发生了根本性变化，如顾客需求瞬息万变，技术创新不断加速，市场竞争日趋激烈。在这种形势下，集团的管理必须从粗放经营向成本控制转变，从部门管理向企业级协同管理转变。只有这样，集团才能适应竞争形势的变化。

（1）原有财务系统技术落后无法满足现行经营管理的需要

随着业务水平、管理水平和应用水平的提高，原有财务系统只能在局域网内运行，不能进行远程处理，经常出现数据混乱的现象，不能准确地进行对账，而且重复录入性工作多，特别是银行对账单不能直接引入，需要手工录入。这种财务系统已满足不了经营管理的需要。

（2）财务核算不能实现数据共享和传递

原有财务系统最大的不足之处在于存在信息孤岛，不能满足集团对财务整体状况进行监控、统计和内部对账等管理的需要。

（3）事前计划和事中控制困难

由于原有财务系统功能简单，财务不能完全甩账，只能进行事后分析，不能进行事前计划和事中控制，难以较好发挥财务监控的作用。

江铃国际集团经过一系列分析，决定更新财务系统，建设一套具有本集团特色、先进、实用、可靠的管理信息系统，以适应集团的总体发展战略。于是，集团内部组织人员对多个软件进行现场演示选型，最终选中用友软件。经过制订计划、用户培训、正式运行、评审验收四个阶段，江铃国际集团的管理信息系统最终顺利运行。

二、江铃国际集团的管理信息系统解决方案

（一）系统建设目标

① 集团内部采用统一的财务系统、统一的会计制度和会计原则，方便财务信息的采集，同时适应集团内部不同行业子公司的财务核算要求。

② 组建集团财务信息网络，实现集团内部数据共享，上级机构对于下级机构的财务情况可以做到从计算机上即时查询、审计，严格遵循集团的内部监管制度，强化财务管理。

③ 集团内部财务数据能及时自动上报，上级机构能对上报数据进行汇总、合并和分析，使集团领导及时掌握全集团的经营状况，为集团领导提供决策支持数据，提高集团的市场应变能力。

④ 财务电算化系统支持远程录入、查询会计凭证、账簿、报表等有关会计数据，实现

远程操作；能实现预算编制、预算执行和预算评价三个过程；能对资金的使用、结构、安全、成本（含利息）和效益进行控制。

（二）网络硬件环境解决方案

江铃国际集团下属单位分布在国内外，集团总部设在江西南昌，集团所有的账务工作集中在两个区域处理。其中，一个区域的办公楼已有一个局域网，为了给管理信息系统提供硬件环境，集团在财务部增加一台服务器，组成一个财务小局域网，再与原有的局域网连接，形成一个大局域网，最后与互联网连接。另一个区域的情况与此类似。

（三）应用解决方案

1. 软件方案

江铃国际集团采用用友软件，其管理信息系统的功能结构如图2-3所示。

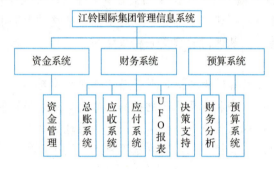

图2-3　江铃国际集团管理信息系统的功能结构

2. 业务流程具体解决方案

管理信息系统通过集中建账、统一基础科目设置、集中数据管理、远程实时查账等手段，全面支撑了江铃国际集团的集中式管理模式。

（1）统一规范的基础科目设置，实现集团信息统一管理

在管理信息系统中，集团建立统一会计科目，制订基础科目设置规范，统一采用新的企业会计制度，保证了整个集团在基础科目设置上的统一规范，为实现多组织的集中管理奠定了良好的基础。

（2）另设一套费用账进行集中报账

各单位单独设立账套，集团另外设一套费用账（以单位设凭证类别），单独核算、控制费用，在财务分析中编制费用预算，各单位日常发生费用统一在费用账中反映，这样能控制各单位报销的费用，便于及时平衡各单位盈亏。月末将费用账中的凭证分类别输出，然后利用总账工具分别引入各单位账进行核算。

三、效果评析

（一）统一设置基础科目实现集团信息可比性

在原来的账务系统下，由于信息传递速度慢、准确性差，经常出现集团上下级单位科目设置不一致的情况，给集团财务管理和各营业部之间的业务对比分析和管理带来很大困难。江铃国际集团利用管理信息系统中统一基础科目的功能，解决了总部对下属单位的财务核算、预算、资金的实时监控和对比分析等问题，同时整合了集团内外部资源，发挥了总部的计划与控制作用。

（二）数据的集中管理保证了集中式管理模式的实现

江铃国际集团管理信息系统以总部为中心，各下属单位集中建账，两个区域之间采用互联网进行数据传输，总部对整个集团的财务信息一目了然，实现了账、证、表数据的高度集成，保证了集团集中式管理的实现。

（三）实现异地实时查询与统计分析，充分发挥领导的监控职能

管理信息系统提供了远程查账功能，集团可以根据报表反映出来的结果追溯到业务发生的原始单据，管理信息系统使财务报表上报制度大为简化，财务报表传递周期明显缩短。它还具备财务预算、异地实时查询、统计、分析和监督管理等在传统桌面型财务软件中无法实现的功能。领导能对各单位的财务状况进行实时监控；在不影响各单位工作的前提下，领导能够及时获取有效信息，及时发现并解决各单位在财务管理中存在的问题，充分发挥领导的监控职能。

（四）强化资金的集中管理

利用管理信息系统中的资金管理子系统，江铃国际集团能够很好地处理各类筹资、投资、担保、内部资金拨付、资金计息等资金业务，并能够对集团内外部各种资金进行预测、控制、分析。并且，集团实现了资金的统一调配，能够控制资金的流出，降低风险，提高资金运作效率。

（五）丰富的报表查询功能为管理提供支持

在完成日常业务的基础上，管理信息系统提供灵活多样的报表查询方式、组合式查询条件，丰富的报表查询功能满足了财务部门的数据要求，以及业务部门和分管总经理的查询和汇总要求，同时能为统计部门提供必要的统计数据。

第二节 管理信息系统的分类

根据不同的划分标准，管理信息系统可分为不同的类型。

一、按组织职能分类

按组织职能不同，管理信息系统可分为办公系统、决策系统、生产系统和信息系统四种类型。

二、按信息处理层次分类

按信息处理层次不同，管理信息系统可分为面向数量的执行系统、面向价值的核算系统、报告监控系统、分析信息系统、规划决策系统等类型，这几种类型自下而上形成信息金字塔。

三、按综合结构分类

按综合结构不同，管理信息系统可分为横向综合的管理信息系统、纵向综合的管理信

息系统和纵横综合的管理信息系统。横向综合的管理信息系统是指将同一管理层次的各种职能部门进行综合的系统，如按物料把采购、生产、库存等综合在一起的系统。纵向综合的管理信息系统是指将具有某种职能的不同管理层次的业务组织在一起的系统，如把各部门和总公司的各级财务系统综合起来的综合财务系统。纵横综合的管理信息系统是一个完全一体化的系统，又称总的综合的管理信息系统。

四、按所使用的技术手段分类

按所使用的技术手段不同，管理信息系统可分为手工系统、机械系统和电子系统三种类型。手工系统是指系统中的所有信息处理工作全部由人工完成，手工系统的特点是效率低，准确率难以保证。机械系统是指用一些机械装置（如打字机、收款机和自动记账机等）代替手工进行信息处理工作的系统，其效率比手工系统高，准确率也比手工系统有所提高。电子系统是指利用计算机作为主要的信息处理工具的系统，与手工系统和机械系统相比，电子系统的效率和准确率都大大提高了。

五、按信息处理方式分类

按信息处理方式不同，管理信息系统可分为脱机系统、联机系统和实时系统三种类型。脱机系统（Off-line System，OLS）的信息处理方式是按照一定的时间间隔，将收集到的数据成批送入中央处理器进行处理，这种信息处理方式的优点是工作效率比较高，缺点是系统中的数据不一定是最新的，这是因为在进行数据处理之前存在数据收集的延时。联机系统（On-line System，NLS）是将数据直接输入计算机进行处理，处理结果直接传送给用户，从源记录到最后处理都由计算机操作而无须人员介入。实时系统（Real-time System，RTS）能及时响应外部事件的请求，在规定的时间内完成对该事件的处理，并控制所有实时任务协调一致地运行。

六、按信息服务对象分类

按信息服务对象不同，管理信息系统可分为国家经济管理信息系统、企业管理信息系统、事务型管理信息系统、行政机关办公型管理信息系统等。

1. 国家经济管理信息系统

国家经济管理信息系统是一个包含各综合统计部门在内的国家级信息系统。这个系统是在纵向上联系各省、市、县，直至各重点企业，在横向上联系外贸、能源和交通等各行各业，形成的一个纵横交错、覆盖全国的经济管理信息系统。它的主要功能是收集、处理、存储和分析与国民经济有关的各类经济信息，及时、准确地掌握国民经济运行状况，为国家经济部门、各级决策部门及企业提供经济信息；为统计工作现代化服务，完成社会经济统计和重大国情国力调查的数据处理任务，进行各种统计分析和经济预测；为中央和地方各级政府部门制订社会、经济发展计划提供辅助决策手段；为中央和地方各级的经济管理部门进行生产调度、控制经济运行提供信息依据和先进手段；为各级政府部门的办公事务处理提供现代化的技术。

2. 企业管理信息系统

企业管理信息系统是一类复杂的管理信息系统，它要具备对工厂生产监控、预测和决策支持的功能，主要是进行管理信息的加工处理。企业复杂的管理活动给管理信息系统提供了典型的应用环境和广阔的应用舞台，大型企业的管理信息系统都很庞大，涉及"人、财、物""产、供、销"各个方面，同时技术要求也很复杂，因而常被作为典型的管理信息系统进行研究，企业管理信息系统有力地促进了管理信息系统的发展。

3. 事务型管理信息系统

事务型管理信息系统面向事业单位，主要进行日常事务的处理。不同应用单位处理的事务不同，使用的管理信息系统逻辑模型也不尽相同，不过基本处理对象都是管理事务信息，决策工作相对较少，因而较少使用数学模型，但事务型管理信息系统要具有很高的实时性和数据处理能力。

4. 行政机关办公型管理信息系统

行政机关办公管理自动化，对提高行政机关的办公质量和效率，提高服务水平具有重要意义。行政机关办公型管理信息系统与其他管理信息系统有很大不同，其特点是办公自动化和无纸化。行政机关主要应用局域网、打印、传真、印刷和缩微等办公自动化技术来提高办公效率。行政机关办公型管理信息系统对下要与下级行政机关信息系统互联，对上要与行政首脑决策服务系统整合，为行政首脑提供决策支持信息。

第三节 管理信息系统的功能

输入、存储、处理、输出和控制是信息系统的五个基本功能，管理信息系统除具备信息系统的基本功能外，还具备数据处理、预测、计划、控制和辅助决策等独特功能。

一、数据处理功能

管理信息系统的数据处理功能包括收集数据、准备数据、输入数据、处理数据和输出数据五个环节，为管理信息系统预测、计划、控制和辅助决策做好准备工作。

二、预测功能

管理信息系统的预测功能是指运用现代数学方法、统计方法或模拟方法，根据现有数据预测未来。预测功能可以运用在很多领域，如市场预测、经营预测、管理会计预测等。市场预测是通过分析研究在市场调查中获得的各种信息和资料，运用科学的预测技术和方法，找出影响市场供求变化的诸因素，对市场未来的商品供求趋势及其变化规律进行分析和推断，掌握市场供求变化的规律，为经营决策提供可靠的依据。

经营预测是企业管理人员利用所掌握的科学知识以及多年的经验，以过去的经营数据为基础，结合现有的经济信息、统计资料，对企业生产经营活动的未来发展趋势及其状况进行预计和推算。经营预测的主要内容包括销售预测、利润预测、成本预测和资金预测等。

管理会计预测是依据成本与各种技术经济因素的依存关系，运用预测理论和方法，对未来一定时期的会计成本进行科学的测算，为成本决策、成本计划和成本控制提供及时、有效的信息和依据。在数字化背景下，企业面临的环境发生了很大的变化，传统的管理会计预测也发生了变化，主要体现在以下几个方面：预测内容由财务信息向非财务信息拓展；内容由短期预测向长期战略预测拓展；增加竞争对手分析预测；采用集成的预测方法。

三、计划功能

管理信息系统的计划功能是指根据已有信息，通过设定一定的约束条件，合理地安排各职能部门的计划，按照不同管理层次的需要提供相应的计划报告。在计划执行过程中应遵守三点工作原则：一是严格执行计划；二是计划修改要慎重；三是修改的计划信息要反馈给系统。

四、控制功能

管理信息系统的控制功能是指根据各职能部门提供的数据，对计划的执行情况进行监测和检查，比较执行与计划的差异，分析差异产生的原因，辅助管理人员及时以各种方法加以控制。

五、辅助决策功能

管理信息系统的辅助决策功能是指利用各种数学模型和所存储的大量数据，为决策者检索、处理数据和信息，确定问题，选择资料，挑选和评价方案等，及时推导出有关问题的最优解或满意解，辅助决策者进行决策。在这里，"辅助"的意思是对决策者来说的，管理信息系统推导出的有关问题的最优解或满意解确实具有非同寻常的作用，但毕竟不能完全代替人的功能，只是给决策者提供决策的参考。

本章小结

管理信息系统是一个利用计算机硬件和软件，分析、计划、控制和决策模型，手工操作以及数据库的人-机系统。它能提供信息，支持企业或组织的运行、管理和决策。管理信息系统具有面向管理决策、人-机结合、综合性、多学科交叉的边缘科学四个特点。

管理信息系统有三种常见的结构：基本结构、层次结构和职能结构。

根据不同的划分标准，管理信息系统可分为不同的类型。比如，按组织职能不同，管理信息系统可分为办公系统、决策系统、生产系统和信息系统四种类型；按信息服务对象不同，管理信息系统可分为国家经济管理信息系统、企业管理信息系统、事务型管理信息系统、行政机关办公型管理信息系统等。

输入、存储、处理、输出和控制是信息系统的五个基本功能，管理信息系统除具备信息系统的基本功能外，还具备数据处理、预测、计划、控制和辅助决策等独特功能。

习 题

一、单项选择题

1. 管理信息系统的结构是指（　　）。
    A. 管理信息系统的物理结构
    B. 管理信息系统的组成及各组成部分之间的关系
    C. 管理信息系统的软件结构
    D. 管理信息系统的硬件结构
2. 从信息处理量来看，所需信息处理量因管理层次不同而不同，管理层次越低，所需信息处理量（　　）。
    A. 越小　　　　B. 越大　　　　C. 不大不小　　　D. 不一定
3. 金字塔型的管理信息系统的下层为（　　）管理和决策。
    A. 结构化　　　B. 半结构化　　C. 非结构化　　　D. 三者都有

二、多项选择题

1. 按所使用的技术手段不同，管理信息系统可以分为（　　）几种类型。
    A. 手工系统　　　　　　　　　B. 机械系统
    C. 自动化系统　　　　　　　　D. 电子系统
    E. 文件系统
2. 以下属于事务型管理信息系统的是（　　）。
    A. 高校管理信息系统　　　　　B. 饭店管理信息系统
    C. 医院管理信息系统　　　　　D. 办公服务系统
    E. 企业管理信息系统

三、判断题

1. 管理信息系统是面向管理决策的系统，因此，它可以完全代替管理者进行决策。
（　　）
2. 管理信息系统有预测功能，因此，决策者只要根据系统预测的结果就可以做出正确的决策。（　　）
3. 制造企业按物料把采购、生产、库存等综合在一起属于横向综合。（　　）

四、填空题

1. 计划功能是系统根据已有信息，通过设定一定的约束条件，合理地安排各职能部门的计划，按照不同管理层次的需要提供相应的计划报告。在计划执行过程中应遵守三点工作原则：_____；_____；_____。
2. 管理信息系统有辅助决策功能，这里的"辅助"的意思是_____。
3. 管理信息系统是由_____、_____、_____和_____四个基本组成部分构成的，管理信息系统的基本结构就是这四个组成部分及其之间的相互关系。

五、名词解释

1. 管理信息系统
2. 管理信息系统的结构

六、简答题

1. 一位管理信息系统设计者称他设计的系统不需要人参与就可以完全对企业进行管理，这一说法是否正确？为什么？
2. 请说明金字塔形管理信息系统结构各个管理层次的内涵。

七、拓展阅读

组 织 结 构

一、组织结构的定义

组织结构是组织在职、责、权方面的动态结构体系，其本质是为实现组织战略目标而采取的一种分工协作体系，组织结构必须随组织重大战略的调整而调整。

二、设计组织结构时应考虑的因素

管理者在进行组织结构设计时，必须正确考虑工作专业化、部门化、命令链、控制跨度、集权与分权、正规化六个关键因素。

（一）工作专业化（Work Specialization）

工作专业化是指把工作任务划分成若干步骤来完成的细化程度，即一项工作不是全部由一个人完成，而是把工作分解成若干步骤，每个步骤由一个人独立去做。员工从事专门化的（或者称为特定的、重复性的）工作，其技能会有所提高，工作效率也会提高。

（二）部门化（Departmentalization）

部门化是指按照需要将任务进行分类或分组，以便使共同的工作可以协调进行。部门化的依据主要有以下四种。

（1）根据活动的职能来进行部门化。
（2）根据组织生产的产品类型来进行部门化。
（3）根据地域来进行部门化。
（4）根据顾客的类型来进行部门化。

（三）命令链（Chain of Command）

命令链是一种责任和权力链，从组织最高层扩展到基层，每个管理职位在命令链中都有自己的位置，每位管理者为完成自己的职责任务，都要被授予一定的权力。这样的设置能够较好地解决"我对谁负责？""我有问题时，去找谁？"等问题。

（四）控制跨度（Span of Control）

控制跨度是指组织要设置多少层次，配备多少管理人员。在其他条件相同时，控制跨度越宽，组织要设置的层次越少，组织效率越高，管理费用越低，决策过程越快。近几年，企业，特别是大企业，有加宽控制跨度的趋势。

（五）集权与分权（Centralization and Decentralization）

集权是指组织的决策权集中在高层管理人员手中，基层管理人员只管执行高层管理人员的指示。分权是指组织把决策权下放到基层管理人员手中。集权的优点是易于协调各职能部门间的决策，危急情况下能进行快速决策；缺点是决策时间过长，这是因为决策时需要通过集权职能的所有层级由下向上汇报。目前分权式决策是主要趋势，这是因为基层管理人员更贴近生产实际，对有关问题的了解比高层管理人员更充分。

（六）正规化（Formalization）

正规化是指组织中的工作实行标准化的程度，工作标准化程度越高，员工（工作执行者）决定自己工作方式的权力就越小；工作标准化程度越低，员工的日程安排就越灵活。

第三章

组织与战略、组织架构和业务流程

> **学习目标**
>
> 1. 了解组织与战略的概念及二者之间的关系;
> 2. 掌握战略的构成要素;
> 3. 掌握常见的组织架构的模式及其特点;
> 4. 掌握业务流程图的基本符号及其含义;
> 5. 掌握业务流程图的绘制。

第一节 组织与战略

一、组织

（一）组织的概念

组织是管理学中很重要的概念，管理学中的组织是一个以目的为导向的社会实体，是两个以上的人在一定的环境中，为实现某种共同的目标，按照一定的结构形式和特定的人际关系构成的群体。

（二）组织的构成要素

组织的构成要素有四个：人、共同的目标、组织的结构、组织的管理。

1. 人

人是构成组织的最基本的要素，也是唯一具有主观能动性的要素，一个组织是由两个以上的人组成的。

2. 共同的目标

共同的目标是构成组织的前提要素，组织要有一个（有时可能是多个）目标，组织就是人为实现这个（些）共同的目标而形成的社会实体。

3. 组织的结构

组织的结构是构成组织的载体要素，组织的结构是构成组织的人相互协调的手段，保证他们可以进行沟通、交流、互动和分工协作。组织的结构一般由职责、部门、岗位、从属关系构成。

4. 组织的管理

组织的管理是构造组织的维持要素。为了实现组织的目标，需要有一套计划、控制、组织和协调的流程，并通过计划、执行、监督、控制等手段保证目标的实现。

（三）组织的类型

1. 按组织人数的多少划分

按组织人数的多少，组织可分为小型组织、中型组织、大型组织和超大型组织。

一般来说，100人及以下的组织为小型组织，100～1000人的组织为中型组织，1000～10000人的组织为大型组织，超过10000人的组织为超大型组织。

以上是一般情况下的组织规模划分标准，不同行业、不同地区的具体划分标准可能有所不同。

2. 按组织对成员的控制方式来划分

按组织对成员的控制方式不同，组织可分为强制组织、规范组织和实用组织。比如，监狱是强制组织，军队是规范组织，工厂是常见的实用组织。

3. 按组织产生的依据来划分

按组织产生的依据不同，组织可分为正式组织和非正式组织。正式组织一般是指具有正规策划的组织形式，成员之间保持着形式上的协作关系的组织。非正式组织是指成员基于情感、兴趣爱好等采取共同的行动而自发形成的，具有共同情感的团体。

（四）组织的形式

组织的形式是组织结构的表现形式，是反映组织中各成员的关系的形式。常见的组织形式有直线制、职能制、直线职能制、矩阵制和事业部制。

1. 直线制

直线制是最早的也是最简单的组织形式，在这种组织形式中，不设立职能机构，组织的所有管理工作都由管理者直接管理。直线制的组织形式具有管理费用低、命令统一迅速、上下级关系清楚等优点，但存在管理工作简单粗放、成员之间横向联系差等缺点。

2. 职能制

在职能制的组织形式中，设立职能部门，由专业分工的管理者指挥组织的各项活动。职能制的组织形式具有管理工作专业化、上级能对下级的工作提供具体的指导等优点。但由于员工长期待在一个职能部门，容易只看重本部门目标，对实现总体目标不利。

3. 直线职能制

直线职能制又称生产区域制或直线参谋制，它是吸取直线制和职能制这两种形式的优点而建立起来的一种组织形式。它在直线制的基础上设置了相应的职能部门，职能部门只有经过授权才有一定的指挥权力，这样就综合了直线制和职能制的优点。直线职能制的缺点是：各职能部门自成体系，横向沟通不足，容易造成工作重复，从而导致费用增加；职能部门之间可能出现矛盾和不协调的现象，导致效率不高。

4. 矩阵制

矩阵制是在直线职能制的基础上，横向增加了临时性的、非长期的领导系统，从而形成矩阵的形式。矩阵制是以直线职能制为基础的，原有的专业人员和专用设备得到充分的利用。由于增加了横向的领导系统，职能部门之间的横向联系得到加强，有效克服了职能部门之间相互脱节、各自为政的问题。矩阵制的缺点是，由于横向增加的领导系统是临时性的，成员可能会有临时观念，从而导致责任心不够强。

5. 事业部制

在总公司（或称总部）之下，按某种标准（如产品或地区）设立若干分公司（或称事业部），这种组织形式称为事业部制。事业部制最早是在 1924 年由美国通用汽车公司总裁斯隆提出的,因此事业部制又称"斯隆模型"。事业部制是一种高度集权下的分权管理体制,在这种组织形式下,总公司只保留部分决策权,将部分权力下放到事业部,事业部独立核算,自负盈亏,因此事业部制又称"联邦分权化"制。事业部制的优点是责、权、利分明,统一管理、分散经营得到良好结合。其缺点是管理机构和人员较多,管理费用较高,且分权过多可能会架空公司领导。

二、战略

(一)战略的概念

"战略"(Strategy)一词最早是军事方面的概念,它是军事将领指挥军队作战的谋略,"战略"一词中的"战"指战争,"略"指"谋略"。在军事领域,战略的基本含义是战略指导者为有效地达成既定的政治目的和军事目的,在对军事斗争所依赖的主客观条件及其发展变化的规律性的认识基础上,对军事力量进行全面规划、部署、指导、建设和运用。

在企业管理中,战略主要是指为实现企业特定目标和使命,战略指导者确定的用以指导或约束企业整体经营和发展的政策、组织、重大活动及其方式,是一系列带有全局性和长远性的谋划。

(二)战略的构成要素

一项有效的组织战略包括五个基本要素:战略愿景、目标与目的、资源、业务和组织。

1. 战略愿景

战略愿景是指组织在社会进步和经济发展中应担当的角色和责任,以及组织经过努力经营想要达到的一种结果,是对未来的一种憧憬和期望,解决"我们希望成为什么"的问题,战略愿景包括经营理念和企业宗旨两方面内容。

2. 目标与目的

目标是指具体的中期和短期的可量化的,需要通过努力有步骤地去实现的所希望的未来状况。目的是达到了某个目标后想要做什么?它是短期内的定性期望,强调行为的原因和意图。

3. 资源

资源包括有形资源和无形资源。常见的有形资源有机器设备、原材料、土地、工厂等。企业形象、品牌、知识产权、企业文化、组织经验等属于无形资源。

4. 业务

业务是指组织参与竞争的产业领域。

5. 组织

组织是保证战略方案有效实施的行政关系,由组织结构与管理体制共同组成。

(三)战略规划的步骤

对于企业而言,战略犹如轮船上的舵,为企业提供了清晰的发展方向和行动计划。因此,战略规划是非常重要的,可以通过以下五个步骤制订一份有效的战略规划。

1. 明确目标

制订战略规划的第一个步骤是明确目标,具体来说,明确目标就是明确企业未来的愿景、价值观、定位及核心业务。这些目标应该与企业的使命和发展方向一致,以确保企业的竞争力。

2. 分析环境

任何一个企业都是处在一定环境中的,要实现战略目标,就要对环境进行调查分析,环境包括企业的内部环境和外部环境。在调查阶段信息收集要尽量全面,信息收集完成后要对环境进行综合分析,常用的分析工具有 PESTEL 模型、五力模型和 SWOT 分析等。PESTEL 模型又称大环境分析或宏观环境分析,PESTEL 是政治(Political)、经济(Economic)、社会文化(Sociocultural)、技术(Technological)、环境(Environmental)和法律(Legal)的首字母缩写。五力模型又称波特五力模型,五力是指同行业内现有竞争者的竞争能力、潜在竞争者进入的能力、替代品的替代能力、供应商的讨价还价能力、购买者的讨价还价能力。SWOT 分析是一种常用的战略管理工具,SWOT 是优势(Strengths)、劣势(Weaknesses)、机会(Opportunities)、威胁(Threats)的首字母缩写。

3. 制订战略方案

制订战略规划的第三个步骤是制订战略方案,这个步骤是根据第二个步骤中对环境分析得到的企业外部的机会和威胁以及企业内部的优势和劣势,来确定当前要追求的主要战略方向。

4. 实施战略规划

在制订了战略方案之后,接下来就是在企业成员共同努力和配合下执行实施计划。

5. 监控和修改战略规划

制订战略规划的最后一个步骤是定期监控和评估战略规划的实施情况,并根据外部环境和企业的内部条件对不再适合企业当前情况的规划进行修订。

需要注意的是,战略规划的制订不是一劳永逸的,要针对企业的不同时期制订相应的战略规划。

三、组织与战略的关系

关于组织与战略的关系,主要有两种观点。

第一种观点盛行于矩阵制组织形式还未出现、职能制组织形式流行的时期,这个时期企业的业务和环境的变化性不大,该观点认为组织与战略的关系是"战略决定组织"。在这种背景下,可以先设计出一个相对完美的战略,再去设计组织形式,因为战略决定组织。

随着信息时代的到来，组织处在更加不确定的环境下，设计出一个相对完美的战略，再去设计组织形式变得很困难，于是出现了第二种观点，即组织和战略的关系不再是"战略决定组织"，而是二者相互作用、相互影响。

第二节 组织架构

一、组织架构概述

（一）组织架构的概念

组织架构（Organizational Structure）是指一个组织整体的结构，是组织内部的层次结构和职能分工的组织形式。它描述了组织中各个部门、岗位和职能之间的关系和层级，确定了管理和控制的机制和流程，决定了不同部门和不同职能之间的沟通和协作方式。

（二）组织架构的组成

组织架构主要由层次结构、部门和职能、管理和控制，以及沟通和协作四个方面组成。

1. 层次结构

组织架构的层次结构定义了组织内的各个层级，层次结构一般为树形结构（倒挂的树），从上到下分别为高层管理层（负责制定组织的战略和决策）、中层管理层（负责协调和执行各部门的工作）和基层员工（负责具体的操作和任务的执行）。

2. 部门和职能

组织有若干部门，不同部门负责不同的业务领域，发挥不同的职能。以制造企业为例，它一般包括以下六个部门，各部门的职能及职责如下。

（1）生产部门

生产部门负责生产、制造产品，具体包括生产计划制订、生产线布置、生产过程控制、产品质量控制等。

（2）采购部门

采购部门负责根据生产部门制订的生产计划进行采购，如原材料、设备和服务采购，对供应商进行评估，管理采购合同和物流配送等。

（3）质量部门

质量部门负责建立和实施质量管理体系，确保产品质量符合国家标准和客户要求，具体工作包括质量控制、质量检测、质量改进等。

（4）销售部门

销售部门负责产品（或服务）的销售、客户关系管理、订单管理、售后服务等。

（5）财务部门

财务部门负责财务管理，如收支统计、记账、税务申报、财务报告编制等。

（6）研发部门

研发部门负责新产品研发和技术创新，如市场调研、产品设计、试验验证、专利申请等。

3. 管理和控制

管理层通过组织架构确定的层级关系对组织进行管理并给予指导，通过管理，各个职能部门之间能更好地协调和配合。对组织的控制是指通过审批、绩效评估和报告等机制，确保组织实现目标。

4. 沟通和协作

有效的沟通和协作对于组织内部的信息流动和工作效率至关重要。不同职能部门之间、同一部门的员工之间的沟通和协作方式由组织架构决定。合理的组织架构可以提高组织的运作效率，减少决策层级，促进信息流动和协作。

（三）组织架构的重要性

企业组织架构的重要性体现在以下五个方面。

1. 支撑企业的内部控制建设

企业的内部控制是指在一定的外部环境下，在企业内部实施各种约束、调整、规划、评价和控制，从而充分有效地获得或使用各种资源，以提高经营效率，达到既定管理目标。为保证企业内部控制的顺利实施，企业管理者需要明确各岗位的工作职责和要求。

2. 促进现代企业制度的建立

一个企业保持成功靠的是现代企业制度，现代企业制度的基本特征是"产权清晰、权责明确、政企分开、管理科学"，明确的企业组织架构可以促进企业建立现代企业制度。

3. 防范各种舞弊风险

舞弊风险是企业内部控制建设的重难点。组织架构将企业的业务进行划分，根据业务确定具体的部门及岗位职责，确保部门内业务顺畅，同时增强了对内部的管控，这样就有助于企业进行全面管理及防范舞弊风险。

4. 能够影响员工工作效率和企业效率

员工如果在一个结构清晰、职责明确的企业中工作，就能保持较高的工作效率。而如果一个企业的组织架构是紊乱（或者是不合理）的、职责不明的，员工将无所适从，甚至对企业产生失望情绪，最终导致企业效率低下。

5. 保证组织管理流程的通畅

合理的企业组织架构可以方便不同部门的员工进行沟通，减少矛盾与摩擦，使企业的各项业务活动得以顺利进行。

二、组织架构的模式

常见的组织架构的模式有两种：金字塔式和扁平式。

（一）金字塔式

1. 组成

金字塔式组织架构是一种常见的企业组织架构，它的形状类似于金字塔，下宽上窄。处在金字塔最底层的是企业的基层员工，他们负责具体的生产和服务工作。处在金字塔中间位置的是各个部门的经理和主管，他们的职能主要是负责协调各个部门之间的工作，以完成各自部门的具体业务，确保企业的正常运营。处在金字塔最顶层的是企业的高层管理人员，他们是企业战略的制定者和企业的决策者，对整个企业的运营和发展负有重要责任。

2. 优点

金字塔式组织架构的优点是层级分明、职责明确，能够有效地管理企业的各个部门和员工，同时，能为员工提供明确的晋升渠道和职业发展路径，激发员工的积极性和创造力。

3. 缺点

金字塔式组织架构的缺点是，由于决策者的决策指令是通过一级一级的管理层最终传递给基层执行者，基层执行者的信息通过一层一层的筛选，最终到达决策者，如果层级过多，就容易出现信息滞后、决策失误及管理方式僵化的情况。

（二）扁平式

1. 形式

与金字塔式组织架构相反，扁平式组织架构的管理层次少，管理幅度宽，像是把金字塔压扁一样。

2. 优点

扁平式组织架构的主要优点是，由于管理层次较少，决策者的决策指令可以较快地传达给基层执行者，基层执行者反馈的信息也可以较快地反馈给决策者，以便决策者及时采取相应的纠偏措施，而且在传递过程中信息失真的可能性较小。此外，较宽的管理幅度有利于员工主动性和创造性的发挥。

3. 缺点

扁平式组织架构的缺点是，由于管理幅度较宽，权力分散，不易实施严密控制，因此加重了管理者对下属组织及人员进行协调的负担。

三、组织架构的优化

为了实现科学系统化的管理，进行组织架构优化是很有必要的。在对企业进行组织架构优化时，要注意以下三个方面。

1. 要在保证组织机构平稳过渡的前提下进行

组织架构是在职务范围、责任、权力方面所形成的结构体系，是职、责、权方面的动态结构体系，它应在一定时期内具有稳定性。在进行组织架构优化时要考虑组织机构能否平稳过渡，如旧的组织机构能否平稳过渡到新的组织机构？员工能否顺利平稳过渡到新的部门和岗位？不适应原岗位的员工能否平稳地离职或转岗？个别员工的离职或转岗会不会给企业带来负面影响？会不会导致其他员工对企业失去信心？为了保证进行组织架构优化时组织机构能平稳过渡，需要做到"三适"，即适应、适时、适才适用。

（1）适应

适应体现在：调整后的部门、岗位能否适应企业生存和发展的需要？企业是否符合管理科学的基本要求？企业规模调整、人员调整是否与企业效率提升速度相匹配？

（2）适时

适时体现在：优化的时机是否恰当？即如果不进行优化，企业就不能取得更好的效果。优化是否考虑了适当的提前量？完成优化是否会打乱企业原来正常的生产经营秩序？

（3）适才适用

适才适用体现在：调整或安排岗位时能否将员工的学识、技能、专长、特点与其工作性质匹配？能否将其安置和调配到最适宜发挥其才智和潜能的工作岗位上，使得事得其人、人尽其才、才尽其用？

2. 分工要清晰，组织关系要协调，考核评价机制要公正合理

进行组织架构优化时，要明确部门的职能，分工要清晰，权责要到位。要改进不协调的组织关系，以预防和避免今后因组织关系不协调而引起的摩擦。要建立科学合理的考核评价机制，确保评价结果能够真实反映员工的工作表现和潜力。

3. 设置的部门、岗位要和人才培养相结合，要为员工提供良好的发展空间

应按业务的需要来设置部门，并根据实际情况的变化随时增加新部门、撤销原有不合适的部门，同时要有意识地将部门、岗位和人才培养相结合，通过培养，使员工获得更多的工作经验和技能，提高其职业素养和竞争力，实现员工的个人成长和发展。

第三节 业务流程

一、业务流程概述

（一）业务流程的定义

业务流程（Business Process）分为广义的业务流程和狭义的业务流程。

广义的业务流程是指由不同的人共同完成一系列活动，从而实现特定的价值目标。这一系列活动在时间和空间上的转移可以有较大的跨度，但是它们的先后顺序是有严格规定的，为使不同活动在不同岗位角色之间的转手交接成为可能，对活动的内容、方式、责任等都必须有明确的安排和界定。比如，制造企业生产经营的基本活动涉及采购、物流、生产、销售和服务五个核心业务流程。

狭义的业务流程是指企业创造价值以满足客户价值的一系列活动的组合。

经典的关于业务流程的定义有以下五个。

（1）哈默与钱皮给出的定义

某组活动如果是一个业务流程，那么这组活动要有一个或多个输入，输出一个或多个结果，这些结果对客户来说是一种增值。简而言之，业务流程是企业中一系列创造价值的活动的组合。

（2）达文波特给出的定义

业务流程是一系列结构化的可测量的活动的集合，并为特定的市场或特定的客户产生特定的输出。

（3）斯切尔给出的定义

业务流程是在特定时间产生特定输出的一系列客户、供应商关系。

（4）约翰逊给出的定义

业务流程是把输入转化为输出的一系列相关活动的结合，它增加输入的价值并创造出对接受者更为有效的输出。

（5）ISO 9000 质量管理体系中的定义

业务流程是一组将输入转化为输出的相互关联或相互作用的活动。

（二）业务流程的特征

1. 目标性

企业的业务流程是为完成某项任务（往往是为了给客户带来增值）而设置的。任何任务都有目标，当任务完成时，目标也就实现了。对企业来说，业务流程的投入产出转换过程的结束，就意味着实现了某个既定的目标，如生产出某种产品或提供某种服务。因此，业务流程的首要特征是目标性，没有目标的业务流程是不存在的。反过来，不同的目标可以形成不同的业务流程。

2. 整体性

企业的业务流程是由一系列的活动组成的，只有一个活动，不能成为业务流程。为实现企业的目标，组成业务流程的活动要通过一定的方式结合起来，这就体现了业务流程的整体性。

3. 层次性

企业的业务流程虽然是一个整体，但也是有层次的。一般来说，可以按照从上到下、从整体到部分、从宏观到微观、从抽象到具体的逻辑来划分层次。

4. 边界性

业务流程是有起点和终点的，即有边界性。边界以内是业务流程的各个活动，边界以外是业务流程所处的环境。边界内外通过一系列的输入输出进行交互。

5. 结构性

业务流程是由多个活动组成的，是为实现一定的目标按照一定的顺序结合在一起的，它们之间相互联系且相互作用，即具有结构性。企业业务流程一般有串联、并联、反馈三种结构。

6. 以人为本

在企业的业务流程中，人发挥着很重要的作用，每个人都有自己的角色、自己的职责，每个人都通过明确的业务流程，参与到业务流程的完成和修正中，促进业务流程的持续改进。

7. 效益性

从企业投资者的角度来说，分析和评价业务流程的一个重要方面是看业务流程设计能否给企业带来好的效益。

（三）业务流程的意义和要求

1. 业务流程的意义

① 对企业的关键业务进行描述。
② 为企业的运营提供指导。
③ 帮助企业更好地优化资源配置，优化企业的组织架构，完善企业的管理制度。

2. 业务流程的要求

① 可靠性：企业业务流程应当如实反映符合企业目标的一系列活动。
② 资源利用率：企业业务流程应能优化资源配置，提高资源利用率。
③ 反应性：企业业务流程应能提高对市场需求的响应速度。

④ 灵活性：企业可以按需构建业务模式，按需优化业务流程，按需配置业务资源。
⑤ 较低的管理成本：企业业务流程应能降低企业的运营成本。

二、业务流程图

（一）业务流程图的概念

业务流程图（Transaction Flow Diagram，TFD）是用一些规定的符号及连线来表示某个具体业务的处理过程，描述系统内各单位、人员之间业务关系、作业顺序和管理信息流向的图表。

业务流程图主要以业务处理过程为中心，它描述的是完整的业务流程，一般没有数据的概念。

（二）业务流程图的作用

业务流程图有如下作用。
① 通过业务流程图，可以全面了解业务处理的过程，为进行系统分析提供依据。
② 系统分析人员、管理人员、业务操作人员通过业务流程图相互交流思想。
③ 系统分析人员可直接在业务流程图上拟出可以用计算机处理的部分。
④ 帮助系统分析人员找出业务流程中的不合理之处（如多余的、不符合逻辑的，或与实际不符的），加以优化改进。

（三）业务流程图的基本符号及其含义

业务流程图的基本符号及其含义如表 3-1 所示。

表 3-1　业务流程图的基本符号及其含义

符号名称	符号	符号含义
起止框		表示业务流程图的开始或者结束
处理框		操作处理，表示具体某一个任务或者操作
预设处理		子流程
判断框		根据条件判断
输入/输出框		数据的输入或者输出
手动输入		手动输入
单向连接线		顺序/方向（单向）
双向连接线		顺序/方向（双向）

续表

符号名称	符号	符号含义
角色		参与业务流程的角色
文档		单个输入或输出的文件
多重文档		多个输入或输出的文件
卡片		数据的媒体为卡片
数据存储		文件或档案的存储

（四）绘制业务流程图的步骤

绘制业务流程图有五个步骤：①识别参与业务流程的各个角色；②穷举并抽象业务包括哪些任务；③明确各个参与角色以什么样的顺序完成这些任务；④找出可能出现的异常，补充分支流程；⑤完善、调整业务流程图。

1. 识别参与业务流程的各个角色

厘清业务执行过程，识别出有哪些角色参与了业务流程。一般来说，业务的执行是由一个或多个角色共同完成的。角色可以是一个岗位的抽象，也可以是某个群体，还可以是某个系统。比如书店采购管理这个业务，参与的角色有门市人员、订单管理员、采购部门、出版社、财务部门等。

为了清晰区分各角色所承担的任务，在绘制业务流程图时，分别为各个角色划定区域（也称泳道），用于放置他们各自的任务。

2. 穷举并抽象业务包括哪些任务

穷举并抽象业务包括哪些任务是绘制业务流程图最重要的步骤。任务都是由角色来完成的，因此，要穷举所有的任务，就要穷举出各个角色所承担的任务，一般采用"动宾结构"进行描述。

【例3-1】穷举书店的退书管理业务。

书店的退书管理业务包括以下任务。

① 客户发现图书质量问题，申请退书。

② 门市人员进行退货检验，检验内容包括检查是否有购书清单或发票，以及按照规定检查图书质量等。

③ 门市人员根据退货检验结果进行操作：若不符合退书条件，则拒绝退书；若符合退书条件，则办理退书手续，退还货款给客户，并将退书进行入库处理。

3. 明确各个参与角色以什么样的顺序完成这些任务

参与业务的各个角色在业务执行过程中，是按特定顺序完成所承担任务的。绘制业务流程图的第三个步骤的重点是准确描述出任务执行的顺序。

在描述任务执行的顺序时，有的任务是按业务方的期望顺利完成的，这被称为正向流程（又称主流程）；有的任务并不是按业务方的期望顺利完成的，中间可能会出现一些特殊情况，描述对特殊情况进行处理的流程被称为分支流程。

比如在用户账户注册业务中，顺利完成账户注册是业务方的期待，描述该过程的流程就是主流程。而在注册过程中也可能出现一些特殊情况，如账户名不符合规定，那么对这个特殊情况进行处理的流程就是分支流程。

分支流程依附于主流程，是对主流程的补充。因此，在绘制业务流程图时，应先绘制主流程，再根据可能出现的特殊情况补充分支流程。

4. 找出可能出现的异常，补充分支流程

在业务执行过程中，难免会出现一些特殊的情况，使业务无法按业务方的期望顺利完成。主流程只对业务目标顺利达成的流程进行描述，是不完整的。必须从穷举出的任务中，找出异常情况对应的任务，将其补充到分支流程中。

5. 完善、调整业务流程图

绘制完主流程和分支流程后，为确保最终效果更规范，更容易阅读和理解，还要对业务流程图进行必要的完善和调整。主要应从以下三个方面进行完善和调整。

① 在第一个任务前增加"开始"任务，在最后一个任务后增加"结束"任务。
② 调整位置，使每个节点都在正确的角色泳道中。
③ 调整位置，尽可能避免线条交叉，确保业务流程图整齐美观。

值得注意的是，绘制业务流程图是为了还原业务。业务流程图只要能准确、完整地描述业务逻辑和规则，就是一张合格的业务流程图。如果为了追求绝对的规范和正确而投入大量的时间，反而得不偿失。另外，业务流程图描述的是业务流程，而不是操作流程，因而不需要将每一个最小颗粒的操作都包含进来。即要把握好任务节点的颗粒度，不要过于详细，因为过于详细可能会让读者过早陷入操作细节，而不利于读者理解更宏观层面的业务。总而言之，绘制业务流程图时，应在准确描述业务逻辑和规则的前提下，尽可能地做到规范和整齐，并权衡好标准和效率。

（五）业务流程图例子

承例 3-1，经过分析，参与此次业务的角色有客户、门市人员，退书管理业务包括三个任务，此业务一般没有什么特殊情况。通过上面的分析，可以画出如图 3-1 所示的业务流程图。

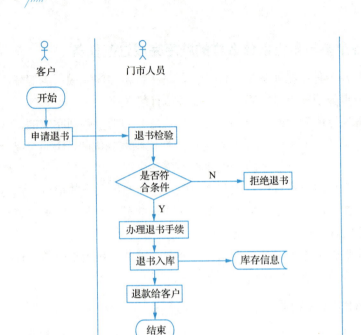

图 3-1　书店的退书管理业务

三、业务流程重组

（一）业务流程重组的概念和特点

1. 业务流程重组的概念

业务流程重组，又称业务流程再造（Business Process Reengineering，BPR），最早是由美国的哈默和钱皮于 1990 年提出的，它是 20 世纪 90 年代盛行的一种管理思想。

哈默和钱皮对业务流程重组下的定义是："业务流程重组是对企业的业务流程做根本性的思考和彻底重建，其目的是在成本、质量、服务和速度等方面取得显著的改善，使企业能最大限度地适应以客户（Customer）、竞争（Competition）、变化（Change）为特征的现代企业经营环境。"

还有很多学者从不同的角度定义业务流程重组，比较有代表性的有以下三个。

① 业务流程重组是对组织中及组织间的工作流程与程序的分析和设计。

② 业务流程重组是一种为达成企业主要目标而使用信息技术从根本上改变企业流程的方法性程序。

③ 业务流程重组是对企业流程的基本分析与重新设计，其目的是获取绩效上的重大改变。

尽管上述定义不尽相同，但它们的内涵是相似的，即业务流程重组的实质是一个全新的企业经营过程，它强调以业务流程为改造对象和中心，以关心客户的需求和满意度为目标，对现有的业务流程进行根本性的再思考和彻底的再设计，从而实现企业经营在成本、质量、服务和速度等方面的巨大改善。

2. 业务流程重组后新业务流程的特点

业务流程重组后新业务流程的特点包括以客户为中心，注重整体流程最优化的系统思想，强调团队合作，利用信息技术手段协调分散与集中之间的矛盾。

（1）以客户为中心

以客户为中心，成功地理解某个客户（或某部分客户）的爱好（需要），并为满足其需要做出相应的努力。

（2）注重整体流程最优化的系统思想

按照整体流程最优化的目标重新设计业务流程中的各项活动，强调流程中每个环节的活动要尽可能地实现增值最大化，尽可能减少无效的或非增值的活动，关注更大范围的、根本的、全面的业务流程。

（3）强调团队合作

强调团队合作，将个人的成功与其所处流程的成功当作一个整体来考虑。

（4）利用信息技术手段协调分散与集中之间的矛盾

在设计和优化企业业务流程时，强调尽可能利用信息技术手段实现信息的一次处理与共享机制，将串行式业务流程改造成并行式业务流程，协调分散与集中之间的矛盾。

（二）业务流程重组的核心内容

业务流程重组的核心内容包括根本性再思考、彻底性再设计、巨大改善和创造价值的流程。

（1）根本性再思考

根本性再思考是指企业进行业务流程重组时，不只对企业现状进行总结，还对"我们为什么要做现在的工作？""为什么必须由我们而不是别人来做这份工作？"等企业运营过程中的根本性问题进行根本性的思考，以发现企业原来的流程中有哪些是过时的，甚至是错误的。对业务流程进行根本性再思考后，再对业务流程进行重组。

（2）彻底性再设计

彻底性再设计是指在进行业务流程重组时，应对事物进行追根溯源，对已经存在的业务流程不能只是进行简单的改变、改良或调整性的修修补补，而是要抛弃所有的陈规陋习及效率低下甚至是毫无效率的作业方式，用创新的工作方法重新构建企业业务流程。

（3）巨大改善

巨大改善是指业务流程重组后，企业效益不是稍有好转、略有改善或简单提升，而是有显著增长和极大飞跃，这也是业务流程重组取得成功的标志。

（4）创造价值的流程

创造价值的流程是指业务流程重组要对那些无效的、不创造价值的"流程"进行彻底改革。业务流程重组的工作是围绕提高客户满意度，为企业创造效益等的一系列相互关联的活动而展开的。

（三）实施业务流程重组的方法

业务流程重组的实施可以按观念重建、流程重建和组织重建三个层次进行。三个层次的关系是：观念重建是基础和支持，流程重建是关键和主导，组织重建是维护和保证。

要实施业务流程重组，企业全员要先从观念上重视，树立正确的业务流程重组观念，这是实施业务流程重组的基础和支持。然后就要按照业务流程重组的核心内容进行流程重建，这是业务流程重组的主导和关键。业务流程重组是对现有的业务流程进行根本性的改造，这就要求企业对原有的组织机构、岗位设置、工作流程进行重新安排，这就导致原有的组织结构不能适应重组的需要，需要对组织结构进行重建，组织重建可以理解成业务流程重组的结果。

1. 观念重建

观念重建是指要在整个企业内部树立实施业务流程重组的正确观念，使企业员工理解业务流程重组的重要性、必要性。观念重建工作包括以下内容。

① 成立专门的业务流程重组领导小组，保证业务流程重组有好的领导和组织。

② 做好前期的宣传准备工作，这既可以帮助企业员工了解业务流程重组及其对本企业的重要意义，也可以避免员工因不理解业务流程重组而对业务流程重组产生抵触情绪。

③ 给业务流程重组活动设置合理的目标，要设置一个明确的目标，做到"心中有数"，如降低成本、缩短时间、提高效率、提升创新能力、提高客户满意度等。

2. 流程重建

流程重建是指通过调研，分析、诊断企业现有流程后，重新设计、构建新的流程的过程。它主要包括以下三个环节。

（1）分析、诊断现有的业务流程

该环节的工作是描述企业现有的业务流程，分析、诊断其中存在的问题。

（2）再设计业务流程

在该环节，针对前面分析、诊断的结果，重新设计流程，使其更加合理化。再设计业务流程的一般做法如下。

① 消除或减少浪费。

② 简化流程。

③ 组合流程步骤，如将多道工序合并由一人完成，或将完成多道工序的人员组合成小组或团队。

④ 并行思考，如将串行式业务流程改为并行式业务流程等。

（3）实施业务流程重组

该环节的工作是将重新设计的流程真正落实到企业的经营管理中。

3. 组织重建

为了给业务流程重组提供制度上的维护和保证，需要对组织结构进行重建，以建立长期有效的组织保障。组织重建具体包括以下内容。

① 建立流程管理机构并明确其权责范围。

② 制定各流程内部的运转规则，以及各流程之间的关系规则，并用流程管理图取代传统的组织机构图。

（四）业务流程重组的实施步骤

业务流程重组的实施步骤有八个，如图3-2所示。

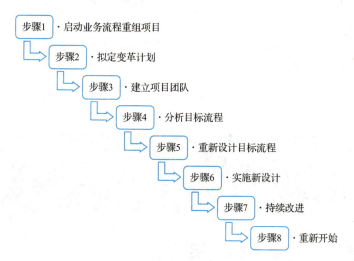

图 3-2　业务流程重组的实施步骤

钢铁企业采购部门的采购业务流程

采购是钢铁企业供应链管理中一个非常重要的环节，采购成本一般占钢铁企业总成本的 70% 以上。作为物流活动的起点，采购涵盖了从供应商到需求方之间的货物、技术、信息或服务流动的全过程。

钢铁企业采购部门的采购业务流程如下。

1. 制订采购计划

采购计划一部分源于企业的生产计划，另一部分源于仓库补充库存需求。企业一般在年末制订第二年全年或半年的生产目标，采购员根据生产计划预估原材料和辅助材料的需求量并制订月份采购计划。生产分厂车间向仓库提交领料单，仓库保管员根据领料单发放物资，如发现现有物资库存不足，或预计仓库会出现缺料，则列出缺料清单，并提交给相应科室采购员。

2. 签订采购合同

采购员根据制订的采购计划选择潜在供应商，对多家供应商询价，通过多次讨价还价，选出比较满意的供应商，并与之签订采购合同。采购合同要经过各主管领导的多次审批，通过后生效。

3. 物资到货入库

供应商根据合同一次或多次供货。供应商持合同送货到厂，仓库或质检部门验收后入库，记入到货清单。若质量或数量出现异议，则由采购部门和供应商进行协商，做异议处理。仓库保管员把到货清单做登账处理，如果到货日期在合同有效期内且到货数量不超过合同订货数量，则登入到货账；否则拒绝登账，并协商处理。

4. 财务采购结算

财务部门在收到供应商的发票后，将其与质检部门的验收报告和采购部门送来的采购合同进行对照，核对三者的数量是否一致，并核对合同价格与发票价格是否相符。若价格和数量相符则审批付款；若价格或数量有出入，则不予结算。

第四节　【实例】广西君武糖业集团组织架构及业务流程设计

一、广西君武糖业集团组织架构

（一）广西君武糖业集团组织架构整体情况

广西君武糖业集团下设 9 个管理中心，分别为农务中心、采购中心、生产中心、动力中心、设备中心、产品研发中心、营销中心、财经中心、人力中心。各管理中心对集团下属子公司进行垂直管理。广西君武糖业集团组织架构如图 3-3 所示。

（二）各管理中心的职能

农务中心：负责整个集团农务工作的整体部署，对蔗农、蔗田、农技、采收路线、农务派车等进行管理。

采购中心：负责整个集团生产用物资采购工作，具体包括招投标、询比价、供应商管理等。

生产中心：负责整个集团生产管理，具体包括生产排产、计划制订等。

动力中心：负责整个集团能源供应和管理，具体包括水、电、汽的供应和管理。

设备中心：负责整个集团设备、备品备件的采购和维修工作。

产品研发中心：负责产品的研发。

营销中心：负责产品营销工作，负责发现消费需求、产品定位、主导产品开发、价格策略与竞争、渠道管理、推广、营销战略规划和营销策略执行等工作。

财经中心：负责整个集团的财务管理，包括应收、应付、成本、利润的管理等。

人力中心：负责整个集团人员招聘、培训，以及薪酬管理、考核等。

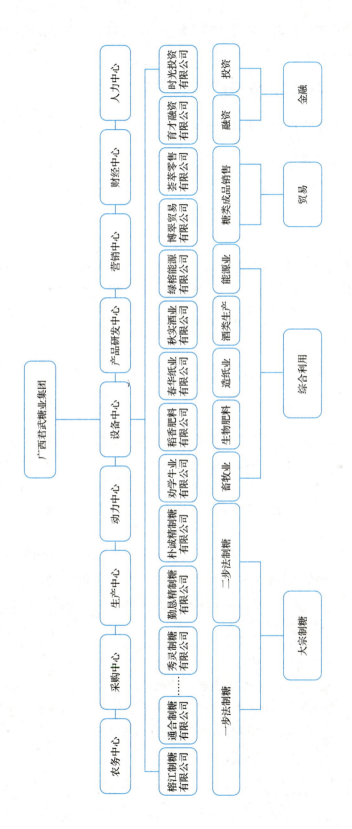

图 3-3 广西君武糖业集团组织架构

广西君武糖业集团下设多家子公司，除制糖外，其业务还涉及造纸、酒类生产、能源、生物肥料、畜牧等多个行业。

二、广西君武糖业集团各模块业务流程

（一）广西君武糖业集团各模块介绍

广西君武糖业集团以糖业为背景，共设计了 MM、FICO、SD、PP 四大业务模块，业务流程 57 个，其中 FICO 模块 17 个、MM 模块 18 个、SD 模块 11 个、PP 模块 11 个，涵盖了广西君武糖业集团所有业务。

1. MM 模块

MM 模块是物料管理（Material Management）模块，是指基于物料（含服务）的物流管理操作，主要由物料主数据管理、计划管理、供应商管理、采购管理、库存管理、仓储管理等功能组成。

2. FICO 模块

FICO 模块是财务模块，一块是财务会计（Financial，FI）模块，另一块是管理会计（Controlling，CO）模块。

（1）FI 模块

FI 模块可提供应收、应付、总账、合并、投资、基金、现金管理等功能，这些功能可以根据各分支机构的需要来进行调整，并且往往是多语种的。同时，科目的设置会遵循国家的有关规定。FI 模块重点关注财务会计，即外部会计，关注的是按照一定的会计准则组织账务，并出具满足财税等外部实体及人员要求的法定财务报表，通常比较标准。

（2）CO 模块

CO 模块包括利润及成本中心、产品成本、项目会计、获利分析等功能，它不仅可以控制成本，还可以控制公司的目标。另外，CO 模块还提供信息帮助高级管理人员做出决策或制定规划。CO 模块重点关注管理会计，即内部会计，通常比较灵活，出具的报表可以满足内部管理机构及相关人员的需要。

3. SD 模块

SD 是 Sales and Distribution（销售与分销）的缩写，顾名思义，SD 模块是一个用于管理企业销售业务行为的模块。该模块主要涉及销售与分销市场、定义组织、销售订单处理、计算机辅助销售、装运、运输、对外贸易、开票等方面的内容。

4. PP 模块

PP（Production Planning）模块是生产计划模块。PP 模块是为了适应业务流程中的生产计划和控制需要而建立的。PP 模块可实现对工厂数据、生产计划、物料需求计划、能力

计划、成本核算等的管理，使企业能够有效地降低库存、提高效率。同时，该模块使得原本分散的各个生产流程自动连接，从而使生产流程能够前后连贯地进行，不会出现生产脱节，耽误生产和交货。

（二）各模块业务流程介绍

MM、FICO、SD、PP 四大业务模块共涉及 57 个业务流程，下面仅以 MM 模块的采购商务流程为例来进行介绍。

采购商务流程包括询报价及审批流程和采购招投标流程。

1. 询报价及审批流程

该流程用于记录采购业务员对按照制度规定需要询报价的物料和以前没有供应商的新采购物料进行询报价的过程，以及在系统存储最终审批后的报价结果。询报价及审批流程的业务流程图如图 3-4 所示。

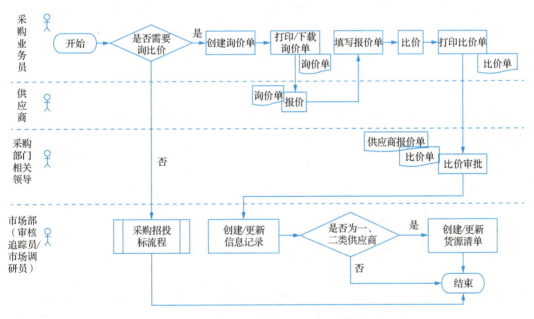

图 3-4 询报价及审批流程的业务流程图

2. 采购招投标流程

该流程是对按照企业现有规章制度进行招投标采购的物料，在招投标后根据合同执行期的长短分别在 SAP 系统中创建框架协议和信息记录，用于后续采购的参照和执行的过程。采购招投标流程的业务流程图如图 3-5 所示。

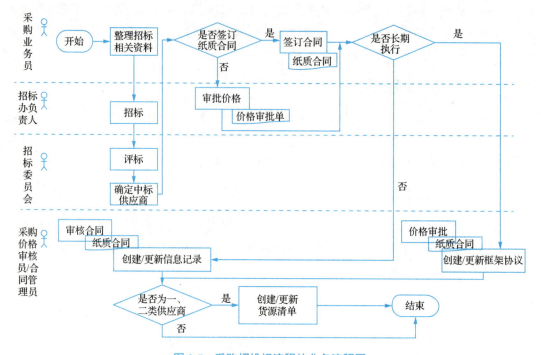

图 3-5 采购招投标流程的业务流程图

本 章 小 结

管理学中的组织是一个以目的为导向的社会实体。

战略主要是指为实现企业特定目标和使命，战略指导者确定的用以指导或约束企业整体经营和发展的政策、组织、重大活动及其方式，是一系列带有全局性和长远性的谋划。组织战略包括五个基本要素：战略愿景、目标与目的、资源、业务和组织。

组织架构描述了组织中各个部门、岗位和职能之间的关系和层级，确定了管理和控制的机制和流程，决定了不同部门和不同职能之间的沟通和协作方式。组织架构主要由层次结构、部门和职能、管理和控制，以及沟通和协作四个方面组成，常见的组织架构的模式有金字塔式和扁平式两种。为了实现科学系统化的管理，有必要对组织架构进行优化，优化的过程要遵循一定的原则。

广义的业务流程是指由不同的人共同完成一系列活动，从而实现特定的价值目标，业务流程具有目标性、整体性、层次性、边界性、结构性、以人为本、效益性等特点。当业务流程无法满足当前的需要时，需要对企业的业务流程做根本性的思考和彻底重建，即业务流程重组。业务流程重组后新业务流程的特点包括以客户为中心，注重整体流程最优化的系统思想，强调团队合作，利用信息技术手段协调分散与集中之间的矛盾。

习 题

一、单项选择题

1. 下列选项不属于直线职能制的优点的是（ ）。
   A．能发挥专家的业务管理作用　　B．避免了多头领导
   C．横向联系好，便于部门间的协作　D．责任明确，决策迅速

2. 下列单位中，最适合采用矩阵制组织形式的是（ ）。
   A．纺织厂　　　　　　　　　　　　B．医院
   C．电视剧制作中心　　　　　　　　D．学校

3. 很多企业都是由小到大逐步发展起来的，在开始时企业一般采用的组织形式是直线制。但是业务规模的扩大以及人员的增加，使得高层管理者不得不通过授权的方式委托一批有实力的专业人员进行职能化管理，即需要采用直线职能制组织形式。但是，直线职能制组织形式也存在一些缺陷。下列选项中不属于直线职能制组织形式的缺陷的是（ ）。
   A．成员的工作位置不固定，容易产生临时观念
   B．各职能单位自成体系，往往不重视工作中的横向信息沟通
   C．组织弹性不足，对环境变化反应比较迟钝
   D．不利于培养综合型管理人才

4. 某公司原来是一家生产冰箱的企业，随着公司品牌的确立和生产规模的扩大，为谋求进一步的发展，该公司将经营领域扩大到彩电、洗衣机、空调等行业。在这种情况下，该公司高层管理者发觉遵循原有的模式已经不能实现对所有产品的有效领导，必须进行组织变革。从管理理论的角度来讲，该公司须处理的迫在眉睫的事情是（ ）。
   A．公司高层须进行集权式管理
   B．放弃一种新进入行业的产品，将力量集中于擅长的产品
   C．改变现有组织形式，变职能制为事业部制
   D．从公司内部提拔一个能干的副手协助总裁工作

5. 如果某公司采用的是职能制组织形式，这种组织形式带来的最大缺陷可能是（ ）。
   A．多头指挥　　　　　　　　　　　B．各部门之间难以协调
   C．高层管理者难以控制　　　　　　D．职权职责不清

二、多项选择题

1. 矩阵制组织形式的优点是（ ）。
   A．有较大的机动性和适应性
   B．有利于各职能部门之间的协作配合
   C．有利于小组任务的完成

D．稳定性强

E．有利于培养人才

2．为了保证进行组织架构优化时组织机构能平稳过渡，需要做到（　　　）。

A．适应　　　　B．适才适用　　　　C．适时　　　　D．适当

E．以上都不是

三、判断题

1．职能制组织形式的缺点之一是形成了多头指挥。（　　）

2．事业部制组织形式的最大缺点是双重领导。（　　）

四、填空题

1．构成组织的要素有：_____、_____、_____、_____。

2．一项有效的组织战略包括_____、_____、_____、_____和_____五个基本要素。

3．事业部制又称_____。

五、名词解释

1．组织形式

2．业务流程

六、简答题

1．什么是组织架构？组织架构的模式有哪些？

2．简述战略规划的步骤。

3．简述扁平式组织架构的优缺点。

七、拓展阅读

关于企业的组织架构，胡君辰教授提出了三种新的模式。

第一种模式是砖墙型，即像用砖砌墙一样，每个岗位的权利、义务、责任、能力要求都非常明确，也就是先做所谓的工作分析。然后，企业可以到市场上购买其所需要的各种"砖块"。同时，"砖块"也很容易移动，这块砖没有了，很容易再买一块塞进去。

第二种模式是石墙型。石墙中的石头不是很规范，有的大，有的小，有时小的在上面，大的反而在下面；有的凸出来，有的凹进去。这有点像日本企业，员工需要不断地运动，然后找到适当的位置进去。这种模式下，企业文化比较强，企业比较稳固。对员工来讲，其发展速度不会很快，但其所处的位置往往比较适合自己。

第三种模式是土墙型，即两块板一夹，土就放在中间，里面还可能有石头或者宝石。在这种模式下，人才不容易流动。没有人才流动的体制，就要求"伯乐"会"相马"，因为领导看中的就是人才，看不中就不是。

胡君辰认为，现代企业组织架构应该主要向砖墙型模式发展，同时可以吸收一些石墙型的优点，但土墙型不太适合。

第四章

信息系统中的商业伦理与信息监控

学习目标

1. 了解商业伦理的概念及特征;
2. 掌握大数据时代个人隐私的保护措施;
3. 掌握信息系统中的知识产权。

第一节　信息系统中的商业伦理概述

一、商业伦理的相关概念

（一）伦理的概念

关于伦理（Ethics）的定义，比较典型的有以下三种。

1. 第一种定义

伦理是从概念角度上对道德现象的哲学思考，是指一系列指导行为的观念。它不仅包含着人与人、人与社会和人与自然之间关系处理中的行为规范，还蕴含着依照一定原则来规范行为的深刻道理。

2. 第二种定义

伦理是指人类社会中人与人、人与社会及国家之间的关系和行为的秩序规范。任何持续影响全社会的团体行为或专业行为都有其内在特殊的伦理要求。企业作为独立法人有其特定的生产经营行为，因而也有企业伦理要求。

3. 第三种定义

伦理是指人们心目中认可的社会行为规范，它对人与人之间的关系进行调整，只是它调整的范围包括整个社会。管理与伦理有很强的内在联系和相关性。管理活动是人类社会活动的一种形式，当然离不开伦理的规范。

总结来看，伦理的意思是人伦道德之理，指人与人的关系和处理这些关系的各种道德准则，伦理可以看作对道德标准的寻求。

（二）商业伦理的概念

商业伦理是把伦理的概念引申到商业领域所形成的概念，它包括商业活动中的伦理要求，如商业竞争中的伦理要求、契约与合同中的伦理要求、市场营销中的伦理要求等。商业伦理是指商人在从事贸易活动时处理相互关系的行为规范和准则，或者是商务活动各方理应遵守的一套行为规范和准则。商业伦理既包含商人采取什么样的态度对待贸易中的各种关系，又包含商人在贸易关系中如何进行道德自律。商业伦理还是一门跨专业、跨领域的关于商业与伦理学的交叉学科，研究商业活动中道德理论和道德实践。商业伦理是商业与社会关系的基础。

（三）商业伦理与商业道德的关系

商业伦理和商业道德是商业领域中非常重要的概念，它们对于企业的经营和发展起着至关重要的作用。商业道德是指商业活动中应该遵循的道德准则和价值观，它关注的是企业与利益相关者（客户、员工、供应商、股东和社会等）之间的关系。尽管商业伦理和商业道德在定义和范围上有所区别，但它们之间存在着密切的关系。

商业伦理为商业道德提供了理论基础和指导原则，它也是企业制定道德准则和行为规范的依据。商业伦理强调的是企业应当追求长期利益和社会责任，而商业道德则具体规定了企业在实际经营中应该如何行事。商业伦理和商业道德的关系就像是理论与实践的关系，商业伦理和商业道德都是商业领域中不可或缺的概念，它们相辅相成、相互依存。

二、商业伦理的特征、功能与作用

（一）商业伦理的特征

商业伦理具有以下六个基本特征。

1. 专用性

商业伦理的专用性主要是指商业行为都应该以国家利益、他人利益和企业利益为出发点。

2. 相对稳定性

在不同的历史时期，商业伦理的特征具有一定的差异性，现实和理想的商业伦理也有所不同，但是与一般的意识形态相比，商业伦理具有更好的稳定性。

3. 滞后性

商业伦理的滞后性表现为：旧的商业伦理观念在环境和条件发生变化之后可能还在起作用，阻碍了新的商业伦理观念的发展。

4. 诚信

商业伦理要求商业活动必须遵循诚实、守信，不欺骗、不误导、不隐瞒真相的原则。

5. 公平公正

商业伦理要求商业活动应遵守法律法规，遵循公平公正的原则，平等对待各方。

6. 关爱社会

商业伦理要求商业活动不能仅仅追求经济效益，还要考虑社会影响和公共利益，为社会做贡献。

（二）商业伦理的功能

商业伦理具有以下六个功能。

1. 调节和导向功能

商业伦理的调节和导向功能是依据社会生活所确立的善恶标准、道德原则、道德规范、道德范畴和社会道德观念，运用社会舆论、传统习惯和内心信念等特有的评价方式来指导和纠正人们的行为，为企业处理它和社会、生态环境之间的关系提供正确的指导原则，将人际关系协调为健康、和谐、文明的新型人际关系。

2．认识功能

商业伦理的认识功能是指反映自己的道德标准、道德意识、道德原则、道德规范、道德范畴和道德理论体系等伦理关系和伦理现象的能力。

3．凝聚功能

如果管理者在员工中有较高的威信，他就更容易赢得员工的信任。商业伦理能帮助管理者塑造良好的道德形象，拉近与被管理者的关系，产生较强的感染力和号召力，使管理决策得到积极响应；同时可使员员工对企业产生归属感、安全感、责任感，并进一步转化为对企业的忠诚，从而形成强大的内聚力。

4．规范、教育和约束功能

商业伦理的规范功能表现为它能在企业中营造一种良好的氛围，使员工产生自觉信仰，并以"理应如此"的无形的精神尺度来规范和衡量自己的行动。

商业伦理的教育功能体现在商业伦理通过评价活动和激励方式制造社会舆论，形成社会风尚，树立道德榜样。

商业伦理的约束功能体现在商业伦理作为一种价值判断准则，能实现对企业员工的行为和企业自身行为的约束，避免非伦理行为的出现。

5．激励功能

管理者可以运用商业伦理手段激发员工，从而调动员工的积极性和创造性，使企业在激烈的市场竞争中立于不败之地。

6．辐射功能

如果企业以自身良好的商业伦理，使企业形象得到了规范，并获得了良好的社会效益，以及社会公众较高的信任和赞美，那么该企业的伦理思想将通过各种方式向社会传播和辐射，从而带动全社会的进步。

（三）商业伦理的作用

商业伦理有以下四个作用。

1．促进市场失灵问题的解决

① 商业伦理可以约束市场运行。
② 商业伦理可以弥补市场缺陷。
③ 商业伦理可以降低交易成本。

2. 减少腐败现象和刑事犯罪

① 对于管理者和领导者，商业伦理通过道德的力量规范他们的行为，使他们自觉地遵守职业道德，做到"慎独"、廉洁自律，从而有效地减少腐败的滋生。

② 对于员工，通过对他们进行商业伦理教育，帮助他们树立正确的人生观、价值观，树立自强不息、勤劳致富、守法光荣的思想，从而减少各种刑事犯罪的发生。

3. 调节商业社会的和谐关系

商业伦理可以尽可能将社会主体的行为纳入社会直接需要的秩序范围，以保证社会生活的正常进行。

4. 促进企业可持续发展

① 商业伦理是企业生存的基础。
② 商业伦理是企业经营活动得以进行的润滑剂和黏结剂。
③ 商业伦理是企业健康发展的保障。

三、信息系统中的商业伦理

（一）信息系统引起的新的伦理问题

1. 隐私泄露的风险

信息系统需要获取海量的数据并对数据进行处理以获得各种信息，如获取个人身份信息、网络行为轨迹等数据，对数据处理分析后形成偏好信息、预测信息等。在这样的场景下，几乎每个人都被置于数字化空间之中，个人隐私极易以数据的形式被存储、复制、传播。在信息系统给人们生活带来便利的同时，有关个人隐私的数据信息会被更轻易地获取，从而产生严重的商业伦理风险，这就不可避免地涉及了个人隐私保护这一重要商业伦理问题。

2. 诚信缺失问题

从技术层面来看，信息系统中应用的各种信息技术具有数字化、虚拟化、开放性等特点。借助信息技术，人与人之间的交流、交往进入一个互不熟识的、呈现符号化、超地域性、隐匿性、缺少监督的"陌生人社会"，在这样的场景下，人容易放松或忽视了诚信自律，做出失信行为。

从利益层面来看，为最大程度攫取经济利益出现了"标题党"，他们甚至传递虚假信息，造成社会信用缺失。

从体制层面来看，诚信监督体系的建设相对于更新迭代快的信息技术来说比较滞后，让失信者有机可乘，从而导致一系列诚信缺失问题。

3. 有可能动摇人类的道德主体地位

目前，人工智能在信息系统中的应用越来越广泛和深入，智能机器已获得深度学习能力，可以识别、模仿人的情绪，那么，智能机器能否算作"人"？人与智能机器之间的关系应当如何定位，如何处理？智能机器应当为其行为承担怎样的责任？

例如，倘若由智能信息系统控制的自动驾驶汽车出了交通事故，该由谁承担责任？从伦理学角度来看，人工智能的发展及其在信息系统中的应用有可能改变甚至颠覆人类活动的主体地位，有可能动摇人类的道德主体地位。

（二）信息系统的商业伦理维度

信息系统的商业伦理包括五个维度：信息权利和义务、知识产权、责任与控制、系统质量和生活质量。

1. 信息权利和义务

个体和组织应该拥有哪些与自己有关的信息权利？对于这些信息，个体和组织有哪些义务？

2. 知识产权

知识产权又称知识所属权，在信息时代的信息系统中如何对知识产权进行追溯、确认和保护？

3. 责任与控制

谁能够对个人或组织受到的信息及产权侵害进行解释并承担相应的责任？

4. 系统质量

达到什么标准的数据及系统可以保护个人权利及社会安全？

5. 生活质量

在一个以信息和知识为基础的社会中，我们应该保持什么价值观念？

（三）信息技术中的商业伦理问题

1. 知识产权的侵犯

美国商业软件联盟（BSA）2017年的数据显示，全球平均盗版（非授权）软件安装比率是37%，比率最低的是北美地区（16%），比率最高的是非洲的利比亚（高达90%）。如此高的盗版率反映出的正是人们对知识产权的侵犯。

2. 有害行为

这里的有害行为是指信息技术造成的损害或负面后果，如重要信息的丢失、财产的损失、所有权的丧失、财产的破坏和不良的实质性影响。

3. 个人隐私的泄露

随着互联网的兴起，大量的数据或信息要通过网络传输，从而引发了个人隐私泄露问题。

4. 信息安全

如何保证信息安全是非常重要的问题，如数据的拥有权、使用权、修改权等该如何界定？谁有权利去访问这些数据？谁承担维护信息准确性和安全性的责任？哪些信息是属于个人的，其他组织或个人无权直接获得？哪些信息是属于公司的，员工不可泄露？

（四）大数据时代下的商业伦理问题及其应对

在我们运用大数据技术发现新的知识、创造新的价值的同时，大数据也带来了一些商业伦理问题。与大数据技术相关的商业伦理问题主要包括以下四个。

（1）个人隐私问题

从伦理学的角度讲，个人隐私即在私人生活中不愿诉诸公众社会或为非所意愿的他人知悉、干预的情况和事态。在大数据的背景下，利用大数据技术可以方便地记录存储并呈现个人身份信息、行为信息、位置信息，甚至情感和社会关系等隐私信息。通过大数据技术对收集到的碎片化的个人信息进行积聚、对比、分析、重组、编辑等处理后，也有可能得到描绘个人特性、身份、习惯等的信息，而这些就很可能涉及人们并不愿意公开的个人隐私信息。此外，有人喜欢把自己的数据"晒"到公共文化空间，这也容易造成个人隐私的泄露。

如果任由网络平台运营商收集、存储、兜售用户数据，那么个人隐私将无从谈起。

（2）信息安全问题

在信息系统中，个人产生的数据包括主动产生的数据和被动留下的数据，对数据的权限（包括删除、存储、使用、知情）等本属于个人可以自主的权利，在实际中却难以保障。一些信息技术由于本身存在安全漏洞，可能会导致数据泄露、伪造、失真等问题，从而影响信息安全。

（3）数据中立问题

数据是事实或观察的结果的客观反映，是信息的表现形式和载体，也是进行各种计算、研究或设计的依据，数据可以是符号、文字、数字、语音、图像、视频等。数据本身（包括大数据）是客观中立的，但在通过大数据技术对数据进行处理及使用的过程中，可能会加入各种主观因素，从而产生非中立的结果。比如，随着大数据与人工智能的日益成熟，算法推荐带来了偏见与歧视的商业伦理问题。一些网络购物平台通过个性化推荐算法来推荐页面或赠送红包、优惠券等。这些个性化推荐算法之所以可以个性化、差异化地推荐相关产品或服务，是因为掌握了个体的贫富差距、性别差异、健康状况等信息，这就导致了不同群体在信息掌握层面的不平等，甚至出现了"大数据杀熟"等算法歧视现象。

（4）数字鸿沟问题

在传统数据应用和处理中，由于人们在数据可及、数据应用、数据分析等方面存在着数字技术的巨大差异，因此出现了一部分群体能够较好获取和使用数字技术，而另一部分群体则很难获取和使用数字技术的情况，从而产生了数字技术资源分配不均衡的现象，这种现象称"数字鸿沟"。数字鸿沟会逐步引起群体矛盾和社会不公。在大数据背景下，随着移动互联网的普及，数字鸿沟以及由此造成的社会不公平问题从原来的数据可及和应用等方面的差异演变为由知识、技术、经济等因素导致的技能鸿沟、价值鸿沟，加剧了信息的不公平分配。

针对大数据技术可能造成的商业伦理问题，我们应该采取以下应对措施。

(1) 加强管理和制度建设

一是要建立相应的伦理道德原则。第一个原则是无害性原则，坚持大数据技术发展应服务于人类社会健康发展和提高人民生活质量，应以人为本；第二个原则是权责统一原则，权责统一原则即数据谁搜集谁负责，谁使用谁负责；第三个原则是尊重自主原则，即数据的存储、删除、使用、知情等权利应充分赋予数据产生者。

二是建立健全监管机制。大数据的发展战略要进一步完善，同时明确规定大数据产业生态环境建设、大数据技术发展目标以及大数据核心技术突破等内容。关于数据信息分类保护的法律规范也要逐步完善，数据的挖掘、存储、传输、发布以及二次利用等环节的权责关系要明确，要加强对个人隐私的保护。另外，要注重对相关从业人员数据伦理准则和道德责任的教育培训，规范大数据技术应用的标准、流程和方法。

(2) 加强数据管理

一是加强对数据使用者的管理。加强数据使用者对大数据相关技术知识的学习，全面提高其职业道德水平，提高其个人隐私保护观念，防止出现个人隐私泄露。

二是加强对技术的控制管理。除了加强对个人信息收集及存储环节的隐私保护，还要从技术上采用有效合理的手段限制数据分析和非法传输，加强信息安全技术对隐私的保护。

三是加强对数据环境的监督管理。除了依靠数据使用者的自律，还要德法并举，为大数据的发展提供良好的制度环境，同时构建完善的监督体系，维护良好的数据生态环境。

第二节 信息系统中的个人隐私

一、个人隐私

（一）个人隐私的相关概念

个人隐私是指公民个人生活中不愿向他人公开或让他人知悉的与其他人及社会的合法利益无关的秘密。隐私包括自然人的私人生活安宁和不愿他人知晓的私密空间、私密活动、私密信息，如个人日记、个人肖像、住址、电话号码、身体缺陷、生活习惯、密码等。公民不愿让他人知道自己秘密的权利称隐私权，它是公民对私人活动和私有领域进行支配的一种人格权，任何组织或者个人不得以刺探、侵扰、泄露、公开等方式侵害他人的隐私权。判断个人信息是否属于个人隐私的关键是公民本人是否愿意他人知晓，该信息是否与他人及社会利益相关。

(二)隐私权的内容

1. 个人生活安宁权

个人生活安宁权是指权利主体能够按照自己的意志从事或不从事某种与社会公共利益无关或无害的活动,不受他人的干涉、破坏或支配。

2. 个人生活情报保密权

个人生活情报保密权是指权利主体有权禁止他人非法利用个人生活情报资料(如身体缺陷、健康状况、生活经历、财产状况、婚恋、社会关系、信仰、心理特征等)。

3. 个人通讯保密权

个人通讯保密权是指权利主体有权对个人信件、电报、电话等内容及方式加以保密,禁止他人非法窃听或窃取。

《中华人民共和国民法典》(以下简称民法典)第一千零三十三条规定,除法律另有规定或者权利人明确同意外,任何组织或者个人不得实施下列行为:

① 以电话、短信、即时通讯工具、电子邮件、传单等方式侵扰他人的私人生活安宁;
② 进入、拍摄、窥视他人的住宅、宾馆房间等私密空间;
③ 拍摄、窥视、窃听、公开他人的私密活动;
④ 拍摄、窥视他人身体的私密部位;
⑤ 处理他人的私密信息;
⑥ 以其他方式侵害他人的隐私权。

二、个人信息与个人隐私的关系

个人信息是指与特定个人相关联的、反映个体特征的具有可识别性的符号系统,包括个人身份、工作、家庭、财产、健康等各方面的信息。从这个定义来看,它更多地涉及人格,个人信息权应为一种人格权。而隐私权也是人格权,它们之间存在密切的关联,两种权利在权利内容等方面存在一定的交叉。

具体而言,个人信息和个人隐私的相似性体现在以下四个方面。

1. 二者的权利主体都仅限于自然人

个人信息和个人隐私的权利主体都仅限于自然人,而不包括法人。虽然在个人信息法律关系中,相关信息的实际控制者可能是法人,但是由于法人的信息资料不具有人格属性,不能作为个人信息和个人隐私的权利主体,因此法人不享有具有人格权性质的个人信息权和个人隐私权,侵害法人信息资料应当通过其他法律(如知识产权法或反不正当竞争法)予以保护。另外,我们在提"隐私"的时候,更多强调的是"单个用户",那么,从这个角度来看,一群用户的某些属性,可以认为不是隐私,因而从隐私保护的角度来看,公开群体用户的信息不算是隐私泄露,但是如果能从数据中准确推测出个体的信息,那么就算是隐私泄露。

2. 二者都是个人对其私人生活的自主决定的体现

个人信息和个人隐私都是专属自然人享有的权利，都体现个人的人格尊严和人身自由。就个人信息而言，其之所以受到越来越多的保护，与其体现了人格尊严和人身自由存在密切关系，个人信息自决权体现了对个人自决等人格利益的保护。而隐私产生的价值基础就是对人格尊严和人格自由发展的保护，隐私既是人格尊严的具体展开，也是以维护人格尊严为目的的。隐私体现了对"个人自决""个性""个人人格"的尊重和保护。

3. 二者在客体上具有交叉性

很多个人信息都是人们不愿对外公开的私人信息，这些不愿公开的个人信息本身就属于隐私的范畴，是个人不愿他人介入的私人空间，不论其是否具有经济价值，都体现了一种人格利益。同时，部分隐私权保护客体也属于个人信息的范畴，如个人的房产信息虽然会在一定范围内被查阅，但这些信息还是属于个人信息。

4. 二者在侵害后果上有责任竞合现象

行为人实施某一行为可能同时造成对多种权利的侵害，产生责任竞合的现象。在现实生活中，随意散播具有私密性特征的个人信息会涉及对隐私权的侵害。在法律上并不能排除个人信息和个人隐私的保护对象之间的交叉，在我国司法实践中，法院经常采用隐私权保护方法为个人信息的权利人提供救济。

总之，个人信息、个人隐私与公民的私生活密切相关，同时也是个人事务的组成部分，私密的个人信息被非法公开可能会对个人生活安宁造成破坏，只要不涉及他人合法利益和社会公共利益，个人信息的私密性就应该被尊重和受法律保护。

三、大数据时代个人隐私的保护

（一）大数据时代个人隐私保护面临的挑战

大数据时代，数据带来了巨大价值，同时也带来了个人隐私保护方面的难题，如何在大数据开发应用的过程中保护个人隐私和防止敏感信息泄露成为新的挑战。

1. 个人隐私保护的范围难以确定

比如，当我们根据立法、电子交易规则等，将自己的相关数据信息以"同意"的名义存储于服务提供商时，服务提供商会不会向第三人披露这些数据信息？

2. 侵犯个人隐私的行为难以界定

比如，将我们在公开的互联网上发布的生活碎片进行整合分析得出来的个人相关数据信息是否也不构成"隐私"？第三人会不会披露这些整合了的个人数据信息？

3. 个人信息泄露的渠道很多

网络在人们日常生活中的应用越来越广泛，网络在给人们带来便利的同时，也容易造成个人信息的泄露。比如，使用共享充电宝或共享 Wi-Fi、扫描二维码、访问钓鱼网站等都有可能导致个人信息泄露。

（二）大数据时代个人隐私的保护措施

党的二十大报告将"加强个人信息保护"作为提高公共安全治理水平的重要内容进行部署。大数据时代，加强个人隐私保护的措施主要有以下几种。

1. 加强个人隐私保护意识，做好日常防护

在日常生活中要自觉提高自我保护意识，强化个人隐私权的保护观念。

2. 培养良好的个人信息使用规范

个人在使用互联网时，要使用合法合规的互联网产品，要培养良好的使用习惯，不在社交媒体等公众平台上随意填写、上传个人真实信息，并应定期清理删除非必要的个人信息。

3. 完善相关法律法规

政府应加强监管和立法，建立完善的法律制度。个人一旦发现存在个人信息泄露问题，应及时向有关部门上报，通过合法途径维护个人信息安全。

4. 加强隐私权的技术保护

（1）加密技术

加密技术是保护隐私的主要技术手段之一，通过加密技术可以将数据或信息进行加密，使未获授权的人无法得到信息的内容。

（2）匿名技术

匿名技术可以隐藏用户的个人信息，从而达到一定程度上保护隐私的目的。例如，Tor 网络就是一个可以帮助用户在互联网上保护隐私的经典的匿名技术应用。

（3）密码管理

好的密码能有效地保证我们的信息安全，个人应避免将密码泄露或者交给他人管理，在密码设计时应避免用过于简单的密码（如生日、门牌号、电话号码等），隔一段时间就应更换密码。

除了使用密码，还可以使用双因素认证方法，通过附加额外的认证信息增强网站或账户的安全性。双因素认证的流程是，在验证用户名和密码后，再验证一个独特的信息，如发送到个人手机上的验证码或者个人随身携带的安全密钥。

（4）多因素身份认证技术

多因素身份认证技术是通过多种验证方式（如指纹识别、虹膜识别、人脸识别等）来确认用户身份，避免用户隐私信息被泄露，有效地提高用户隐私保护的安全性。

（5）防病毒软件和防火墙

防病毒软件和防火墙都是保护个人隐私的重要手段。防病毒软件可帮助检测恶意软件和病毒，防火墙可防止信息外泄和屏蔽有害信息，增强保密性和强化私有权。

（6）区块链技术

区块链技术可以实现去中心化的数据存储，并通过加密和哈希算法来保护数据的安全性。此外，通过智能合约等多样化手段，区块链技术可以更好地保护个人隐私。例如，在医疗保健领域，区块链技术可以极大地加强个人健康数据的安全性和隐私保护。

（7）隐私保护浏览器

当使用公共 Wi-Fi 或浏览非安全网络时，比较容易出现个人信息泄露的情况，这时使用一个隐私保护浏览器就可以增强保密性。这种浏览器会自动启用禁止跟踪和隐私保护的工具，以防止其他人追踪用户的浏览历史，或收集与浏览行为相关的信息。

保护个人隐私的几个经典案例

案例一：泄露个人信息事件

（1）事实经过

张某是一家互联网公司的员工，他的个人信息（包括姓名、住址、身份证号码等敏感数据）被公司意外泄露。原因是该公司的数据安全措施不力，导致该信息被黑客窃取。

（2）律师解读

根据我国相关法律规定，任何组织和个人都有保障个人信息安全的义务。在本案中，该公司未能履行保护员工个人信息的责任，导致个人信息泄露事件发生。这给个人信息的保护带来了威胁，涉及个人隐私的案件需要引起重视。

（3）建议

对于公司而言，加强数据安全措施是非常必要的，可采取加密、权限管理、数据备份等措施来确保个人信息不被泄露。对于个人而言，应提高个人信息保护意识，避免在网上随意提供个人信息，应选择可信赖的平台进行交易和信息分享。

案例二：网络爆料隐私案件

（1）事实经过

廖某是一位网络名人，拥有大量粉丝。一天，一名不满意廖某的粉丝赵某在网络上爆料廖某的婚外情，并公布了另一方的姓名和照片。这一事件立即引起了广泛的关注和传播，对廖某的声誉造成了巨大损害。

（2）律师解读

在本案中，廖某的个人隐私被泄露，涉及婚姻等个人隐私。根据我国相关法律规定，公布、损害他人婚姻自由、家庭隐私的，应当承担侵权责任。因此，在本案件中，可以追究爆料者赵某的法律责任。

（3）建议

对于公众人物而言，保护好自己的隐私是非常重要的，公众人物更应该谨慎地处理个人事务，并加强对个人信息的保护。对于网络爆料者而言，发布信息前应该对自己发布的信息进行严格审核，避免损害他人的隐私权和声誉。

案例三：个人信息被恶意使用案件

（1）事实经过

黄某在某交友平台上注册了个人账号，并提供了真实的个人信息。不久后，黄某发现个人信息被恶意使用，其照片和个人资料在其他平台上被冒用，给他的生活和工作带来了很大的困扰。

（2）律师解读

根据我国相关法律规定，任何组织或者个人不得非法买卖、提供或者公开他人个人信息。在本案中，交友平台未能有效保护黄某的个人信息，导致其个人信息被恶意使用，侵犯了黄某的隐私权。

（3）建议

对于网络平台而言，应该加强对用户个人信息的保护，采取技术手段提高安全性，以防止用户个人信息被不法分子利用。对于个人而言，在注册账号时要谨慎提供个人信息，选择信誉好、保护隐私的平台进行注册和交流。

资料来源：根据网络资料整理。

第三节 信息系统中的知识产权

一、知识产权的概念

知识产权是指人们创造性思维和劳动成果所形成的各种权利。知识产权的定义和范围在不同的国家和地区可能会略有不同，但一般来说，知识产权包括以下四个方面。

1. 专利权

专利权是指在特定领域内对于某一种新的发明、实用新型或外观设计所授予的权利。专利权的授予可以保护发明人在一定期限内对其发明的独占权，防止其他人未经授权使用或销售该发明。

2. 商标权

商标是为区别商品或服务而使用的标识，可以由文字、图形、字母、数字、三维标志、颜色组合、声音等元素构成，如标志、名称、口号等。

商标权是民事主体在特定的商品或服务上享有的排他性使用特定标志的权利，用以区分商品或服务的来源。商标权通常通过注册获得，经商标局核准注册后，商标持有人享有商标专用权，受法律保护。商标权的内容包括使用权和禁止权。

商标权的授予可以保护商标持有人对其商标的独占使用权，并防止其他人在同一领域内使用类似的商标。

3. 著作权

著作权是指对原创的文学、艺术和科学作品等所享有的权利。著作权的授予可以保护作者在一定期限内对其作品的独占权,并防止其他人未经授权使用或复制该作品。

4. 商业秘密

商业秘密是指不为公众所知悉的,对企业具有商业价值,并经权利人采取相应保密措施的技术信息、经营信息等商业信息,如研究结果、客户及客户信息、销售策略等。民法典第一百二十三条明确将商业秘密列为知识产权的客体。商业秘密的授予可以保护企业对于这些信息的独占权,防止其他人未经授权使用或泄露这些信息。

综上所述,知识产权是保护创新和创造的一种重要机制,包括专利权、商标权、著作权和商业秘密等多个方面。知识产权的授予可以鼓励人们在其专业领域内进行创新和研究,并使知识的创造者获得应有的回报。

信息系统中涉及的知识产权多是商业秘密。

二、商业秘密的特征

商业秘密主要有以下五个特征。

1. 非公开性

商业秘密是秘密的一种特殊形态,非公开性是商业秘密最重要的特征,即商业秘密的前提是不为公众所知悉,不可能从公开渠道直接获取,一旦商业秘密为公众所知晓或能从公开渠道获取,就不能称之为商业秘密。

2. 非排他性

商业秘密不具有排他性,即它的专有性不是绝对的。在商业活动中,如果其他人以合法方式取得了同一内容的商业秘密,他们就和第一个人有着同样的地位。因此,商业秘密的拥有者需要遵守相关法律法规,不得非法获取或转让商业秘密。

3. 价值性

商业秘密的价值性体现在应用后能为权利人带来经济利益和竞争优势。商业秘密的价值可以是现实的,也可以是潜在的。

4. 实用性

商业秘密的实用性体现在有确定的可应用性,这一点与单纯的理论成果不一样,商业秘密是能够实际使用、操作的信息,并能用于解决实际生产经营中的问题,而不仅仅是停留在理论层面。

5. 保密性

保密性是指权利人对商业秘密采取了一定的保密措施。保密性包含两层意思:一是保护权利人主观上将相关信息作为商业秘密加以保护的意愿；二是权利人必须采取了保密措施，有具体的对相关信息进行保密的行为。

三、商业秘密的分类

按照涉及的领域和范围不同，商业秘密可以分为技术信息领域的商业秘密和经营信息领域的商业秘密两大类。

1. 技术信息领域的商业秘密

技术信息领域的商业秘密被称为技能知识或技术秘密、专有技术、非专利技术等，多指从事某行业或者做某项工作所需要的技术诀窍和专业知识。技术信息领域的商业机密主要包括制作工艺、技术设计、工艺流程、质量控制、应用试验、工业配方、制作方法、技术样品、计算机程序等。

2. 经营信息领域的商业秘密

经营信息领域的商业秘密是指除技术信息以外的能够给权利人带来竞争优势的用于经营的商业秘密。经营信息领域的商业秘密一般包括以下两种。

① 具有秘密性质的市场以及与市场密切相关的商业情报或信息，如货源、原材料价格、销售市场、产销策略、竞争公司的情报、招投标中的标底及谈判方案、客户名单、财务和会计报表等。

② 经营管理方法和与经营管理方法相关的资料和信息。这类商业秘密一般指合理有效地管理各部门、各行业之间的相互合作与协作，使生产与经营有机运转的秘密，如公司的管理模式、方法、经验、营销战略等。

本 章 小 结

伦理是人伦道德之理，指人与人的关系和处理这些关系的各种道德准则，伦理可以看作是对道德标准的寻求。商业伦理是把伦理的概念引申到商业领域所形成的概念，它包括商业活动中的伦理要求，是指商人在从事贸易活动时处理相互关系的行为规范和准则，或者是商务活动各方理应遵守的一套行为规范和准则。商业伦理既指商人采取什么样的态度对待贸易中的各种关系，又指商人在贸易关系中如何进行道德自律。

信息系统引起的新的伦理问题包括隐私泄露的风险、诚信缺失问题、有可能动摇人类的道德主体地位等。信息系统的商业伦理包括信息权利和义务、知识产权、责任与控制、系统质量、生活质量五个维度。

个人隐私是指公民个人生活中不愿向他人公开或让他人知悉的与其他人及社会的合法利益无关的秘密。大数据时代，数据带来了巨大价值，同时也带来了个人隐私保护方面的难题，如何在大数据开发应用的过程中保护个人隐私和防止敏感信息泄露成为新的挑战。

知识产权是指人们创造性思维和劳动成果所形成的各种权利。知识产权一般来说包括专利权、商标权、著作权、商业秘密四个方面，信息系统中涉及的知识产权多是商业秘密。

商业秘密是指不为公众所知悉的，对企业具有商业价值，并经权利人采取相应保密措施的技术信息、经营信息等商业信息。

商业秘密具有非公开性、非排他性、价值性、实用性和保密性五大特征。按照涉及的领域和范围不同，商业秘密可以分为技术信息领域的商业秘密和经营信息领域的商业秘密两大类。

习　题

一、单项选择题

1. 商业伦理是（　　）的基础。
   A. 商业活动　　　　　　　　B. 商业与社会关系
   C. 保护个人隐私　　　　　　D. 企业诚信经营
2. 旧的商业伦理观念在环境和条件发生变化之后可能还在起作用，阻碍了新的商业伦理观念的发展，这体现了商业伦理的（　　）特征。
   A. 相对稳定　　　　　　　　B. 公正性
   C. 滞后性　　　　　　　　　D. 关爱社会

二、多项选择题

1. 商业伦理要求在商业活动中必须做到（　　）。
   A. 诚实　　B. 不欺骗　　C. 不误导
   D. 不隐瞒真相　　E. 守信
2. 商业秘密的主要特征有（　　）。
   A. 非公开性　　B. 非排他性　　C. 实用性
   D. 保密性　　　E. 价值性
3. 以下属于商业秘密的是（　　）。
   A. 原材料价格　　　　　　　B. 招投标中的标底
   C. 公司的管理模式　　　　　D. 客户名单
   E. 营销战略

三、判断题

1. 判断个人信息是否属于个人隐私的关键是公民本人是否愿意他人知晓，该信息是否与他人及社会利益相关。（　　）
2. 个人信息和个人隐私的权利主体都不仅限于自然人，也包括法人。（　　）
3. 一旦商业秘密为公众所知晓或能从公开渠道获取，就不能称之为商业秘密。（　　）

4. 商业伦理要求商业活动不能仅仅追求经济效益，还要考虑社会影响和公共利益，为社会做贡献。（   ）

四、填空题

1. 商标权是_____。
2. 商业伦理是_____的基础。
3. 商业伦理的关爱社会特征要求_____。

五、名词解释

1. 商业伦理
2. 个人隐私

六、简答题

大数据时代应如何保护个人隐私？

七、拓展阅读

生活中常见的加密技术

1. 使用 DES、AES 算法加密账号密码

在网络上登录系统时往往需要账号和密码。早期互联网公司都是用明文存储用户账号和密码，比如你设置的密码是"888888"，那就直接将"888888"保存在数据库中，这就导致隐私容易泄露。而现在大多数互联网公司会使用 DES、AES 等加密算法来保存用户账号密码，大大提高了用户的账号安全。

2. HTTPS 加密保护用户的隐私和安全

以往打开网站，网址前面通常都是"http:"开头的，但现在大多数网站的网址开头变为了"https:"。HTTPS（Hypertext Transfer Protocol Secure，超文本传输安全协议）是在 HTTP（Hypertext Transfer Protocol，超文本传送协议）的基础上加入了 SSL（Secure Socket Layer，安全套接层，是 Netscape 公司率先采用的网络安全协议。它是在传输通信协议上实现的一种安全协议，采用公开密钥技术）。它可以对用户的信息进行加密，是加密技术的又一个应用。它能保障网站的真实性，避免网站被篡改，保护用户的隐私和安全。

3. MD5、RSA、AES 等加密算法保护网络支付安全

安全性是用户进行网络支付时最关注的问题。为了更好地保护用户的支付安全，MD5、RSA、AES 等加密算法被应用于网络支付中。

4. 加密技术保证无线网络安全

无线网络的应用使得人们能更方便地使用网络，Wi-Fi 是目前使用最广的一种无线网络传输技术，它将有线网络信号转换成无线信号，供支持其技术的手机等终端接收。在使用 Wi-Fi 之前通常需要输入密码，目前常见的用于 Wi-Fi 加密的技术有 WEP、WPA/WPA2、WPA-PSK/WPA2-PSK 等。

【实验 4-1】广西君武糖业集团信息系统中的信息监控

SAP 系统作为企业管理的核心工作平台，系统管理员需要随时监控系统日常的运行情况，尤其是对系统日志、进程管理、用户使用、操作系统、数据库等运行情况要重点关注。下面简单介绍几个常用的系统监控命令。

一、系统日志

SAP S/4 服务器在系统日志中记录系统所产生的事件和问题。对于系统中存在的所有警告信息及错误信息，系统管理员应及时发现并相应地分析解决。通过系统日志界面可以实现对系统日志的监控及分析。具体的操作步骤如下。

步骤 1：打开显示系统日志界面，如图 4-1 所示。

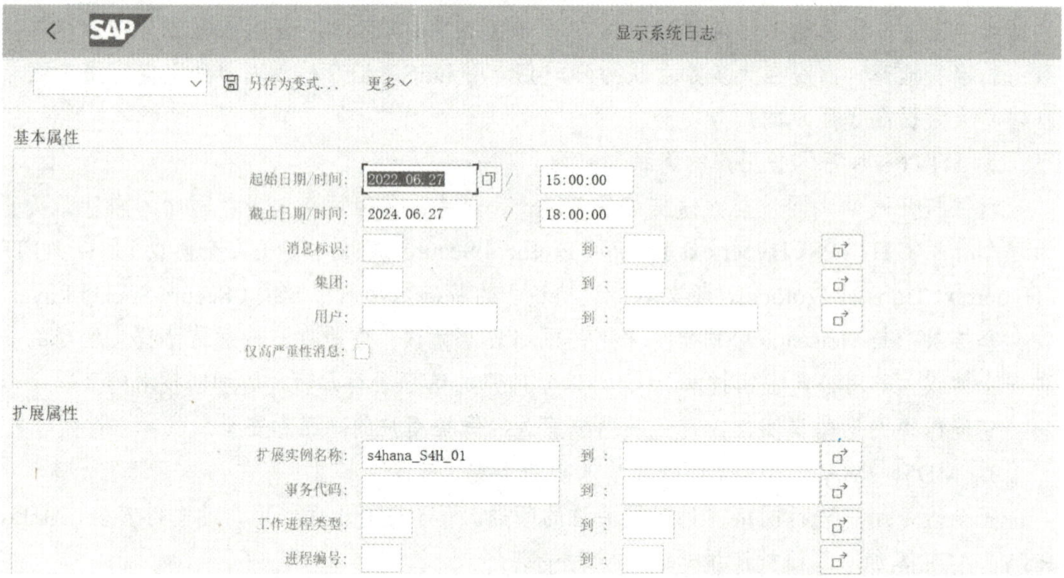

图 4-1 显示系统日志界面

步骤 2：在显示系统日志界面，可以通过选择系统日志产生的起始和截止日期/时间、用户、事务代码等来找到对应的日志文件。选择好条件之后，单击右下角"执行"按钮，即可读取相应的系统日志，如图 4-2 所示。

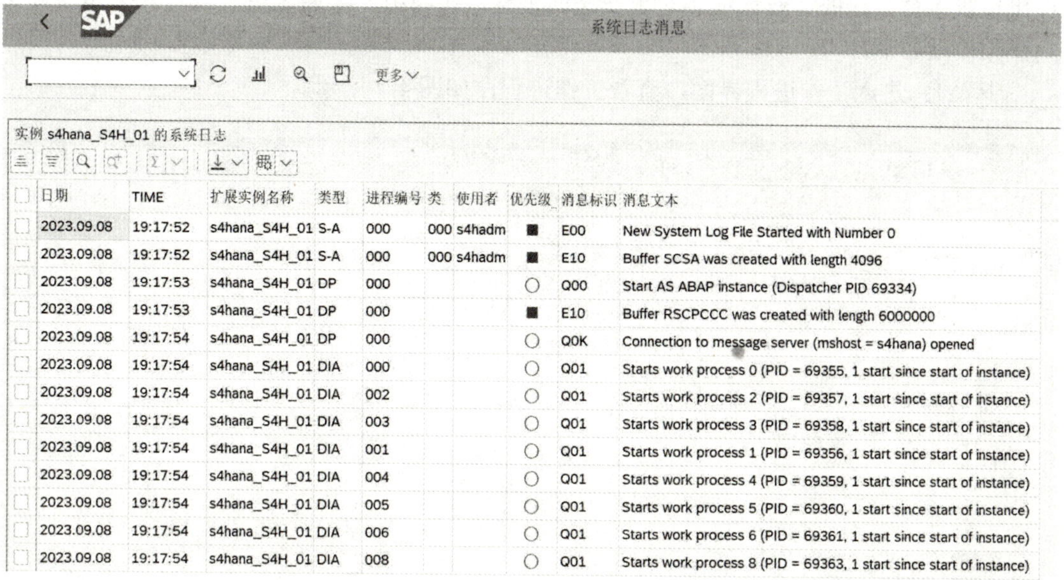

日期	TIME	扩展实例名称	类型	进程编号	类	使用者	优先级	消息标识	消息文本
2023.09.08	19:17:52	s4hana_S4H_01	S-A	000	000	s4hadm	■	E00	New System Log File Started with Number 0
2023.09.08	19:17:52	s4hana_S4H_01	S-A	000	000	s4hadm	■	E10	Buffer SCSA was created with length 4096
2023.09.08	19:17:53	s4hana_S4H_01	DP	000			○	Q00	Start AS ABAP instance (Dispatcher PID 69334)
2023.09.08	19:17:53	s4hana_S4H_01	DP	000			■	E10	Buffer RSCPCCC was created with length 6000000
2023.09.08	19:17:54	s4hana_S4H_01	DP	000			○	Q0K	Connection to message server (mshost = s4hana) opened
2023.09.08	19:17:54	s4hana_S4H_01	DIA	000			○	Q01	Starts work process 0 (PID = 69355, 1 start since start of instance)
2023.09.08	19:17:54	s4hana_S4H_01	DIA	002			○	Q01	Starts work process 2 (PID = 69357, 1 start since start of instance)
2023.09.08	19:17:54	s4hana_S4H_01	DIA	003			○	Q01	Starts work process 3 (PID = 69358, 1 start since start of instance)
2023.09.08	19:17:54	s4hana_S4H_01	DIA	001			○	Q01	Starts work process 1 (PID = 69356, 1 start since start of instance)
2023.09.08	19:17:54	s4hana_S4H_01	DIA	004			○	Q01	Starts work process 4 (PID = 69359, 1 start since start of instance)
2023.09.08	19:17:54	s4hana_S4H_01	DIA	005			○	Q01	Starts work process 5 (PID = 69360, 1 start since start of instance)
2023.09.08	19:17:54	s4hana_S4H_01	DIA	006			○	Q01	Starts work process 6 (PID = 69361, 1 start since start of instance)
2023.09.08	19:17:54	s4hana_S4H_01	DIA	008			○	Q01	Starts work process 8 (PID = 69363, 1 start since start of instance)

图 4-2 读取系统日志

步骤 3：读取系统日志后，可以看到屏幕上显示的当前日志清单，选择其中要查看的某日志，然后单击“显示详细信息”按钮，即可查看该日志的细节，系统日志的日志详细视图如图 4-3 所示。

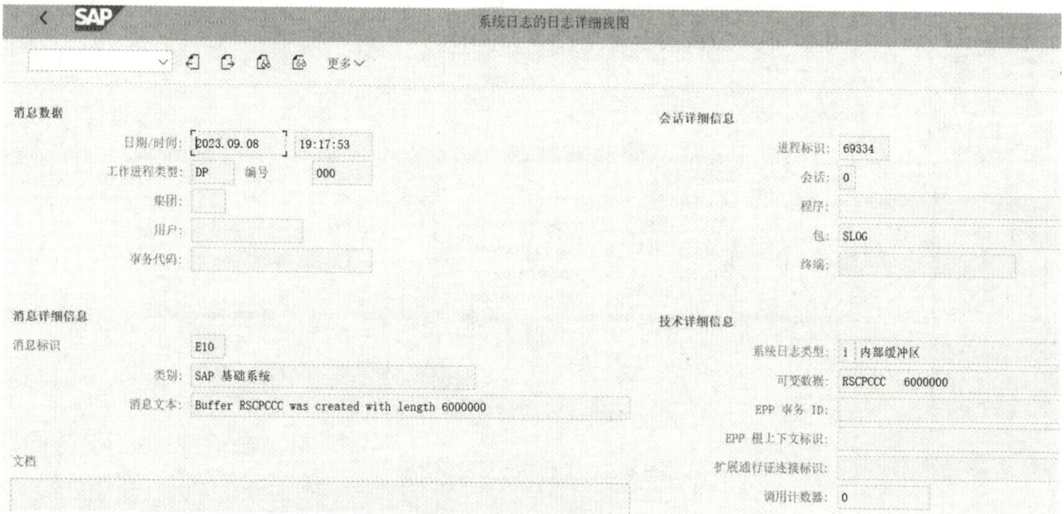

图 4-3 系统日志的日志详细视图

二、系统进程

系统管理员需要经常监控系统的进程情况。长时间运行的后台工作、有缺陷的报表程序，如果不对其进行相应的管理控制，将消耗掉大量的系统资源。系统管理员可以通过进程概览来检查系统的作业环境。对于非法的进程，在与用户沟通之后可以将其关闭。具体的操作步骤如下。

步骤 1：进入工作进程界面，查看工作进程，如图 4-4 所示。

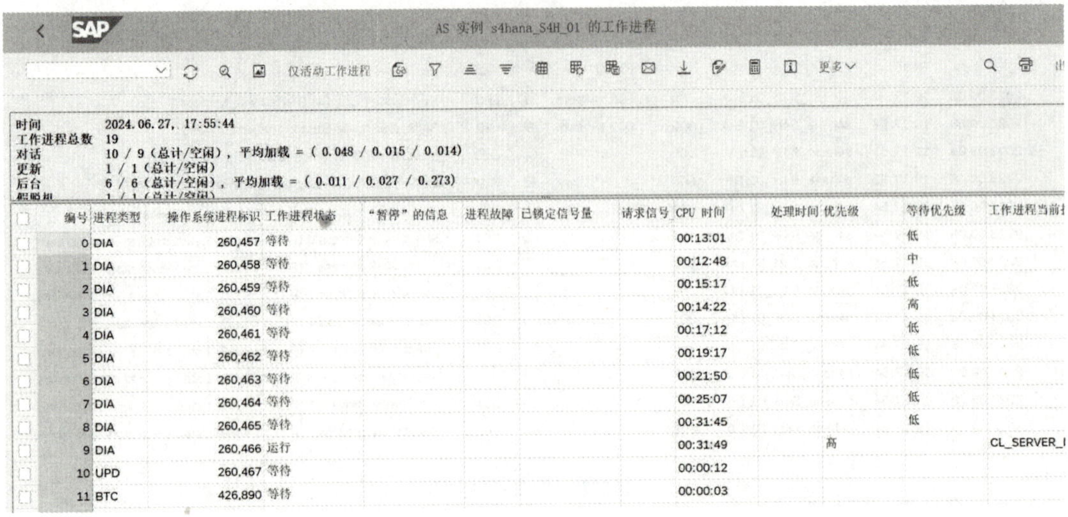

图 4-4　工作进程

步骤 2：选择某一进程，然后单击"工作进程信息"按钮，可以显示该工作进程详细信息，如图 4-5 所示。

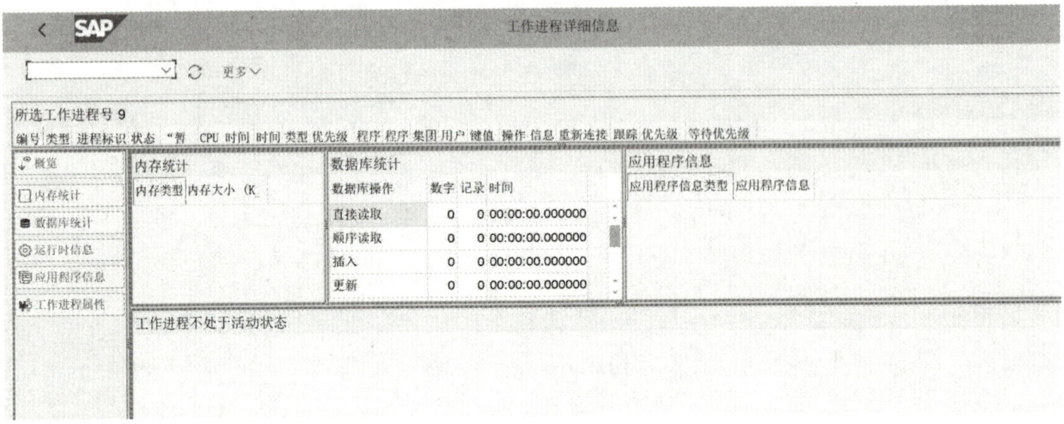

图 4-5　工作进程详细信息

三、用户状态

在 SAP 系统中，系统管理员应该考虑全天监视用户的访问活动，如是否有非法访问用户、当前系统中的用户数、用户所做的操作等。这时，需要使用用户概览来查询用户状态。

步骤 1：进入用户概览界面，查看用户会话，如图 4-6 所示。

第四章　信息系统中的商业伦理与信息监控

集团	用户标识	客户端主机	应用程序	对话时间	用户会话类型	会话数	优先级	内存大小（净）
111	DDIC			2024.06.27 17:57:45	RFC	1	低	7,671
112	CQ	DESKTOP-TIIUD5Q	SM04	2024.06.27 17:59:01	GUI	1	高	9,061
112	DDIC			2024.06.27 17:57:45	RFC	1	低	7,673
113	DDIC			2024.06.27 17:57:45	RFC	1	低	7,673
222	DDIC			2024.06.27 17:57:45	RFC	1	低	7,644
888	DDIC			2024.06.27 17:57:45	RFC	1	低	7,640

图 4-6　用户会话

步骤 2：此时可以看到当前有多少用户登录了系统。如果想了解某个用户正在做哪些操作，可以先选择这个用户，然后单击"ABAP 会话"按钮。

步骤 3：弹出"ABAP 会话"对话框，如图 4-7 所示。从中可以清楚地看到此用户当前正在操作哪些命令以及操作命令的时间。如果想强制用户结束某个命令，只需选择需要结束的事务，然后单击"删除会话"按钮即可。

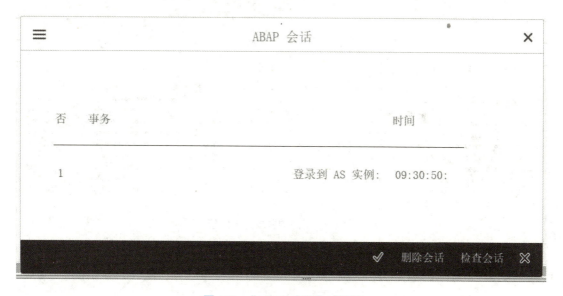

图 4-7　"ABAP 会话"对话框

四、用户历史

SAP 系统提供了 USR02 的表用于查找用户使用历史，如用户上次登录日期/时间、密码修改的日期/时间等。

首先通过事务代码 SE16N 进入常规表显示界面，如图 4-8 所示。然后在"表"的文本框中输入 USR02，最后单击"执行"按钮，打开 USR02 的条目窗口，从中便可以看到用户的登录历史信息，如图 4-9 所示。

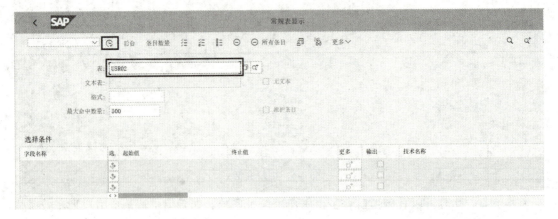

图 4-8 常规表显示界面

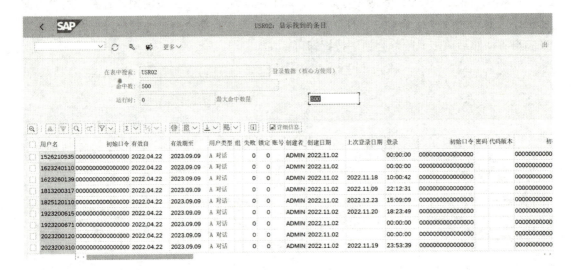

图 4-9 用户的登录历史信息

第五章

管理信息系统的技术基础

学习目标

1. 掌握数据采集的概念和数据采集方式;
2. 了解数据组织的概念,重点掌握数据组织的层次;
3. 掌握物理结构和逻辑结构的常见形式;
4. 理解计算机网络的定义及其体系结构;
5. 了解云计算技术、大数据技术及其应用。

第一节 数据采集

一、数据采集的概念

数据采集是指从各种渠道收集和获取原始数据的过程。数据采集是信息系统中至关重要的一个环节，其任务是收集和获取各种数据，以便后续对数据进行分析和处理。

二、数据采集方式

（一）手动输入

手动输入是指通过键盘、鼠标等输入设备手动录入数据，它是最基本的数据采集方式。这种方式适用于少量数据或者需要人工干预的情况，如问卷调查、表格填写等。

（二）自动采集

自动采集是通过计算机程序、传感器或设备自动获取数据的方式。例如，传感器可以自动监测温度、湿度、压力等环境数据，并将其传输到信息系统中。传感器技术广泛应用于工业、医疗、农业等多个领域，传感器可以感知物理现象（如温度、湿度、压力、光线等），并将数据实时传输到信息系统中。自动采集方式适用于需要实时监测和数据量大的场景，如气象站、工业生产等。

（三）数据导入

数据导入是将数据从外部数据源导入信息系统的方式，可以通过文件导入、数据库连接、应用程序接口（Application Program Interface，API）等方式实现。电子表格、数据库、第三方应用程序等都可以作为数据源。数据导入适用于需要整合多个数据源或者从外部获取数据的情况。

（四）爬虫抓取

爬虫抓取是常见的数据采集方式。爬虫抓取可以通过编写脚本来自动化地获取网络上的各种信息，如商品信息、博客文章等。此外，API 调用也是一种常用的方式。通过 API 调用可以获取各种平台上的公开信息，如社交媒体上的用户信息。

（五）报表采集

报表采集是指通过数据挖掘和数据分析等技术，从已有的数据源中自动地获取和处理数据，以提供更为准确的信息支持。报表采集适用于企业内部数据、第三方数据等各种数据源。但需要注意的是，报表采集的数据质量取决于数据源的质量和准确性。FineReport是一种常用的报表采集工具，利用 FineReport，可从各种数据源收集数据并进行分析。用户通过 FineReport 可以轻松构建出灵活的数据分析和报表系统，大大缩短项目周期，减少实施成本，解决企业信息孤岛的问题，使数据真正发挥其应用价值。

数据采集方式多种多样，每种方式都有其优缺点。选择合适的数据采集方式，可以为企业提供更为准确的数据支持，帮助企业更好地发展。

第二节 数据组织

一、数据组织的概念

数据组织是把需要处理的数据，按照一定的方式和规则进行归并，以一定的形式存储于各种介质中并进行处理的过程。

二、数据组织的层次

数据组织有四个层次，分别是物理层、逻辑层、概念层和外部层。

（一）物理层

物理层是数据组织的最底层，它负责数据库中数据的物理存储（将数据存储到硬盘或其他存储介质中）并提供相应的存储结构和算法，以便高效地存取数据。在物理层，数据以二进制形式存储并通过物理地址进行访问。

（二）逻辑层

逻辑层负责定义数据的逻辑结构和操作。在逻辑层，数据以表格的形式进行组织，每个表格都有唯一的标识，称为表名。表格由多个字段组成，每个字段都有唯一的字段名和合适的数据类型。

逻辑层主要定义了数据的模式和约束。数据的模式描述了数据的结构和关系，包括表格之间的关系、主键、外键等。数据的约束则定义了数据的完整性规则，包括唯一性约束、非空约束等。逻辑层还定义了数据的操作，包括查询、插入、更新和删除等。

（三）概念层

概念层负责描述数据库的整体结构和语义。概念层是对逻辑层的抽象，它将逻辑层中数据的模式和约束映射为一个概念模型。

在概念层，数据被组织为实体和关系的集合。实体表示现实世界中的对象，关系表示实体之间的联系。概念层使用实体关系图（又称 E-R 图、实体联系图、实体关系模型或实体联系模式图）来描述数据的结构和关系。实体关系图由实体集、属性集和关系集组成，实体集表示实体的集合，属性集表示实体的属性（有些联系也有属性），关系集表示实体之间的关系。

概念层还定义了数据的完整性约束和安全性控制。完整性约束用于确保数据的一致性和有效性，安全性控制用于保护数据的机密性和可用性。

（四）外部层

外部层是数据库中数据组织的最上层，它负责描述用户的视图和数据访问权限。

外部层使用视图来隐藏数据的复杂性和保护数据的隐私。视图是对数据库中数据的一种逻辑表示，它只显示用户所关心的数据。用户可以通过视图来查询、插入、更新和删除数据，而不需要了解底层数据的具体结构和组织方式。

外部层还定义了用户的数据访问权限。每个用户都有自己的用户名和密码，只有通过认证的用户才能访问数据库。数据库管理员可以授予用户不同的权限，以限制其对数据的访问和操作。

数据组织的这四个层次相互关联，共同构成了数据库的组织结构，实现了数据的高效管理和安全保护。

三、数据组织的维度

从广义上讲，维度是指与事物"有联系"的概念的数量，根据组织数据时与数据有关联的参数的数量，数据可分为一维数据、二维数据和多维数据。

（一）一维数据

一维数据是具有对等关系的一组线性数据，对应数学之中的集合和一维数组。例如，某企业分公司所在城市表示为（南宁，柳州，桂林，玉林，广州，深圳，东莞）。

（二）二维数据

二维数据有关联的参数的数量为 2，此类数据对应数学之中的矩阵和二维数组，最常见的二维数据的组织形式是表格。例如，某企业职工信息数据可以如表 5-1 这样组织。

表 5-1　某企业职工信息表

职工号	姓名	性别	出生年月	部门	职务	入职时间
0001	张 晓	女	1985/12	办公室	主任	2007/9
0002	黄意林	男	1988/10	办公室	副主任	2010/7
0003	梁 同	男	1990/11	办公室	文员	2015/3

（三）多维数据

多维数据利用键值对等简单的二元关系来展示数据间的复杂结构，多维数据在网络系统中十分常见，计算机中常见的多维数据格式有超文本标记语言（HyperText Markup Language，HTML）、JS 对象简谱（JavaScript Object Notation，JSON）等。例如，可以使用 JSON 格式描述多个门市部各类商品的销售量。

```
"门市部各类商品销售量":[
```

```
{"门市部名称":"南宁百货",
"食品类":"1800",
"家用电器类":"960",
"服装类":"500",
"日用品类":"1200",
"家具类":"300"};
{"门市部名称":"朝阳百货",
"食品类":"1600",
"家用电器类":"880",
"服装类":"600",
"日用品类":"1000",
             ......]
```

第三节 数 据 结 构

数据结构是信息处理中的一个重要概念，它包括数据的存储结构及结构上的运算或者操作，数据结构分为数据的物理结构和逻辑结构。

物理结构是面向机器、面向设备的，而逻辑结构是面向用户的应用需求的，逻辑结构方便用户理解和使用数据，用户不必了解数据是如何存储在各类存储介质上的。

一、物理结构

物理结构是指数据在存储介质上（如光盘，软盘，硬盘等）的存储形式，存储的单位是位（又称比特，bit），常见的物理结构形式有顺序存储、链接存储、索引存储和散列存储。

（一）顺序存储

顺序存储是指把逻辑上相邻的数据存储在物理位置上相邻的存储单元中，即在计算机中用一组地址连续的存储单元依次存储。比如，将一个班的学生数据（学号是连续的，这里的逻辑上相邻定义为学号相邻）存放在相邻的存储单元中时，可用地址连续的存储单元0000H—FFFFH 依次存储。

顺序存储主要有以下优点。

① 节省存储空间。分配给数据的存储单元全用于存放数据（如数据之间的逻辑关系没有占用额外的存储空间）。

② 数据之间的逻辑关系由存储单元的邻接关系来体现。

③ 可实现对节点的随机存取。每一个节点对应一个序号，由该序号可以直接计算出节点的存储地址。

顺序存储的缺点是不便于修改，插入、删除数据时，需要移动数据，如果数据较多就会比较费时。

比如，顺序存储结构的插入操作和删除操作可分别见图 5-1 和图 5-2。

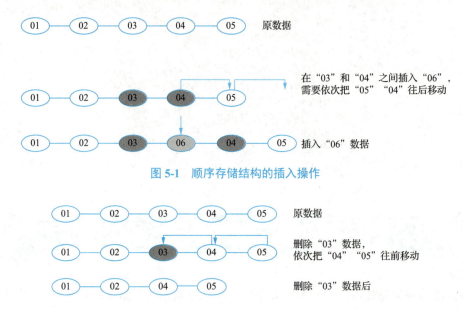

图 5-1　顺序存储结构的插入操作

图 5-2　顺序存储结构的删除操作

在顺序存储的原数据中插入或删除数据时，需要移动数据。一种特殊情况是在最后一个数据之后插入数据或者删除最后一个数据，这时就不需要移动数据，这也是最好的情况。最坏的情况是删除第一个数据或在第一个数据之前插入数据，这时移动的次数是最多的。当不是最好情况和最坏情况时，假设每个位置的数据删除（或者在此位置插入）的概率相同，则平均移动的次数是 $(n-1)/2$（n 为数据个数），n 越大，需要移动的次数就越多。

（二）链接存储

1. 链接存储的概念

链接存储又称链式存储，这种存储是在计算机中用一组任意的存储单元存储数据（这组存储单元可以是连续的，也可以是不连续的）。与顺序存储不同，链接存储不要求逻辑上相邻的数据元素在存储物理位置上也相邻。

2. 链接存储的优点

① 插入和删除方便，不需要移动数据。
② 不需要占用连续的物理存储空间，有利于充分利用存储空间。

3. 链接存储的缺点

① 无法像顺序存储那样随机存取。
② 存储密度比顺序存储的小。

4. 链接存储的节点

由于链接存储不是连续存储，在存取数据时，需要增加表示位置的数据（称指针），因此数据元素（称节点）由两部分组成：数据域和指针域。数据域是节点中存储数据元素的部分，指针域是节点中存储数据元素之间的链接信息，即下一个节点地址的部分。为方便操作，设置两个特殊的节点：头节点和尾节点。头节点的指针域存储指向第一个节点的指针（第一个节点的存储位置），头节点的数据域可以不存放任何信息，也可以存放信息（如数据元素的个数等），如果不存放信息，头节点的数据域为"Head"（用以标识头节点）。尾节点是最后一个节点，其指针域设置为空（用"NULL"或"^"表示）。

（1）单个指针域的节点

单个指针域的节点包含一个数据域和一个指针域（一般是向后的指针，存放下一个节点的地址），其结构和示例如图 5-3 所示。

图 5-3　单个指针域的节点的结构和示例

（2）两个指针域的节点

为方便操作，有的节点有两个指针域，其中一个存放下一个节点的地址（称后继指针域），另外一个存放上一个节点的地址（称前驱指针域）。其结构和示例如图 5-4 所示。

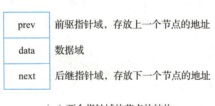

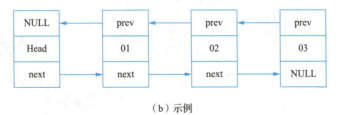

图 5-4　两个指针域的节点的结构和示例

（3）单向循环节点

单个指针域的最后一个节点的指针域不设置为"NULL"，而是指向头节点，形成单向循环，其结构示例如图 5-5 所示。

图 5-5　单向循环节点的结构示例

（4）双向循环节点

两个指针域的最后一个节点的后继指针域不设置为"NULL"，而是指向头节点，头节点的前驱指针域也不设置为"NULL"，而是指向最后一个节点，形成了双向循环。其结构示例如图 5-6 所示。

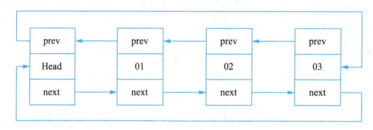

图 5-6　双向循环节点的结构示例

5. 链接存储的数据的删除与插入示例

链接存储的数据的删除与插入不需要像顺序存储那样移动数据，而只需要改变节点的指针域，示例如图 5-7 所示。

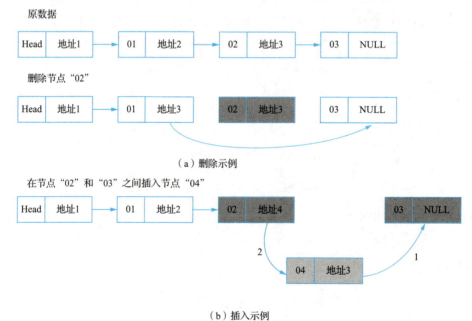

图 5-7　链接存储的数据的删除与插入示例

（三）索引存储

索引存储是指将存储节点存放在一个区域，同时另设置一个索引区域存储节点之间的关系。索引是为了加速检索而创建的一种存储结构。它是针对一个表而建立的，是由存放表的数据页面以外的索引页面组成的。每个索引页面中的行都包含逻辑指针，通过该指针可以直接检索到数据，这样就会加速物理数据的检索，索引存储结构如图 5-8 所示。

职工号	地址
0001	A
0002	B

图 5-8　索引存储结构

一般来说，索引表中只包含两部分数据，一部分数据是原数据表中的某个数据内容（一般是可唯一识别出不同数据的那个，如这里的"职工号"，一个职工号唯一对应一个职工，一个职工唯一对应一个职工号），另一部分数据是原数据的存放地址。建立索引的主要目的是快速检索。

（四）散列存储

在顺序存储中访问数据需要一个一个地按顺序来，当数据总量很大且所要访问的数据比较靠后时，访问性能就会很低。而散列存储是一种以空间换时间的存储结构，它利用算法提升访问效率。

散列存储又称哈希（Hash）存储，是一种在数据元素的存储位置与关键码（能唯一区别不同数据的，如身份证号、职工号等）之间建立确定的对应关系，能快速实现访问的存储结构。

1. 散列函数

散列函数是指数据元素的存储位置与关键码之间建立的确定的对应关系，通过散列函数变换得到的函数值称散列地址，记为 H（key），将散列地址作为数据元素的存储位置。

设计散列函数时需要遵循以下两个原则。

① 散列函数应尽可能简单，即能够快速计算出任一关键码的散列地址。

② 散列函数映射的地址应均匀分布在整个地址空间，避免聚集。

常见的构造散列函数的方法有以下六个。

（1）直接寻址法

取关键码或关键码的某个线性函数值作为散列地址，即 H（key）= key 或 H（key）= $a\times$key$+b$，其中 a、b 为常数。

【例 5-1】有一个从 1 岁到 100 岁的人口数字统计表。

此例中,年龄为关键码,散列函数可取关键码自身,即 $H(key) = key$。

【例 5-2】某班学生的考试分数为(543,600,577,521,…)。

此例中,分数在 500~600 的范围,可以设计散列函数为 $H(key) = key-500$。

直接寻址法适用于关键码集合不是很大且连续性较好或者集中在某个范围的情况。如果关键码不连续,则会有大量空位,造成空间浪费。

(2)除留取余法

除留取余法是一种最简单、常用的构造散列函数的方法,该方法不需要事先知道关键码的分布情况。假定散列表的表长为 n,取一个不大于表长的最大素数 m 作为除数,设计散列函数为 $H(key) = key/m$,或者记为 $H(key) = key\ MOD\ m$。

【例 5-3】假设散列表的表长 $n=12$,m 取 11,关键码为(35,89,70,23,69)。

用除留取余法得到的散列地址分别为:2,1,4,1,3。

(3)数字分析法

通过对数字的分析,找出数字中不同(或大部分不同)的部分,将这部分直接作为散列地址。

比如,同一个班的学生的学号,大部分数字是相同的,只有其中的几位不同(如最后两位),此时就可以直接用最后两位作为散列地址。

(4)取随机数法

使用一个随机函数对关键码进行变换,将得到的随机值作为散列地址。

(5)平方取中法

先求出关键码的平方值,然后取平方值的中间几位作为散列地址。

(6)折叠法

先将关键码分割成位数相同的几部分(最后一部分的位数可以与其他部分不同),然后取这几部分的叠加和(舍去进位)作为散列地址,叠加的方法有移位叠加和边界叠加两种。

【例 5-4】假设关键码为 43662103736,散列地址为 3 位。

那么将关键码每 3 位划为一部分(最后一部分的位数为 2),叠加后将进位舍去,移位叠加得到的散列地址为 130,边界叠加得到的散列地址为 662,如图 5-9 所示。

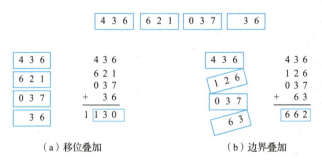

图 5-9 移位叠加和边界叠加

2. 散列冲突和冲突处理

散列冲突（又称哈希碰撞）是指不同的关键码在经过运算后得到同样的结果。因为一个地址只能存储一个数据，所以发生冲突后要进行处理。处理冲突的常用方法有以下三种。

（1）开放地址法（又称开放寻址法）

所谓的开放地址法，就是一旦发生了冲突，就去寻找下一个空的散列地址，寻找的方法有以下三种。

第一种方法是线性探查法。

当发生冲突（存储位置已经被占用）时，就从当前位置开始，步长为 1，依次向后探查下一个地址是否空闲，直到找到空闲位置为止，用公式表示为：

$$H_i(\text{key}) = [H(\text{key}) + d_i] \text{ MOD } m (d_i = 1, 2, 3, \cdots, m-1)$$

承例 5-3，关键码为（35，89，70，23，69），散列函数采用除留取余法（除数取 11，即 $m=11$），运算过程如下。

① $H(35) = 35 \text{ MOD } 11 = 2$，得到 35 的散列地址为 2。
② $H(89) = 89 \text{ MOD } 11 = 1$，得到 89 的散列地址为 1。
③ $H(70) = 70 \text{ MOD } 11 = 4$，得到 70 的散列地址为 4。
④ $H(23) = 23 \text{ MOD } 11 = 1$，得到 23 的散列地址为 1，与 89 的相同，发生冲突。

采用线性探查法解决冲突，探查下一个地址 $H_1(23) = (1+1) \text{ MOD } 11 = 2$，即探查地址 2，发现 2 已经被 35 占用，继续探查下一个地址，$H_2(23) = (1+2) \text{ MOD } 11 = 3$ 即地址 3，地址 3 没被占用，于是将 23 放在地址 3。

⑤ $H(69) = 69 \text{ MOD } 11 = 3$，69 的散列地址为 3，又发生冲突，探查下一个地址，$H_1(69) = (3+1) \text{ MOD } 11 = 4$，还有冲突，继续探查下一个，$H_2(69) = (3+2) \text{ MOD } 11 = 5$，地址 5 空闲，可以存放。

第二种方法是二次探查法。

二次探查法的思路与线性探查法相似，不同的是，线性探查法是发生冲突后从当前位置出发依次探查（探查的步长为 1，即一个一个地探查），而二次探查法的步长是原来的"二次方"，在当前位置的左右进行跳跃式探查，直到探查到空闲位置为止，这里步长采用平方运算是为了不聚集在某一个区域。

用公式表示为：

$$H_i(\text{key}) = [H(\text{key}) + d_i] \text{ MOD } m$$

$$d_i = 1^2, -1^2, 2^2, -2^2, 3^2, -3^2, \cdots, p^2, -p^2; p \leq \frac{m}{2}$$

承例 5-3，关键码为（35，89，70，23，69），散列函数采用除留取余法（除数取 11，即 $m=11$），运算的过程如下。

① $H(35) = 35 \text{ MOD } 11 = 2$，得到 35 的散列地址为 2。
② $H(89) = 89 \text{ MOD } 11 = 1$，得到 89 的散列地址为 1。

③ $H(70) = 70 \text{ MOD } 11 = 4$，得到 70 的散列地址为 4。

④ $H(23) = 23 \text{ MOD } 11 = 1$，得到 23 的散列地址是 1，与 89 的相同，发生冲突。采用二次探查法解决冲突，探查下一个地址 $H_1(23) = (1+1) \text{ MOD } 11 = 2$，即探查地址 2，发现 2 已经被 35 占用，继续探查下一个地址，$H_2(23) = (1-1) \text{ MOD } 11 = 0$。

⑤ $H(69) = 69 \text{ MOD } 11 = 3$，得到 69 的散列地址为 3。

第三种方法是再哈希法。

再哈希法是事先准备多个散列函数：RH_i（$i=1, 2, \cdots, k$），先用第一个散列函数进行运算，当地址发生冲突时，再用第二个散列函数，依次类推，直到找到空闲的存储位置。这种方法不易产生聚集，但需要事先准备多个散列函数。另外，该方法还可能增加计算时间。

（2）链地址法

链地址法又称拉链法，其思想是有冲突不换地方，而是直接在原地处理，即将经过散列函数运算之后落在同一地址上的值存储在一个链表中。

承例 5-3，关键码为（35，89，70，23，69），如果用链地址法处理冲突，散列地址表应该如图 5-10 所示。

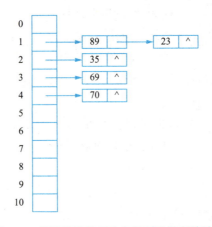

图 5-10 链地址法处理冲突得到的散列地址表

（3）建立一个公共溢出区

最后一种方法就是建立一个公共溢出区，当地址存在冲突时，把新的地址放在公共溢出区里。

二、逻辑结构

数据的逻辑结构是指数据对象中数据元素之间的逻辑关系，即从逻辑关系上描述数据。数据的逻辑结构有线性结构和非线性结构。数据的逻辑结构如图 5-11 所示。

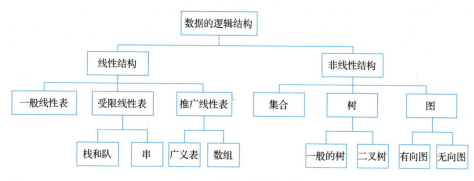

图 5-11 数据的逻辑结构

（一）线性结构

线性结构中的数据元素之间只存在一对一的关系，常见的线性结构有一般线性表、受限线性表和推广线性表。

1. 一般线性表（Linear List）

一般线性表中的元素之间存在一对一的关系，一般线性表在存储器中可以以多种物理结构存储。比如，以顺序存储的一般线性表称顺序表，以链接存储的一般线性表称链表。

一般线性表的特点如下。

① 均匀性。均匀性是指同一个一般线性表中的各数据元素具有相同的数据类型和长度。

② 有序性。有序性是指各数据元素在一般线性表中的位置只取决于它们的序号，并且存在唯一的"第一个"和"最后一个"数据元素，除了"第一个"和"最后一个"，其他数据元素前面只有一个数据元素（称直接前驱），后面也只有一个数据元素（称直接后继）。

对一般线性表的操作一般有查询、修改、插入、删除等。

2. 受限线性表

常见的受限线性表有栈和队、串。

（1）栈（Stack）

栈又称堆栈，它是一种仅限定在表尾进行插入和删除操作的特殊的线性表，可进行插入和删除操作的这一端称栈顶（Top），另一端称栈底（Bottom）。向一个栈插入新数据元素称进栈（或入栈、压栈），插入的新数据元素被放到栈顶数据元素的上面，成为新的栈顶数据元素。从一个栈删除数据元素称出栈（或弹栈、退栈），是把栈顶数据元素删除掉，使其相邻的数据元素成为新的栈顶数据元素。因而，栈也称先进后出表（或者后进先出表）。

栈在生活中有很多应用场景。比如餐厅摞起来的碟子，最后放上去的碟子最先拿出去使用。

（2）队（Queue）

队又称队列，是一种只允许在表的前端（Front）进行删除操作，而在表的后端（Rear）进行插入操作受限制的线性表。进行插入操作的端称队尾，进行删除操作的端称队头。在队中插入一个数据元素称入队,从队中删除一个数据元素称出队。因为队只允许在一端插入,在另一端删除,最先从队中删除的是最早进入队的数据元素,所以队也称先进先出(First in First out,FIFO)线性表。

队在生活中有很多应用场景。比如,办理业务时排队,使用队来处理,可实现先来先得到服务。再比如,在红灯前停下的一长串汽车也可以看成是一个队,最先到达的为队头,最后到达的为队尾,当绿灯亮起可以通行时,最先到达的汽车将最先离开,最后到达的汽车将最后离开。

(3) 串(String)

串(字符串)是一种特殊的线性表,它的数据元素仅由一个字符组成,所以说,串是一种内容受限的线性表。信息系统中很多数据是串,比如姓名、职工号、商品名称、单位地址等。

3. 推广线性表

常见的推广线性表有广义表、数组。

(1) 广义表(Lists)

广义表又称列表,是一种非连续性的数据结构,是线性表的一种推广,记作 LS=(d_0, d_1, …, d_{n-1}),其中,LS 是广义表的名称,n 是它的长度。广义表之所以被称为线性表的推广,是因为广义表放松了对表元素的原子限制,既可以是单个元素,也可以是广义表(自身结构),分别称为广义表 LS 的单元素(又称原子)和子表。习惯上,用大写字母表示广义表的名称,用小写字母表示单元素。当广义表 LS 非空时,称第一个数据元素 d_0 为表头(Head),称其余数据元素组成的表(d_1, …, d_{n-1})是 LS 的表尾(Tail)。

【例 5-5】广义表 LS=(a,(b,c,d,e)),此广义表中包括了一个原子 a 和子表(b,c,d,e)。

常见的广义表的形式有以下五种。

① A=():广义表 A 是一个空的广义表。

② B=(1):广义表 B 中只有一个原子 1。

③ C=(1,(2,3)):广义表 C 中有两个数据元素,原子 1 和子表(2,3)。

④ D=(B,C):广义表 D 中有 B、C 两个子表,这种表示方式等同于 D=((1),(1,(2,3)))。

⑤ E=(1,E):广义表 E 中有两个数据元素,原子 1 和它本身,这是一个递归广义表,等同于 E=(1,(1,(1,(…))))。

广义表的长度是指广义表中所包含的数据元素的个数,每个原子算作一个数据元素,同样每个子表也只算作一个数据元素。比如,空表的长度为 0;LS=(1)的长度为 1;C=(1,(2,3))的长度为 2;D=(B,C)的长度为 2,E=(1,E)的长度为∞。

广义表的深度是指表展开后所含括号的层数。可以通过观察广义表中所包含括号的层数间接得到,比如图 5-12 的广义表的深度为 2。

图 5-12 广义表的深度示例

（2）数组（Array）

数组是有限个类型相同的有序的元素序列。组成数组的各个变量称数组的分量或数组的元素，有时也称下标变量。用于区分数组的各个元素的数字编号称下标。

常见的数组有一维数组和二维数组。数组中的各元素的存储是有先后顺序的，它们在存储器中也是按照这个先后顺序连续存放在一起的。比如，a[0]表示名字为 a 的数组（一维数组）中的第一个元素，a[1]表示数组 a 的第二个元素，依次类推，它们在存储器中就是按照这个先后顺序连续存放在一起的。

比如，有六个元素的一维数组 a 在存储器中的存放顺序如图 5-13 所示。

图 5-13 一维数组 a 在存储器中的存放顺序

二维数组的存储要指定行和列的先后顺序。通常，二维数组的存储有以下两种方式。

① 以列序为主（先列后行）：按照行号从小到大的顺序，依次存储每一列的元素。

【例 5-6】b 是一个 3 行 3 列的二维数组，该数组（以列序为主）在存储器中的存放顺序如图 5-14 所示。

图 5-14 二维数组（以列序为主）在存储器中的存放顺序

② 以行序为主（先行后列）：按照列号从小到大的顺序，依次存储每一行的元素。

【例 5-7】3 行 3 列的二维数组 b 按照行序为主的次序存储时，该数组在存储器中的存放顺序如图 5-15 所示。

图 5-15 二维数组（以行序为主）在存储器中的存放顺序

（二）非线性结构

非线性结构数据元素之间不存在一对一的线性关系，常见的非线性结构有集合、树、图。

1. 集合

集合中任何两个数据元素之间都没有逻辑关系，组织形式松散。

集合的结构如图 5-16 所示。

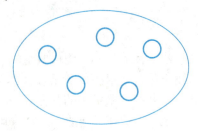

图 5-16　集合的结构

2. 树（Tree）

树是由 n（$n \geqslant 1$）个有限节点组成的一个具有层次关系的集合。之所以把它称为"树"，是因为它看起来像一棵倒挂的树，但它跟现实中的树相反，根朝上，而叶朝下。

树的结构如图 5-17 所示。

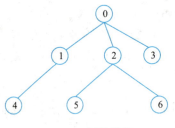

图 5-17　树的结构

树有很明显的层次特征，最上面的节点为树的根节点，简称根（Root），树有且只有一个根（图 5-17 中的 0 节点）；位于最末端的节点为叶子节点，简称叶子（Leaves）（图 5-17 中的 3、4、5、6 都是叶子节点）。

族谱、企业的组织结构都是典型的树的结构。

二叉树（Binary Tree）是树形结构的一个重要类型。许多实际问题抽象出来的数据结构往往是二叉树形式，即使是一般的树也能简单地转换为二叉树，而且二叉树的存储结构及算法都较为简单，因此，二叉树特别重要。二叉树的特点是每个节点最多只能有两棵子树，且有左右之分。二叉树的应用场景非常广泛，可用于搜索引擎、文件系统中的文件和目录管理，数据库中数据的组织和数据的查找、插入操作，以及网络路由中的路由表的组织等。

3. 图（Graph）

图是由顶点集合以及顶点间的关系集合组成的一种数据结构，一般记为：$G=(V, E)$。其中，V 是顶点的有限非空集合，E 是顶点之间关系的有穷集合，又称边集合，用顶点对来表示，如果顶点对是有序的，则称边是有向边，用有序偶对 $<V_i, V_j>$ 来表示。V_i 称弧尾，

V_j 称弧头。如果顶点对是无序的，则称边为无向边，用无序偶对（V_i, V_j）来表示。在实际应用中，有的边是带权的，权值是图两个节点边上的值，这个值表明一种代价，可以表示从一个节点到达另外一个节点的路径的长度、花费的时间、付出的费用等。如果图中的每条边都是无向边，则称该图为无向图；如果图中的每条边都是有向边，则称该图为有向图。

无向图和有向图的结构如图 5-18 所示。

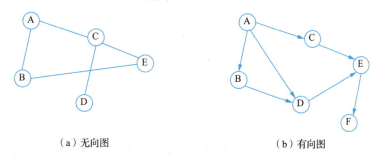

（a）无向图　　　　　　　　　（b）有向图

图 5-18　无向图和有向图的结构

图的应用很广泛，典型的有以下四种。

（1）最小生成（代价）树

一个有 n 个顶点的图，边的数量一定是大于或等于 $n-1$ 条的，当图中每条边都存在权值时，我们可以从这些边中选择 $n-1$ 条边出来，连接所有的 n 个顶点，挑出的这些边可以生成一棵树，这棵树称图的生成树，选择不同的边生成的树也不一样，这 $n-1$ 条边的权值之和也可能不一样（绝大多数都不一样），其中各边权值之和最小的那棵树就是该图的最小生成（代价）树。

【例 5-8】假设有 A～F 六个城市，城市之间建立通信网及建网所需代价如图 5-19（a）所示，如何在最节省经费的前提下建立这个通信网？要求所有的城市都连通。

这个问题实际上就是最小生成（代价）树问题。图 5-19（b）、图 5-19（c）都是该例的最小生成（代价）树。

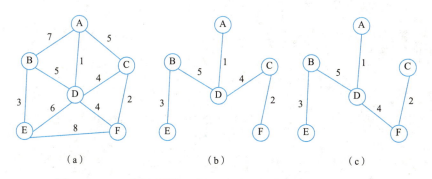

（a）　　　　　　　　　（b）　　　　　　　　　（c）

图 5-19　A～F 城市通信网建设所需代价及最小生成（代价）树

一个图的最小生成树可能有多个，但是各最小生成树的所有边的权值之和是一样的。

（2）最短路径

最短路径是指两顶点之间权值之和最小的路径。最短路径常见的应用有两种，分别是单源最短路径问题和每对顶点间的最短路径问题。

例如，城市 A～G 之间的交通路径和距离如图 5-20 所示。

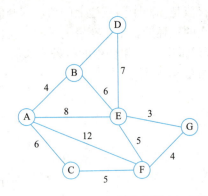

图 5-20　城市 A～G 之间的交通路径和距离

假设 A 是公司仓库的所在地，且公司在另外几个城市（B，C，D，E，F，G）都有分公司。需要经常往这几个城市运东西，怎么运送距离最短？这是单源最短路径问题。如果各个分公司之间也需要相互运东西，相互之间怎么走距离最短？这是每对顶点间的最短路径问题。

（3）拓扑排序

对一个有向无环图（Directed Acyclic Graph，DAG，即一个无回路的有向图）G 进行拓扑排序，就是将 G 中所有顶点排成一个线性序列，使得图中任意一对顶点 u 和 v，如果顶点之间有边<u, v>，则 u 在线性序列中出现在 v 之前。

拓扑排序在工程中非常常见，一般来说，要完成一个工程需要多道工序，有的工序是有先后顺序的，可以用 AOV 网（Activity on Vertex Network）来表示。AOV 网是一个有向图，顶点表示活动，弧表示活动之间的优先关系（不能存在回路，即不存在从某个顶点出发经过若干条边又回到该顶点的情况）。

生产、生活、学习中有很多 AOV 网的应用例子。

【例 5-9】生产某产品有多道工序，其 AOV 网如图 5-21 所示。

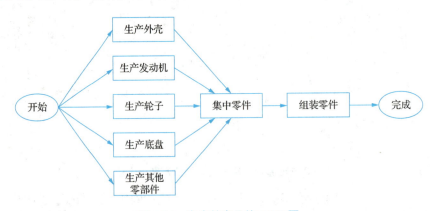

图 5-21　生产某产品的 AOV 网

【例 5-10】生活中的番茄炒鸡蛋，其 AOV 网如图 5-22 所示。

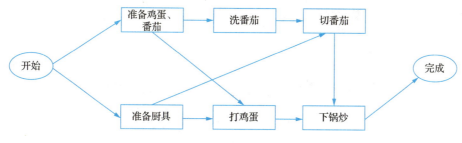

图 5-22　番茄炒鸡蛋的 AOV 网

【例 5-11】学生学习课程的先后顺序也可以用 AOV 网表示，如图 5-23 所示。

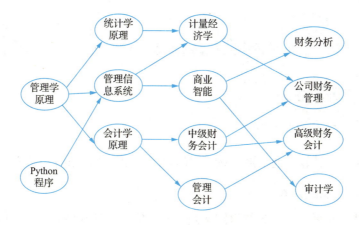

图 5-23　学习课程的 AOV 网

在图 5-23 中，课程代表活动，学习一门课程就表示进行一项活动，学习每门课程的先决条件是学完它的全部先修课程。比如，要学管理信息系统，就必须先学习管理学原理和 Python 程序。

（4）关键路径

要完成一个工程，除了关心各子工程及其之间相互制约的关系，还会关心两个问题：一是完成整个工程的最短工期；二是哪些活动是影响工程进度的关键。关键路径就是图在解决这两个问题上的应用。为解决这两个问题，我们采用 AOE 网（Activity on Edge Network）。

AOE 网是一个带权有向图，顶点表示状态，有向边表示活动，边上的权值表示活动的持续时间。

在 AOE 网中，有两个特殊的顶点：一个是始点（又称源点），表示一个工程的开始；另一个是终点（又称汇点），表示一个工程的结束。一个 AOE 网仅有一个源点和一个汇点。

某个顶点代表的事件出现后，从该顶点出发的各项活动可以立刻开始。只有在进入某顶点的各项活动都已经结束，该顶点代表的事件才会发生。例如，图 5-24 是番茄炒鸡蛋的 AOE 网。

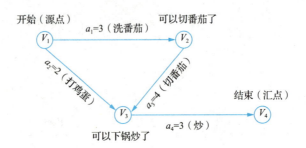

图 5-24 番茄炒鸡蛋的 AOE 网

第四节 计算机网络技术

一、计算机网络概述

(一)计算机网络的定义

计算机网络又称计算机通信网。从不同的角度,计算机网络有不同的定义。

1. 从逻辑功能的角度

从逻辑功能的角度来看,计算机网络是以传输信息为基础目的,用通信线路将多个计算机连接起来的计算机系统的集合,一个计算机网络包括传输介质和通信设备。

2. 从用户的角度

从用户的角度来看,计算机网络像一个大的计算机系统的网络操作系统,它能为用户自动管理、调用所需的资源。

3. 从资源共享的角度

从资源共享的角度来看,计算机网络就是把分布在不同地理区域的计算机用通信线路连接成一个规模大、功能强的系统,实现资源(包括硬件、软件和数据等)共享和信息传递。

4. 从连接的角度

从连接的角度来看,计算机网络就是通过线路互连起来的、自治的计算机集合,确切地说,就是将分布在不同地理位置上的具有独立工作能力的计算机、终端及其附属设备用通信设备和通信线路连接起来,并配置网络软件,以实现计算机资源共享的系统。

5. 从需求的角度

从需求的角度来看,计算机网络就是由大量独立的,但相互连接起来的计算机共同完成任务,以满足用户的某种需求的系统。

(二)计算机网络的功能

1. 数据通信

数据通信是计算机网络最主要的功能之一。数据通信是依照一定的通信协议,利用数据传输技术在两个终端之间传递数据信息的一种通信方式和通信业务。它可以实现计算机和计算机、计算机和终端,以及终端和终端之间的数据信息传递,是继电报、电话业务之后的第三大通信业务。数据通信有两个特点:①均以二进制数据形式来表现传递的信息;②总是与远程信息处理(包括科学计算、过程控制、信息检索等内容的广义的信息处理)相联系。

2. 资源共享

资源共享既是计算机网络的功能,也是建立计算机网络的主要目的之一。计算机资源包括硬件资源(如网络打印机、其他昂贵的硬件设备等)、软件资源和数据资源。硬件资源的共享可以提高设备的利用率,避免设备的重复投资;软件资源和数据资源的共享可以对已有的信息资源进行充分利用,减少软件开发过程中的劳动,避免大型数据库的重复建设。

3. 集中管理

计算机网络技术的发展和应用使得现代的办公手段、经营管理等发生了变化。目前,已经出现了许多种管理信息系统、办公自动化系统,通过这些系统,可以实现日常工作的集中管理,提高工作效率,增加经济效益。

4. 实现分布式处理

网络技术的发展使得分布式计算成为可能。对于大型课题,可以将其分为许许多多个小题目,由不同的计算机分别完成,再集中起来,解决问题。

5. 负荷均衡

负荷均衡是指工作被均匀地分配给网络上的各计算机系统。网络控制中心负责分配和检测,当某台计算机负荷过重时,系统会自动将工作转移给负荷较轻的计算机去处理。

(三)计算机网络的组成

1. 从拓扑结构来看,计算机网络由网络节点和通信链路组成

(1)网络节点

网络节点有访问节点、转接节点、混合节点三种。

① 访问节点。

访问节点又称端节点,是指拥有计算机资源的用户设备,包括用户主机和终端。访问节点主要起信源和信宿的作用。

② 转接节点。

转接节点又称中间节点,如集线器、交换机、路由器等都是转接节点。转接节点

在网络通信中起数据交换和转接的作用，由于这些节点拥有通信资源，因此具有通信的功能。

③ 混合节点。

混合节点又称全功能节点，它们既可以作为访问节点，也可以作为转接节点。常见的混合节点有代理服务器。

(2) 通信链路

① 通信链路的定义。

通信链路是网络中两个节点之间的物理通道，是从一个节点到相邻节点的一段物理线路，它们中间没有任何其他的交换节点。

② 通信链路的分类。

根据通信链路的连接方法不同，可把通信链路分为点对点连接通信链路和多点连接链路两类。点对点连接通信链路只连接两个节点，而多点连接链路是用一条链路连接多个节点。

根据通信方式不同，可把通信链路分为单向通信链路和双向通信链路两类。单向通信链路是指只能沿固定的方向发送数据而不能沿相反的方向发送数据的链路，双向通信链路是指在单一通信信道上实现双向通信的链路。

根据容量不同，还可把通信链路分为有容量通信链路和无容量通信链路两类。

2. 从逻辑功能来看，计算机网络由资源子网和通信子网组成

(1) 资源子网

资源子网负责全网的数据处理业务，向网络用户提供各种网络资源与网络服务。资源子网由主计算机系统、终端、终端控制器、联网外设、各种软件资源与信息资源组成。就局域网而言，资源子网由联网的服务器、工作站、共享的打印机和其他设备及相关软件组成；就广域网而言，资源子网由联网的所有主机及其外部设备组成。

(2) 通信子网

通信子网负责网络数据传输、转发等通信处理业务，由通信控制处理机、通信线路与其他通信设备组成。通信子网的设计一般有点到点通道和广播通道两种方式。

① 点到点通道。

点到点通道是指一个通道连接只对应两台机器，机器是一对一连接的。

② 广播通道。

广播通道是指网络中的所有机器共享一个通信通道。

（四）计算机网络的拓扑结构

1. 计算机网络的拓扑结构及相关术语

计算机网络的拓扑结构是忽略连接到网络系统的计算机及其他各种设备的形状、大小，而只考虑它们的位置和相互之间的连接。拓扑结构定义了各种计算机、打印机、网络设备和其他设备的连接方式，描述了线缆和网络设备的布局，以及数据传输时所采用的路径。拓扑结构会在很大程度上影响网络如何工作。拓扑结构涉及以下几个术语。

（1）节点

节点又称网络单元，是指连接到网络系统的各种设备，如数据通信控制设备、数据处理设备、数据终端设备。节点有访问节点、转接节点、混合节点三种。访问节点是信息交换的源点和目标；转接节点的作用是支持网络的连接，它通过通信线路转接和传递信息；混合节点是既可以作为访问节点也可以作为转接节点的节点。

（2）链路

链路是指两个节点间的连线，它分为物理链路和逻辑链路两种。物理链路是指真实存在的通信连线（有线或无线）；逻辑链路是指为实现数据的传输，在物理线路基础上加上一些实现这些规程的硬件和软件。每个链路在单位时间内可接纳的最大信息量称链路容量。

（3）通路

通路是指从发出信息的节点到接收信息的节点之间的链路，是一系列穿越通信网络而建立起来的节点到节点的链路。

2. 常见的拓扑结构

（1）星形结构

星形结构是指处理系统以一个节点为中心，连接到网络的各种类型的设备与该中心节点之间均有物理链路直接相连。星形结构的优点是结构简单，建网容易，控制相对简单。其缺点是属于集中控制，如果中心节点出现故障，就会导致整个网络瘫痪，另外，在星形结构下，主节点负载过重，可靠性低，通信线路利用率低。

星形结构如图 5-25 所示。

（2）总线结构

总线结构是普遍采用的一种方式，它将所有的连接到网络的设备均接到一条通信线上（这条通信线称总线）。总线结构的优点是结构简单，信道利用率较高，价格相对便宜。其缺点是网络容纳节点数量有限，同一时刻只能有两个网络节点相互通信，网络延伸距离有限。总线结构如图 5-26 所示。

图 5-25　星形结构

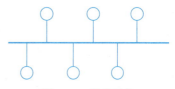

图 5-26　总线结构

（3）环形结构

环形结构是用通信线路将连入网络的设备节点首尾相连，连接成一个环状，网络中的每台设备都直接连到环上，或通过一个接口设备和分支电缆连接到环上。各个模块之间交互方便，不需要主控中转，功能单元通过网络接口将信息送上环，消息在环上逐个节点传递。环形结构的优点是初始安装比较简单，可以很容易地找到电缆的故障点。其缺点是随着环上节点数量的增加，重新配置的难度也会增加，导致延迟越来越严重，另外，对环的最大长度和环上设备总数也有限制。环形结构分为单环和双环。单环是指信息的传递只有一个方向（顺时针或逆时针），即使是相邻节点之间的信息传递，信息也可能需要经过所有节点，因此，系统中任何节点出现错误，都会影响环上的所有设备。而双环有两个方向（顺时针和逆时针），信息可以根据源和目的的距离自动选择最近的方向，这样的设计可以保证任意两个节点之间的距离不超过总距离的一半。

环形结构如图 5-27 所示。

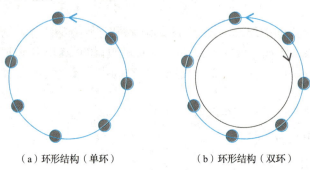

（a）环形结构（单环）　　　　（b）环形结构（双环）

图 5-27　环形结构

（4）树形结构

树形结构是一种层次结构，节点按层次连接，信息交换主要在上下节点之间进行，相邻节点或同层节点之间一般不进行信息交换，树形结构就是数据结构中的树。树形结构的优点是：网络结构简单，建网容易，便于管理和控制；网络延迟时间较短，误码率较低；易于扩充，容易延伸出很多分支和子分支；如果某一分支的节点或线路发生故障，较易将有故障的分支与整个系统进行隔离。其缺点是：中央节点负荷太重；如果根发生故障，则全网都不能正常工作；网络共享能力较差；通信线路利用率不高。树形结构如图 5-28 所示。

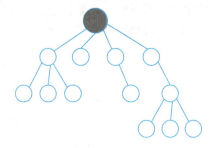

图 5-28　树形结构

（5）网状结构

网状结构又称无规则结构，节点之间的连接是任意的，节点之间的连接分为全连接和不完全连接两种形式。全连接是指每个节点和网络中其他节点均有链路连接，而不完全连接是指两个节点之间不一定有直接链路连接，但它们之间的通信可以通过其他节点转接。

网状结构的优点是：可靠性和稳定性都比较强，局部的故障不会影响整个网络的正常工作；网络扩充和主机入网比较灵活、简单。其缺点是结构和联网比较复杂，构建网状结构所花费的成本比较大。一般来说，只有当每个站点都要频繁发送信息时，才会使用这种结构。

网状结构如图 5-29 所示。

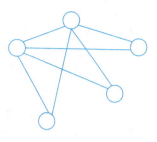

（a）网状结构（全连接）　　　　　　（b）网状结构（不完全连接）

图 5-29　网状结构

（6）混合型拓扑

混合型拓扑就是两种或两种以上的拓扑结构同时使用。混合型拓扑的优点是可以对网络的基本拓扑结构取长补短。其缺点是网络配置难度大。常见的混合型拓扑是由星形结构和总线结构的网络结合在一起，这种结构同时兼顾了星形结构与总线结构的优点，并在一定程度上弥补了二者的缺点，既能满足较大规模网络的拓展需求，解决星形结构在传输距离上的局限，又能解决总线结构在连接用户数量上的限制。

例如，在一幢大楼里，各楼层间采用总线结构，以保证网络传输距离和传输性能，而各楼层内部采用星形结构。

（7）蜂窝拓扑结构

蜂窝拓扑结构是无线局域网中常用的结构，它以无线传输介质（微波、卫星、红外线等）点到点和多点传输为特征，适用于城市网、校园网、企业网。

（五）计算机网络的分类

按地理范围划分计算机网络类型是一种通用的标准，按这种标准可以把计算机网络分为局域网、城域网、广域网三种。

1. 局域网

局域网（Local Area Network，LAN），是在局部的地理范围内的网络，所涉及的地理距离一般在 10 千米以内，一般用于一个建筑物、一个单位，甚至一个家庭中。

这种网络的特点是安装便捷、连接范围窄、使用灵活、连接速率高、误码率低。

2. 城域网

城域网（Metropolitan Area Network，MAN），一般是指在一个城市范围内的计算机互联。这种网络的连接距离可以在 10～100 千米，连接的计算机数量比局域网更多，距离更长。一个城域网通常连接着多个局域网。

3. 广域网

广域网（Wide Area Network，WAN），又称远程网，所覆盖的范围比城域网更广，网络可能分布在一个地区、一个国家甚至全球范围内。广域网传输距离远、拓扑结构复杂，应用范围非常广泛。

二、计算机网络体系结构

计算机网络是一个复杂的网络，为了更好地研究，一般采用"分层"的方法将其分成若干层，并定义每层的功能和协议（指网络中为进行数据交换而建立的规则、标准或约定的集合）。计算机网络的各层及其协议的集合称计算机网络体系结构，目前常用的计算机网络体系结构有两种：OSI 参考模型和 TCP/IP 参考模型。

（一）OSI 参考模型

OSI 参考模型，即开放系统互联参考模型（Open System Interconnection Reference Model，OSI/RM），是国际标准化组织在 20 世纪 80 年代制定的一个具有七层框架的网络互连模型。

OSI 参考模型有七层框架，从下到上将计算机网络分为物理层、数据链路层、网络层、传输层、会话层、表示层和应用层。每一层利用其下一层的功能实现一些本层的新功能，同时为上一层提供增值服务，任意一层的功能都包含了它下面所有层的功能。层与层之间留有若干接口，这些接口称服务访问点（Service Access Point，SAP），各层通过这些服务访问点来调用相邻的下一层的功能，以实现本层的新功能。同时规定，各层都只能调用它相邻的下一层的功能。

1. 物理层（Physical Layer）

物理层是 OSI 参考模型中的最底层，主要功能是利用传输介质为其上一层（数据链路层）提供物理连接，负责数据流的物理传输工作。物理层传输的基本单位是 0 和 1 的比特流。

2. 数据链路层（Data Link Layer）

数据链路层的主要功能是在通信实体间建立数据链路连接，并为网络层提供差错控制和流量控制服务，以及检测和纠正传输过程中出现的错误。数据链路层传输的基本单位为"帧"（Frame），数据链路层由介质访问控制（Media Access Control，MAC）和逻辑链路控制（Logical Link Control，LLC）两个子层组成。MAC 的主要任务是规定如何在物理线路上传输帧，LLC 的主要任务是对同一条网络链路上的设备之间的通信进行管理。

3. 网络层（Network Layer）

网络层负责为数据在节点之间的传输创建逻辑链路，通过路由选择算法（又称选路算法，是找到一条从源路由器到目的路由器的"好"路径，即具有最低费用路径的方法）来选择最佳路径，从而实现拥塞控制、网络互联等功能。网络层的路由选择功能使得多个网络之间的连接得以畅通，信息得以共享。

网络层提供面向连接的服务和面向无连接的服务两种服务。面向连接的服务是指在交换数据之前必须先建立连接，然后传输数据，传输结束后终止之前建立的连接服务，是可靠的连接服务。面向无连接的服务是指通信双方不需要事先建立一条通信线路，而是把每个带有目的地址的包（报文分组）送到线路上，由系统自主选定路线进行传输。面向无连接的服务是一种不可靠的服务，不能防止报文的丢失、重发或失序。网络层以数据报服务的方式实现面向无连接的服务。

4. 传输层（Transport Layer）

传输层下面的三层是计算机网络体系结构的低层，上面的两层是高层，传输层是衔接高、低层的一个接口层。传输层的主要功能是建立、管理和维护端到端连接，即为用户提供端到端服务（End-to-End）、处理数据报错、数据包次序等传输问题。其中，端到端服务模式是与点到点服务模式相对的，在点到点服务模式中，两个终端直接通信，没有其他设备或网络组件参与。而在端到端服务模式中，数据传输需要通过多个组件或网络设备，如用户在客户端和服务器之间传输数据时，数据需要通过路由器和交换机等多个网络设备，最终才能传输到目标服务器。传输层通过流控制、差错控制、拥塞控制等机制来保证数据在端到端传输的过程中不被破坏或丢失。传输层是计算机网络体系结构中的关键一层，它向高层屏蔽了下层数据的通信细节，使用户完全不用考虑物理层、数据链路层和网络层工作的详细情况。

5. 会话层（Session Layer）

会话层的主要功能是维护两个节点之间的传输连接，管理数据交换，以及建立、管理和维护会话等，确保点到点传输不中断。这里的"会话"是指一个终端用户与交互系统进行通信的过程，这个过程可以是连续的，也可以是时断时续的，比如，从输入账户密码进入操作系统到退出操作系统就是一个会话过程。会话层还可以通过对话控制来决定是使用全双工通信还是半双工通信方式。全双工通信又称双向同时通信，是通信双方可以同时发送和接收信息的信息交互方式，半双工通信又称双向交替通信，是指通信的双方都可以发送信息，但双方不能同时发送或同时接收，只能是一方发送，另一方接收，过一段时间后再反过来。

6. 表示层（Presentation Layer）

表示层是 OSI 参考模型的第六层，它主要负责为在应用过程之间传送的信息提供信息的表示方式、语法转换、语法选择和连接管理等服务，如数据表示、数据加密解密和数据压缩与解压缩等工作。表示层以下各层主要完成的是从源端到目的端的可靠的数据传送，而表示层更关心的是所传送数据的语法和语义。

7. 应用层（Application Layer）

应用层是 OSI 参考模型的第七层，即最高层，是直接面向用户的一层，其任务是为用户提供网络服务和应用程序接口。应用层包含了若干独立的用户通用服务协议模块，为网络用户之间的通信提供专用的程序服务。需要注意的是，应用层是为应用程序提供服务的，它不是应用程序。

OSI 参考模型的各个层次及各层主要功能如图 5-30 所示。

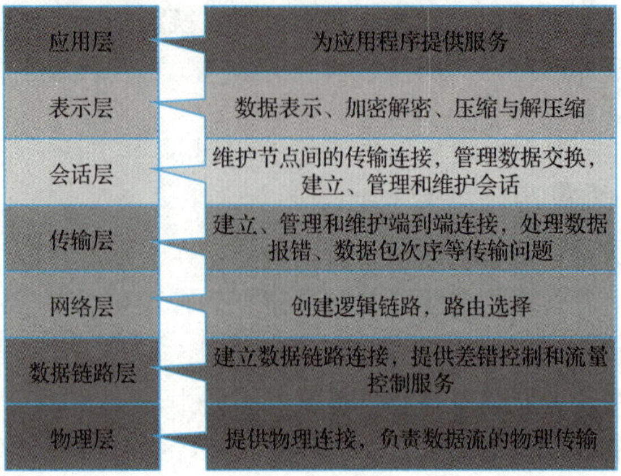

应用层	为应用程序提供服务
表示层	数据表示、加密解密、压缩与解压缩
会话层	维护节点间的传输连接，管理数据交换，建立、管理和维护会话
传输层	建立、管理和维护端到端连接，处理数据报错、数据包次序等传输问题
网络层	创建逻辑链路，路由选择
数据链路层	建立数据链路连接，提供差错控制和流量控制服务
物理层	提供物理连接，负责数据流的物理传输

图 5-30 OSI 参考模型的各个层次及各层主要功能

（二）TCP/IP 参考模型

根据 OSI 参考模型，我们可以很容易地理解计算机网络体系结构。但当无线网络和卫星出现以后，原有的协议出现了问题，一种新的体系结构应运而生，这个新的体系结构在它的两个主要协议（TCP/IP 协议）出现以后，被称为 TCP/IP 参考模型。

传输控制协议/互联网协议（Transmission Control Protocol/Internet Protocol，TCP/IP），又称网络通信协议，是网络中使用的最基本的通信协议。TCP/IP 协议能够在多个网络间实现信息传输，它对互联网中各部分进行通信的标准和方法进行了规定，并且能够保证网络数据信息及时、完整地传输。TCP/IP 协议不仅指 TCP 和 IP 两个协议，而且指一个由 TCP、IP、文件传输协议（File Transfer Protocol，FTP）、简单邮件传送协议（Simple Mail Transfer Protocol，SMTP）、用户数据报协议（User Datagram Protocol，UDP）等协议构成的协议簇，因为 TCP 协议和 IP 协议最具代表性，所以该协议簇被称为 TCP/IP 协议。

TCP/IP 参考模型有四个层次，从下往上依次是网络接口层、网际互联层、传输层、应用层。

1. 网络接口层（Network Interface Layer）

网络接口层与 OSI 参考模型中的物理层和数据链路层相对应，它负责监视数据在主机和网络之间的交换。事实上，TCP/IP 参考模型并未定义该层的协议，而是由参与互连的各网络使用自己的物理层和数据链路层协议。在网络接口层工作的主要协议有地址解析协议。

地址解析协议（Address Resolution Protocol，ARP）根据 IP 地址（Internet Protocol Address）获取 MAC 地址。IP 地址是互联网协议地址（网际协议地址），是 IP 协议提供的一种统一的地址格式，它为互联网上的每一个网络和每一台主机分配一个逻辑地址，以此来屏蔽物理地址的差异。MAC 地址又称媒体存取控制地址、局域网地址、以太网地址或物理地址，它是由网络设备制造商在生产时烧录在网卡存储器中的一个用来确认网络设备位置的地址。MAC 地址是设备的物理地址，而 IP 地址是用于在网络上标识设备的逻辑地址。

2. 网际互联层（Internet Layer）

网际互联层对应于 OSI 参考模型的网络层，主要负责解决主机到主机的通信问题，以及建立互联网络。该层所包含的协议负责设计数据包在整个网络上的逻辑传输，重新赋予主机一个 IP 地址来完成对主机的寻址，以及数据包在多种网络中的路由。该层有四个主要协议：互联网协议、反向地址转换协议、互联网组管理协议和互联网控制报文协议。其中互联网协议是网际互联层最重要的协议，它提供的是可靠、无连接的数据报传递服务。

① 互联网协议（Internet Protocol，IP），是用于报文交换网络的一种面向数据的协议。

② 反向地址转换协议（Reverse Address Resolution Protocol，RARP），将网络中某个主机的物理地址转换为 IP 地址。

③ 互联网组管理协议（Internet Group Management Protocol，IGMP），是用于管理网络协议多播组成员的一种通信协议。

④ 互联网控制报文协议（Internet Control Message Protocol，ICMP），是通过执行错误控制机制来诊断通信错误的一种通信协议。

3. 传输层（Transport Layer）

传输层对应于 OSI 参考模型的传输层，它为应用层实体提供端到端的通信功能，保证了数据包的顺序传送及数据的完整性。该层定义了传输控制协议和用户数据报协议两个主要协议。

（1）传输控制协议

传输控制协议（Transmission Control Protocol，TCP）是一种面向连接的、可靠的、基于字节流的传输层通信协议，该协议提供的是一种可靠的，通过"三次握手"（所谓"三次握手"就是对每次发送的数据量进行跟踪与协商，确保数据段的发送和接收同步，根据所接收到的数据量确定数据发送、接收完毕后何时撤销联系）来连接的数据传输服务。

（2）用户数据报协议

用户数据报协议（User Datagram Protocol，UDP），是一个简单的，面向无连接的，不可靠的数据报的协议，这里的"不可靠"是指，它一旦把数据发送出去，就不保留数据备份。

4. 应用层（Application Layer）

应用层对应于 OSI 参考模型的高层，为用户提供所需要的各种服务，该层定义的主要协议有 HTTP、FTP、Telnet、DNS、SMTP、RPC、SNMP 等。

（1）HTTP

HTTP 是超文本传输协议，英文全称 Hypertext Transfer Protocol，它是一个简单的请求-响应协议。它指定了客户端可能发送给服务器什么样的消息，以及得到什么样的响应。

（2）FTP

FTP 是文件传输协议，英文全称 File Transfer Protocol，它是用于在网络上进行文件传输的一套标准协议。FTP 允许用户以文件操作的方式（如文件的增、删、改、查、传送等）与另一主机相互通信，其目标是实现非直接使用远程计算机，提高文件的共享性。

（3）Telnet

Telnet，即远程登录，它为用户提供了在本地计算机上完成远程主机工作的能力。终端使用者可以在本地计算机上使用 Telnet 程序连接到服务器。

（4）DNS

DNS 是域名系统，英文全称 Domain Name System，它是用来在域名与 IP 地址间建立映射的协议。虽然 IP 地址能够唯一地标记网络上的计算机，但 IP 地址是一长串数字，不直观，也不方便用户记忆。为方便记忆，使用了另一种地址——域名，IP 地址和域名是一一对应的，其对应转换工作由 DNS 负责。

（5）SMTP

SMTP 是简单邮件传送协议，英文全称 Simple Mail Transfer Protocol，它是一种提供可靠且有效的电子邮件传输的协议，主要用于系统之间的邮件信息传递，以及提供有关来信的通知。

（6）RPC

RPC 是远程过程调用，英文全称 Remote Procedure Call，它允许像调用本地服务一样调用远程服务。

（7）SNMP

SNMP 是简单网络管理协议，英文全称 Simple Network Management Protocol，它是网络中管理服务器、工作站、路由器、交换机等网络节点的一种标准协议，网络管理员利用 SNMP，能够管理网络效能，发现并解决网络问题，以及规划网络增长。

TCP/IP 参考模型的各个层次及各层定义的协议如图 5-31 所示。

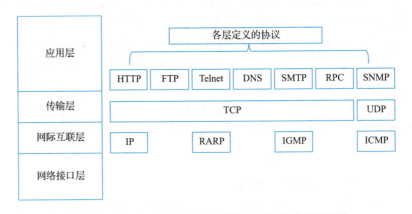

图 5-31　TCP/IP 参考模型的各个层次及各层定义的协议

（三）OSI 参考模型与 TCP/IP 参考模型对比

OSI 参考模型和 TCP/IP 参考模型都采用了层次结构，OSI 参考模型有七层，而 TCP/IP 参考模型只有四层。两种模型都能够提供面向连接和无连接的通信服务机制。

OSI 参考模型和 TCP/IP 参考模型的对应关系如图 5-32 所示。

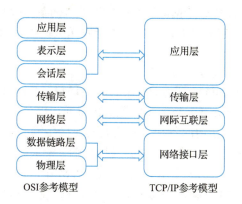

图 5-32　OSI 参考模型和 TCP/IP 参考模型各层的对应关系

（四）几种常用的网络通信技术

常用的网络通信技术有以下四种。

1. 以太网

以太网（Ethernet）是一种计算机局域网技术，是现实世界中普遍使用的一种计算机网络。以太网的标准拓扑结构为总线结构，以太网的技术标准是电气电子工程师学会（Institute of Electrical and Electronics Engineers，IEEE）制定的 IEEE 802.3 标准，它规定了包括物理层的连线、电子信号和介质访问层协议的内容。由于总线结构的网络的所有节点共享一个通道，同一时刻只能有两个网络节点相互通信，因此在网络节点较多或节点通信较频繁的情况下容易产生冲突。使用带冲突检测的载波监听多路访问技术可解决以太网冲突。

带冲突检测的载波监听多路访问（Carrier Sense Multiple Access with Collision Detection，CSMA/CD）技术是 IEEE 802.3 使用的一种媒体访问控制方法。CSMA/CD 的基本原理概括起来就是"先听后发，边听边发，冲突停发，随机延迟后重发"。这里的"听"指监听、检测，"发"指发送数据。节点在发送数据之前，首先检测信道是否空闲，如果信道空闲则发送，否则就等待；在发送出数据后，再对冲突进行检测，若发现冲突，则取消数据发送（停发），等待一段时间（随机）后再重发。

2. 快速以太网

随着网络数据流量的日益增长，传统的标准的以太网技术已难以满足需求，快速以太网（Fast Ethernet）应运而生。快速以太网保留了传统以太网的 CSMA/CD 技术，并应用了以快速以太网集线器和网络接口卡为基础的快速以太网技术设备，大大提高了数据速率。

3. 令牌环

令牌环（Token Ring）的拓扑结构是环形结构或者星形结构。为了避免多个节点同时传送数据所造成的数据冲突，令牌环用"令牌"机制来确定一个节点何时可以发送数据。"令牌"是一种特殊帧，本身并不包含信息，仅控制信道的使用，有"忙""闲"两种状态："闲"表示令牌没有被占用，即网中没有计算机在传送信息；"忙"表示令牌已被占用，即网中有信息正在传送。令牌沿环行进，要传送数据的节点必须先检测到"闲"令牌，将它置为"忙"

的状态，然后在该令牌后面传送数据。当所传数据被目的节点接收后，数据被从网中除去，令牌被重新置为"闲"。节点只有取得令牌后才能发送数据帧，因此不会发生碰撞。

4. 异步传输模式

异步传输模式（Asynchronous Transfer Mode，ATM），又称信息元中继，是基于异步时分复用，使用固定长度的信元（又称数据细胞、信息元，每个信元的长度为 53 个字节）来支持包括数据、语音和图像在内的各种业务的面向连接传输，同时它也是一种国际标准。ATM 以结构化的信元方式进行传输，可以并发地传输。一般来说，线路是多个信息源所公用的，如何分配线路是传输中的一个重要问题，在 ATM 中，来自不同源端的信息被规范成统一的格式——信元在 ATM 交换机的缓冲区排队等待传输。传输线路可用来进行传输的时间也被分割为互不重叠的时间间隔（又称时隙），将这些时隙按用户实际需要动态分配给每一个信号源使用（这种技术称时分复用）。在这种时分复用的传输机制下，来自某一用户的含有信息的信元的出现不是周期性的（出现的间隔不一定是相同的），这就是所谓的"异步"。

三、Internet/Intranet/Extranet

（一）Internet

Internet 是互联网（又称国际网络），是指网络与网络之间以一组通用的协议相连所串联成的巨大国际网络。

从网络通信的角度来看，Internet 是一个以 TCP/IP 协议连接全球各个国家、各个地区、各个机构计算机网络的数据通信网。从信息资源的角度来看，Internet 是一个集各部门、各领域的各种信息资源为一体，供网上用户共享的信息资源网。严格来说，我们平时并不是将自己的计算机直接连接到 Internet 上，而是连接到其中的某个网络上（如我国的教育网等），该网络再通过网络干线与其他网络相连，网络干线之间再通过路由器互连，这样我们就可以利用自己的计算机进行数据和信息传输。

1. Internet 提供的服务

（1）浏览检索（Browing）

用户可以利用相应的软件检索到各种信息，信息的内容不仅可以是文字形式的，还可以是图像、声音、视频等形式。

（2）电子邮件（Email）

通过电子邮件，用户可以方便、快捷地进行信息传递，如传递采购信息等，还可以加入有关的公告、讨论等。

（3）远程登录（Telnet）

用户可以通过远程访问软件，使自己的计算机成为远程计算机的一个终端，从而访问远程计算机上的信息。比如，通过远程访问可以查阅世界各地大学图书馆的数据资料。

（4）新闻组（Newsgroup）

新闻组是一个基于网络的计算机组合（这些计算机称新闻服务器），不同的用户通过软件连接到新闻服务器上获取信息。同时，新闻组是一个完全交互式的超级电子论坛，用户可以根据各自的兴趣爱好参与讨论，还可以相互交流、提出问题或解答问题。

（5）文件传输（File Transfer）

用户通过文件传输功能可以将互联网上自己感兴趣的信息或者各种免费软件复制到自己的计算机上。

（6）主页（Homepage）

主页可以让用户（企事业单位、政府或者个人等）接入国际计算机互联网，建立自己的信息窗并发布信息，其他用户通过互联网可以访问这些主页从而获得信息。比如，某高校将自己的招生信息发布在其主页上，其他用户如果想了解该校的招生情况，就可以访问该校的主页。主页服务内容非常丰富，涉及生产生活的各个方面，如文化教育、新闻报道、视频、音频节目、餐饮旅游、天气预报、网上书店、科技资料等。

（7）多媒体通信（Multimedia Communication）

多媒体通信利用多媒体技术同时综合处理多种媒体信息，在这些信息之间建立逻辑联系并集成为一个交互式系统。总体而言，多媒体的关键特性体现为信息载体的多样性、交互性和集成性。在信息采集、传输、处理、呈现等过程中涉及多种表示媒体（如文字、声音、图像、图形等）、传输媒体、存储媒体或呈现媒体，这就是信息载体的多样性体现。集成性是指所处理的数据不是一个个"独立"的媒体信息的简单堆积，而是在时间上、空间上都存在着紧密联系的一个有机的整体。交互性是指使用者能对信息处理的全过程进行完全有效的（有时是实时的）控制。具体来说，多媒体通信有以下七个具体应用。

① 科学计算及信息处理。

利用异地主机的 FTP 文件交换或用 Telnet 仿真终端接入，完成异地科学计算及信息处理，实现世界范围的计算机资源共享。

② 即时通信。

即时通信是一种基于互联网的即时交流消息的联络方法，允许两人或多人使用网络实时地传递文字消息、文件，进行语音与视频交流，如现在比较流行的视频聊天。

③ 视频会议。

视频会议使位于不同地点的人们，通过通信设备和网络可以进行面对面交谈，视频会议很好地解决了参会者不方便到开会地点参会的情况。

④ 在线教育。

在线教育主要是指依靠互联网端的在线课堂平台进行的在线直播教育，一场有趣的在线直播教育（教学）能提升学生的到课率和完播率。

⑤ 远程医疗。

远程医疗是指通过计算机、图形图像、遥感、遥测、遥控技术，充分发挥先进医疗技术和医疗设备的功能，对医疗条件较差的地区或不方便出门就诊的伤病患者进行远距离诊断、治疗和咨询，远程医疗为现代医学的应用提供了更广阔的发展空间。远程医疗的典型应用有远程专家会诊、远程医疗手术示范、高清晰病历和病理图像传送、处方讨论等。

⑥ 虚拟现实。

虚拟现实（Virtual Reality，VR），又称虚拟实境或灵境技术，是指借助计算机等设备产生一个具有逼真的多种感官体验（如听觉、视觉、触觉、味觉、嗅觉等）的虚拟世界，使处于虚拟世界的人有一种身临其境的沉浸式、交互式的体验。虚拟现实的应用领域很广，如教育培训、实训教学、虚拟试衣、虚拟旅游、艺术和娱乐、工业设计、军事、航天应用等。

⑦ 多媒体电子商务。

多媒体商务是指利用多媒体技术和网络通信技术，通过多媒体终端向用户提供丰富的商业和公众信息，以生动、直观的信息展示方式向用户提供更好的用户体验和交互效果，并支持电子交易和支付功能，如直播带货（也称短视频电商）。

2. Internet 的接入方式

（1）互联网服务提供商（Internet Service Provider，ISP）的接入方式

① 帧中继方式。

在帧中继（Frame Relay）方式下，用户信息以帧为单位进行传输，用户信息流可以双向传送。该方式主要有四个特征：传输速率高，网络延迟低，连通性高，带宽利用高效。

② 数字数据网方式。

数字数据网（Digital Data Network，DDN）方式是利用光纤（数字微波和卫星）等数字传输通道和数字交叉复用节点组成的数字数据传输网，为公共数据交换网及各种专用网络提供用户数据信道，以及为各类不同网络的互联提供网间连接。该方式的特点是速度快、质量高，缺点是投资成本较大。

③ 综合业务数字网方式。

综合业务数字网（Integrated Services Digital Network，ISDN）是数字技术和电信业务结合的产物，可实现域网间的互联。ISDN 方式可以为用户提供高速、可靠的数字连接。

（2）个人用户接入方式

① 仿真终端方式。

普通计算机安装相应的仿真软件后，可以通过电话线与远程主机相连，像真正的终端一样实现与主机的连接。这种接入方式的优点是简单、经济，缺点是用户端没有 IP 地址，影响了上网速度和时间。

② 拨号 IP 方式。

拨号 IP 方式又称 SLIP/PPP 方式，该方式采用串行线路网际协议（Serial Line Internet Protocol，SLIP）或点到点协议（Point-to-Point Protocol，PPP），通过电话线拨号将用户计算机与主机连接起来。这种接入方式的优点是用户端有独立的 IP 地址，用户可以使用自己的环境和用户界面进行联网操作，缺点是对计算机的要求比较高。

③ 局域网连接方式。

局域网与 Internet 主机连接的方式有两种。第一种是通过局域网的服务器使高速调制解调器经电话线路与 Internet 主机连接。第二种方法是通过路由器将整个局域网与 Internet 主机相连，从而使局域网中所有工作站都连入 Internet。这两种方式都是通过局域网接入，不

同的是以第一种方式接入的所有工作站共享服务器的一个 IP 地址,而以第二种方式接入的所有工作站都可以有独立的 IP 地址。

④ 无线接入。

用户在使用有线上网方式的同时,也可以用手机等易携带的设备通过无线接入的方式上网。无线上网真正实现了用户随时随地上网。

(二) Intranet

Intranet 的中文意思是内联网,它是以 Internet 的技术为基础建立的,主要用于企业或组织内部的信息交流,通过代理服务器可以连接到国际互联网的一种网络。

1. Intranet 的特点

① 表示信息的方式方法统一。
② 把企业或组织分布在各地的计算机、软件、数据库联成一个系统,工作人员很容易找到所需要的信息。
③ 它的协议和技术标准是统一且公开的,可以同时支持多种机型和操作系统,成为跨平台沟通的基础。
④ 可以从国际互联网上免费取用。
⑤ 组网方式多且灵活。
⑥ 既可加以隔离使内部信息不致外泄,也可以与国际互联网接通进行信息交流。

2. Intranet 的主要用途

① 可以发布通知、公告、会议决定,以及最新的人事变动等信息。
② 有助于传递内部工作数据和进行数据沟通,从而更好地协调各部门的工作。
③ 为企业与外部的联系(如沟通库存和需求、产品、价格、市场信息等)提供了统一的工具。

3. 企业内部 VPN

VPN 是虚拟专用网络,英文全称 Virtual Private Network。在传统的企业网络配置中,如果用户(如出差的员工)要远程访问内网资源,需要采用租用数字数据网或帧中继等传统方法,网络通信和维护费用很高。而好的解决办法是在内网中架设一台 VPN 服务器,不在内网的外地员工在当地连上互联网后,可以通过互联网连接 VPN 服务器,然后通过 VPN 服务器进入企业内网。为了保证数据安全,VPN 服务器和客户机之间的通信数据都进行了加密处理。这样处理之后就像专门架设了一个专用网络一样,这就是虚拟专用网络。虚拟专用网络就像一条公共车道,平时什么车都可以通行,当有特殊需要时就对其进行交通管制,只有满足条件的车辆可以通行,这时公共车道就像这些车辆的专用车道一样。

(三) Extranet

1. 使用 Extranet 的目的

Extranet 的中文意思是外联网,Extranet 是不同单位间为了频繁交换业务信息,而基于互联网或其他公网设施构建的单位间专用网络通道。因为 Extranet 涉及不同单位的局域网，所以不仅要确保信息在传输过程中的安全性，还要确保对方单位不能超越权限，通过 Extranet 联入本单位的内网。

2. 构建 Extranet 的要求

构建 Extranet，不仅要求能够实现外联单位间迅捷、安全的数据传输，还要能够对通过外联 VPN 通道的访问进行严格的访问控制，比如限制协同单位只能通过外联 VPN 在协同的服务器间进行访问，而其他的 PC 和服务器则无法通过外联 VPN 通道访问内部网络。另外，由于不同单位的局域网网络地址没有办法像一个单位那样统一规划，因此经常出现地址冲突。如何在不需要用户改动原来的 IP 地址（对用户透明）的情况下，实现 VPN 互连互通，也是构建 Extranet 时经常需要解决的问题。

3. 未来发展

未来人们的生活将越来越依赖无线终端，用户通过一部智能手机就可以控制计算机、家电，甚至是汽车，人们的生活将实现智能化、网络化，并纳入物联网，成为"智慧地球"的一部分。而 Extranet 似乎是比较符合条件的物联网载体。从这个角度来看，Extranet 将是未来互联网的一个重要发展方向。

四、物联网

（一）物联网的概念

物联网（Internet of Things，IoT），是指通过信息传感设备，按约定的协议，将物体与网络相连接，物体通过信息传播媒介进行信息交换和通信，从而实现智能化识别、定位、跟踪、监管等功能。有学者将物联网定义为：物联网把所有物品通过信息传感设备与互联网连接起来进行信息交换，即物物相息，物物相连，从而实现智能化识别和管理。

（二）物联网的应用领域

1. 智能家居

智能家居就是利用先进的计算机技术、物联网技术、通信技术及智能硬件等将与家居生活相关的各种子系统有机地结合起来，通过统筹管理，让家居生活更方便、舒适、安全。

2. 智慧交通

智慧交通是将物联网、互联网、云计算、智能传感技术、信息网络技术、通信传输技术和数据处理技术应用到整个交通系统，在更大的时空范围内发挥作用的综合交通体系。

3. 智能医疗

智能医疗就是利用最先进的物联网技术打造基于健康档案的区域医疗信息平台，实现患者与医务人员、医疗机构、医疗设备之间的互动。

4. 智能电网

智能电网即电网的智能化，又称"电网 2.0"，是建立在集成的、高速双向通信网络基础上的，通过先进的传感和测量技术、先进的设备技术、先进的控制方法以及先进的决策支持系统技术的应用，它实现了电网的可靠、安全、经济、高效、环境友好和使用安全的目标，能够对电网资源进行有效控制和分配，提高电力能源的利用率。

5. 智能物流

智能物流就是将先进的物联网技术，通过信息处理和网络通信技术平台广泛应用于物流活动的各个环节，实现运输过程的自动化运作，提高物流行业的服务水平，降低成本。

党的二十大报告提出，要加快发展物联网，建设高效顺畅的流通体系，降低物流成本。

6. 智能农业

智能农业就是通过传感器实时采集农产品所处的环境的参数（温度、湿度、光照时间等），自动开启或者关闭指定设备（如应该浇水的时候打开水龙头），对生态信息自动监测、溯源，对环境进行自动控制和智能化管理。

7. 智慧城市

智慧城市就是通过物联网、云计算、大数据、空间地理信息集成等智能计算技术的应用，使城市管理、教育、医疗、房地产、交通运输、公用事业和公众安全等关键基础设施组件和服务互联，从而为市民提供更美好的生活和工作服务，为企业创造更有利的商业发展环境，为政府提供更高效的运营与管理机制。

案例 5-1

物联网技术和数据仓库技术

案例一：智慧城市的交通管理

物联网技术在智慧城市中的应用引起了广泛的关注，其中，交通领域是一个重要的应用场景。智慧交通系统通过在道路和车辆上安装传感器，实时采集交通信息，并进行处理和分析，可以实现交通流量监控、拥堵预测、交通信号优化等功能。而这些功能的实现，离不开数据仓库技术的支持。

在智慧城市的交通管理中，可以利用数据仓库技术来存储和分析交通数据。比如，可以将不同地点和时间的交通数据进行聚合，得到交通流量的统计信息，为交通规划和道路设计提供参考。同时，数据仓库技术还可以实现交通拥堵的预警功能，通过分析历史和实时数据，预测出交通拥堵可能发生的地点和时间，为交通管理人员提供决策依据。

案例二：工业领域的生产优化

在工业生产中，物联网技术的应用已经成为一个趋势。工厂中的各种设备和机器通过传感器连接到互联网，产生了大量的数据。这些数据包含了机器的运行状态、生产过程的参数、产品的质量等。通过对这些数据的分析和挖掘，可以实现生产过程的优化和质量的提升。而数据仓库技术则提供了高效的数据存储和分析平台。

在工业领域的生产优化中，数据仓库技术可以应用于多个环节。首先，可以通过将不同设备和传感器的数据集中存储在数据仓库中，实现对生产过程的全面监控和分析。其次，可以利用数据仓库中的历史数据，进行预测和预警，提前发现潜在的故障和问题。最后，还可以通过对质量数据的分析，找出影响产品质量的关键因素，并提出相应的改进措施。

综上所述，数据仓库技术的应用涵盖了智能家居、智慧交通和工业生产等多个领域。数据仓库技术通过将大规模的物联网数据集中存储和分析，为决策支持和业务优化提供了有效的手段。随着物联网技术的不断发展，数据仓库技术的应用前景将更加广阔，它对于推动物联网领域的发展和创新将起到重要作用。

资料来源：根据网络资料整理。

第五节 云计算技术与大数据技术

一、云计算技术

（一）云计算的概念

云计算（Cloud Computing）又称网格计算，是分布式计算的一种，它是指将巨大的数据计算处理程序分解成若干个小程序，然后通过由多台服务器组成的系统进行处理和分析，得到结果后将结果返回给用户。

云计算中的"云"实质上就是一种提供计算资源的网络，用户可以按照需求量付费获取"云"上的资源，就像我们可以按照自己家的用水（电）量付费使用水（电）一样。

（二）云计算的服务类别

云计算的服务有三种类别：基础设施即服务、平台即服务和软件即服务。

1. 基础设施即服务（IaaS）

基础设施即服务（Infrastructure as a Service，IaaS）是云计算的主要服务类别之一，云计算提供商向个人或组织提供虚拟化计算资源，如虚拟机、存储、网络和操作系统。

2. 平台即服务（PaaS）

平台即服务（Platform as a Service，PaaS）是为开发人员提供通过全球互联网构建应用程序和服务的平台，它为开发、测试和管理软件应用程序提供按需开发环境。

3. 软件即服务（SaaS）

软件即服务（Software as a Service，SaaS）是通过互联网提供按需软件付费应用程序，云计算提供商托管和管理软件应用程序，允许其用户连接到应用程序并通过全球互联网访问应用程序。

（三）云计算的应用

1. 存储云

存储云又称云存储，是在云计算技术上发展起来的一个新的存储技术。用户可以将本地的资源上传至云端，可以在任何地方连入互联网以获取云上的资源。存储云向用户提供了存储容器服务、备份服务、归档服务和记录管理服务等，大大方便了用户对资源的管理。常见的存储云有谷歌、微软等公司的存储云，阿里云，百度云，微云，等等。

2. 医疗云

医疗云是指使用"云计算"来创建医疗健康服务云平台，它实现了医疗资源的共享和医疗范围的扩大。云计算在医疗领域的应用，如预约挂号、电子病历、电子医保等，提高了医疗机构的效率，方便了居民就医。

3. 金融云

金融云是指面向金融行业（保险、证券、基金、银行、消费金融、联网金融等）客户开放的行业解决方案，如阿里金融云服务实现了快捷支付，很多企业如苏宁、腾讯等均推出了自己的金融云服务。

4. 教育云

教育云实质上是教育信息化的一种发展，利用教育云，可以将所需要的任何教育硬件资源虚拟化，然后将其传入互联网，以向教育机构和老师、学生提供一个方便快捷的平台。现在流行的教育云的应用是慕课（Massive Open Online Courses，MOOC），常见的MOOC平台有中国大学MOOC、学堂在线等。

二、大数据技术

（一）大数据的概念

大数据（Big Data）又称巨量资料，是指数据体量达到了一定的级别，用现有的算法和工具无法在合理的时间内给予处理的数据。大数据包含结构化、半结构化和非结构化数据，但关注点主要在非结构化数据上。

（二）大数据的特点

大数据有以下五个特点。

1. 大体量（Volume）

大数据的数据体量从数百TB（TB是存储单位，称太字节，8个二进制位为1个字节，

1TB=2^{40}字节）到数百 PB（拍字节，1PB=1024TB），甚至数百 EB（艾字节，1EB=1024PB）。

2. 多样性（Variety）

多样性体现在大数据包括各种格式和形态的数据。

3. 高速性（Velocity）

高速性是指很多大数据需要在一定的时间限度下得到及时处理。

4. 真实性（Veracity）

真实性是指大数据的处理结果要保证真实和准确。

5. 大价值（Value）

大数据包含很多深度价值，对大数据的分析挖掘和利用将带来巨大的商业价值。但是在大体量的数据中有价值的信息是稀疏的，即价值密度低，这也给开发和利用大数据增加了难度。

（三）大数据的应用

1. 医疗大数据

大数据在医疗领域的应用，如临床数据对比、实时统计分析、病人的数据分析、就诊行为分析等，可以辅助医生进行临床决策，提高医生的工作效率。

2. 政府大数据

大数据技术，可以使政府了解社会的发展变化需求，从而使行政决策更加科学化，公共服务更加精准化，资源配置更加合理化。

3. 电商大数据

通过对用户精准的数据分析，电商可以更好地了解用户的需求，给用户提供个性化推荐，制定合理的营销策略，提高营销成功率。

4. 教育大数据

通过大数据进行的学习分析，能够为每位学生量身定制个性化课程，做到因材施教。

5. 金融大数据

在用户画像的基础上，金融机构可以根据用户的特征（如年龄、资产规模、信用、理财偏好、风险偏好等），对用户进行精准定位，分析出潜在的金融服务需求，如银行根据用户的特点给用户推荐合适的投资理财产品。

本章小结

数据组织是把需要处理的数据，按照一定的方式和规则进行归并，以一定的形式存储于各种介质中并进行处理的过程。数据组织有物理层、逻辑层、概念层和外部层四个层次。

数据结构是信息处理中的一个重要概念，它包括数据的存储结构及结构上的运算或者操作，数据结构分为数据的物理结构和逻辑结构。

从连接的角度来看，计算机网络就是通过线路互连起来的、自治的计算机集合，确切地说，就是将分布在不同地理位置上的具有独立工作能力的计算机、终端及其附属设备用通信设备和通信线路连接起来，并配置网络软件，以实现计算机资源共享的系统。计算机网络的主要功能之一是数据通信。

云计算技术与大数据技术用于数据的处理与挖掘，云计算又称网格计算，是分布式计算的一种，它是指将巨大的数据计算处理程序分解成若干个小程序，然后通过由多台服务器组成的系统进行处理和分析，得到结果后将结果返回给用户。大数据又称巨量资料，是指数据体量达到了一定的级别，用现有的算法和工具无法在合理的时间内给予处理的数据。大数据包含结构化、半结构化和非结构化数据。大数据有大体量、多样性、高速性、真实性、大价值五个特点，大数据在医疗、电商、教育、金融等领域都有广泛的应用。

习题

一、单项选择题

1. 如果用户对数据的操作主要是进行查询而不经常修改（包括插入、删除），这种数据最适合用（　　）来存储。
    A．链接存储　　　　　　　　　B．顺序存储
    C．索引存储　　　　　　　　　D．散列存储
2. OSI 参考模型中衔接高、低层的一个接口层是（　　）。
    A．数据链路层　　　　　　　　B．网络层
    C．传输层　　　　　　　　　　D．会话层
3. 根据 IP 地址获取 MAC 地址的协议是（　　）。
    A．反向地址转换协议　　　　　B．地址解析协议
    C．传输控制协议　　　　　　　D．简单网络管理协议

二、多项选择题

1. 数据的逻辑结构是指数据对象中数据元素之间的逻辑关系，有线性结构和非线性结构两种。以下属于非线性结构的是（　　）。

    A．受限线性表　　　　　　　　B．集合
    C．网络　　　　　　　　　　　D．树
    E．图

2. 大数据的特点有（　　）。

    A．多样性　　　　　　　　　　B．大体量
    C．高速性　　　　　　　　　　D．大价值
    E．真实性

三、判断题

1. 逻辑结构方便用户理解和使用，用户不必了解信息是如何存储在各类存储介质上的。（　　）
2. 面向无连接的服务是数据在交换之前必须先建立连接，然后传输数据，传输结束后终止之前建立的连接的服务，是可靠的连接服务。（　　）

四、填空题

1. 数据组织的四个层次分别是_____、_____、_____、_____。
2. 网络中主要起信源和信宿的作用的节点称_____。
3. OSI 参考模型是七层框架，从下到上将计算机网络分为_____、_____、_____、_____、_____、_____、_____。

五、名词解释

1. 数据组织
2. 计算机网络
3. 云计算
4. 大数据

六、简答题

Extranet 在带来好处的同时，也为企业信息的安全保密带来了麻烦。请简要回答应如何看待这种矛盾。

七、拓展阅读

云计算的核心技术

近年来，云计算技术已经深入应用教育、金融、科技、工业、农业等多个领域并影响着我们的工作、生活、娱乐。云计算是对"云"这个庞大的可容纳海量资源的资源池中资源进行的一场大整合，以服务的形式提供给用户，用户按需获取相应的 IT 服务。

那么云计算是如何整合如此庞大的网络数据资源和各种硬件、网络设备、软件系统等资源的呢？支撑云计算实现的核心技术有以下几个。

1. 分布式技术

利用分布式技术，可以把数据资源存放在不同的物理设备中，一般要有备用设备，当一个设备出现故障时，可以使用备用设备。分布式技术摆脱了物理设备的限制，提高了存储的拓展性，能高效快速地处理海量数据。当用户有需求时，可以直接从对应的设备中获取数据以响应用户的需求。在实际工作中，企业可以利用多台存储服务器分担存储负荷，利用位置服务器定位存储信息。分布式技术不但提高了系统的可靠性、可用性和存取效率，还易于扩展。

2. 虚拟化技术

虚拟化技术主要是面向 IT 服务的基础架构层 IaaS 进行应用，如机房基础设施、计算机网络、磁盘柜、服务器虚拟机（CPU、硬盘、网卡）等。虚拟化就是在软件中利用仿真技术对计算机硬件进行多变少、少变多的虚拟化操作，如把一台性能强大的服务器虚拟成多个独立的小服务器，再服务于不同的用户，或者将多个服务器虚拟成一台强大的服务器，完成特定的功能。

虚拟化技术是云计算中常见的基本技术，是用虚拟资源为用户提供服务的计算形式。虚拟化的优点是能够增强系统的弹性和灵活性，降低成本，改进服务，提高资源利用效率。

第六章

数据管理与数据库

学习目标

1. 了解数据管理的概念和发展;
2. 了解数据库的定义和使用数据库的原因;
3. 掌握数据库的特点和操作;
4. 掌握数据库管理系统的组成;
5. 掌握关系模式规范化的原则和如何构建符合 3NF 的关系模式;
6. 掌握将 E-R 图转换为关系模式的方法。

第一节　管理信息系统的数据管理

一、数据管理概述

（一）数据管理的概念和发展

数据管理是为了充分有效地发挥数据的作用而利用计算机硬件和软件技术进行数据的收集、存储、处理和应用的过程，数据组织是实现数据有效管理的关键。数据管理的发展经历了三个阶段：人工管理阶段、文件系统阶段、数据库系统阶段。

1. 人工管理阶段（20世纪50年代中期以前）

这一阶段，数据管理具有以下四个特征。

（1）数据不能长期保存

这一阶段，存储设备（纸带、磁带）的容量空间有限，一般无法将数据长期保存。

（2）数据不由专门的应用软件来管理

数据不由专门的应用软件来管理，而是由使用数据的应用程序来管理，因此，程序员在编写软件时，既要设计程序逻辑结构，又要设计物理结构及数据的存取方式。

（3）不能共享数据，数据冗余度高

每个应用程序都是独立的，一组数据只能对应一个应用程序，各应用程序间的数据是不能共享的，相同的数据在不同的应用程序重复存放，数据冗余度高。

（4）数据不具有独立性

数据是面向应用程序的，不独立。应用程序一旦发生改变，数据的逻辑结构或物理结构就会相应地发生变化，这时如果程序需要修改，那么数据结构也要相应修改，不但给程序员增加了工作量，也增大了出错的概率。

2. 文件系统阶段（20世纪50年代后期至20世纪60年代中期）

这一阶段，计算机的软硬件都有很大的发展，硬件方面已经有了磁盘、磁鼓等可以直接存取数据的存储设备，可以相对长期地存放数据；软件方面也有了专门的数据管理软件（一般称文件系统）。

这一阶段，数据可以长期保存，数据和程序有了一定的独立性，但数据共享能力还是较差，该阶段是数据库发展的初级阶段。

3. 数据库系统阶段（20世纪60年代后期以来）

数据库系统是统一管理数据的专门软件系统，用数据库系统来管理数据比用文件系统更有优势。从文件系统到数据库系统的演变，标志着数据库管理技术的飞跃。

（二）数据管理的内容

就数据管理的内容而言，有些注重数据治理活动，确保组织对数据做出合理的、一致的决策；有些注重数据生命周期活动，对从数据获取到数据消除的整个过程进行管理；有些注重数据基础活动，包括数据的管理、维护和使用等。

1. 数据治理活动

数据治理活动主要包括以下内容。
① 建立数据战略。
② 设置相关原则。
③ 数据管理专责。
④ 定义数据在组织中的价值。

2. 数据生命周期活动

数据生命周期活动主要包括以下内容。
① 数据架构。
② 数据建模。
③ 构建和管理数据仓库和数据集市。
④ 集成数据，供数据科学家和商务智能分析师使用。
⑤ 管理关键的共享数据的生命周期，如参考数据和主数据。

3. 数据基础活动

数据基础活动主要包括以下内容。
① 数据保护。
② 元数据管理（理解和使用数据所需的知识）。
③ 数据质量管理。

数据基础活动必须作为规划和设计的一部分加以考虑，并且必须在操作上能够落地。另外，这些活动需要得到相关数据治理部门的支持，同时也应该成为促使数据治理成功的因素。

元数据和主数据是数据管理中常见的两种数据，它们既有联系又有区别。

1. 元数据（Metadata）

（1）元数据的概念

元数据是描述数据的数据，是对数据及信息资源的描述性信息，是最接近自然意义的数据。数据表中大部分属性字段都是元数据，如姓名、性别、籍贯、出生日期等。

（2）元数据的分类

按用途不同，元数据可以分为业务元数据和技术元数据。
① 业务元数据。

业务元数据能提供基于用户的信息，如记录数据项的业务描述信息的元数据能帮助用户使用数据。

② 技术元数据。

技术元数据能支持系统对数据的管理和维护,如关于数据项存储方法的元数据能支持系统以最有效的方式访问数据。

(3) 元数据机制支持的系统管理功能

① 描述哪些数据在数据仓库中。
② 定义要进入数据仓库中的数据和从数据仓库中产生的数据。
③ 记录随业务事件发生而进行的数据抽取工作的时间安排。
④ 记录系统数据一致性的要求和执行情况。
⑤ 衡量数据质量。

(4) 元数据的基本管理

① 元模型管理。

通过可视化的用户体验,实现元模型添加、删除、修改、发布等维护功能,了解已有元模型的分类、统计、使用情况、变更追溯,对每个元模型的生命周期进行管理等。

② 元数据管理。

元数据管理实现针对元数据的基本管理功能,包括:元数据的添加、删除、修改属性等维护功能;元数据之间关系的建立、删除和跟踪等关系维护功能;提供元数据发布流程管理,以更好地管理和跟踪元数据的整个生命周期;元数据自身质量核查、元数据查询、元数据统计、元数据使用情况分析、元数据变更、元数据版本和生命周期管理等功能。

③ 元数据分析。

元数据分析主要实现针对元数据的基本分析功能,包括血缘分析(血统分析)、影响分析、实体关联分析、实体影响分析、主机拓扑分析、指标一致性分析等。

2. 主数据(Master Data)

主数据又称基准数据,是指系统间的共享数据,如供应商、客户、账户和组织部门之间的相关数据。

与记录业务活动的波动较大的交易数据相比,主数据变化缓慢。在正规的关系数据模型中,交易记录(如订单)可通过关键字(如订单头、产品代码或者发票编号)调出主数据。

主数据必须存在并正确维护,才能保证交易系统的参照完整性。

从报告或维度建模角度看,主数据是基于其组织或配置指标的维度或层次,而不是实际情况或其自身测量结果。例如,收入、成本和利润是实际情况,而供应商、客户、时间、地点是维度。

3. 主数据和元数据的关系

主数据跟元数据的关系就像一本书的正文和目录,元数据就是书的目录,是索引,主数据是书里的正文,是实际有用的数据,元数据(目录)能方便读者找到主数据(正文)。

（三）数据管理的流程

数据管理的流程是一个闭环，由数据收集、数据加工、数据应用和数据维护四大板块构成。

1. 数据收集

数据收集是指根据系统自身的需要和用户的需求，按照一定的标准或规范收集相关的数据。常用的数据收集方法有以下五种。

（1）调查法

调查法是为了达到设想的目的，制订某项计划，全面或比较全面地收集研究对象的某方面情况的各种材料，并综合分析得出某一结论的研究方法。常用的调查方法有普查和抽样调查两种。

（2）观察法

观察法是指通过开会、深入现场实地采样、参加生产和经营、现场观察并准确记录调研情况来收集相应的数据。

（3）实验法

实验法是指通过实验获取相应的信息或结论，这是一种很有效的收集数据的方法。

（4）文献法

文献法又称历史文献法，是指通过搜集、阅读、整理、分析有关文献材料，形成对事实的科学认识的方法，文献法主要是书面调查，是获取历史数据的最便捷和有效的方法。

2. 数据加工

数据加工是指对收集到的原始数据进行进一步处理，以便于后续的分析和应用。常见的数据加工方法有以下五种。

（1）数据清洗

数据清洗是指对在采集、传输和存储过程中出现的存在异常、重复、缺失等问题的数据进行处理。对于异常的数据，一般采取删除或用正确数据替换等方法；对于重复的数据，一般采用删除、合并、去重等方法；对于缺失的数据，可以采用默认值填充、平均值填充等方法。

（2）数据转换

数据转换一般包括格式的转换和类型的转换，其目的是方便后面的分析及应用。比如，将不同的日期格式调整成一致的格式，将数值类型转换为文本类型。

（3）数据重组

数据重组是指将原始数据按照特定的方式进行组合或切分，以便于后续分析。重组方法有分组汇总、透视表、合并等。

（4）数据离散化

数据离散化是指将连续的数值型数据（如声音数据）转换为离散的数据，以便更好地进行分析和应用。

(5)数据归一化

数据归一化是指将所有的数据映射到同一尺度，取消各维数据之间的数量级差别，统一量纲，防止小数据被吞噬（忽略）。常用的数据归一化方法有以下三种。

① 最小-最大归一化。

最小-最大归一化也称 0-1 归一化，是通过对原始数据的线性变换，把所有数据映射到[0,1]区间。最小-最大归一化的公式是：

$$x_{归一化值} = \frac{x_{原始值} - X_{\min}}{X_{\max} - X_{\min}}$$

式中，$X_{\min}$ 和 $X_{\max}$ 分别表示所有数据中的最小值和最大值，通过变换，所有数据都被转换到[0,1]区间。

这种方法适用于分布有明显边界的情况，但是其受离群值的影响比较大。离群值（Outlier）又称逸出值，是指在数据中有一个或几个数值与其他数值差异较大。比如，分析的数据大部分是在几十万到一百万之间，但是有几个数据却是几千万，与其他数据差别很大。

② 均值方差归一化。

均值方差归一化是把所有数据归一化到均值为 0，方差为 1 的分布中。均值方差归一化的公式是：

$$x_{归一化值} = \frac{x_{原始值} - \overline{X}}{S}$$

式中，$\overline{X}$ 表示所有原始数据的均值，S 表示方差。

若原始数据的值大于原始数据的均值，则归一化后会得到一个正数，反之会得到一个负数，从而缓解了数量级过大，即使通过最小-最大归一化还是有较大差别的问题。

这种方法适用于数据分布没有明显的边界，或者即使有明显边界，但存在极端的数据值的情况。

③ 通过函数转换归一化。

第一种：log 函数转换。

通过以 10 为底的 log 函数转换实现归一化，具体的公式是：

$$x_{归一化值} = \frac{\log_{10} x}{\log_{10} X_{\max}}$$

式中，$X_{\max}$ 表示所有数据中的最大值。

这种方法要求所有数据的值都大于或等于 1。

第二种：arctan 函数转换。

这种方法是通过反正切函数实现归一化，具体的公式是：

$$x_{归一化值} = \arctan x_{原始值} \times \frac{2}{\pi}$$

用这种方法进行归一化，大于或等于 0 的数据被映射到[0,1]区间，而小于 0 的数据被映射到[-1,0]区间。

第三种：Sigmoid 函数转换。

Sigmoid 函数是常用的一种非线性函数，由于函数的形状像字母 S（示例如图 6-1 所示），因而又称 S 形生长曲线。其公式是：

$$S(x) = \frac{1}{1+e^{-x}}$$

用这种方法可以将数据映射到[0,1]区间。

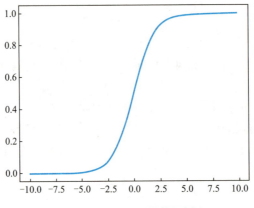

图 6-1 Sigmoid 函数示例

这种方法的特点是输入的 x 的值越大，输出的 $S(x)$ 的值越接近 1；输入的 x 的值越小，输出的 $S(x)$ 的值越接近 0。

3．数据应用

数据的收集、加工都是为数据应用做准备的，数据的应用主要体现在两个方面：数据检索和数据分析。

（1）数据检索

数据检索是指把存储在数据库中的数据根据用户的需求提取出来。数据检索包括数据排序和数据筛选两项操作。所谓数据排序，就是按照实际需要，把数据按一定的顺序（如升序或降序）排列展示出来。所谓数据筛选，就是根据给定的条件（称筛选条件，可以是一个或多个条件），从表中查找满足条件的记录并且显示出来，不满足条件的记录就不显示。

常用的数据检索方法有顺序检索、对分检索和索引查询。顺序检索是按照数据的存储顺序逐个与待查找的数据进行比较。对分检索又称二分检索，在进行对分检索前数据已排好序（升序或者降序都可以），第一次检索先跟中间位置的数据进行比较，如果相等则检索成功，如果不等，则在其中的一半数据中进行检索，检索的时候重复第一次的操作……每次检索的范围都是上一次的一半，这样就大大提高了数据检索速度。索引查询是建立索引文件并通过主键进行查找，查找的速度也较快。

（2）数据分析

数据分析是指通过分析工具来对数据进行分析处理，发现数据之间的相互关系，发挥数据价值，以指导管理决策。数据分析工具有很多，常见的有 Excel、SPSS、Matlab、SAS、Python、Tableau、R、Qlik Sense、RapidMiner 等。

4. 数据维护

数据维护包括数据内容的维护（保证数据的时效性和有效性，数据无错漏、无冗余、无有害数据）、数据更新、数据逻辑一致性、数据备份、数据恢复等。

二、管理信息系统的数据管理方法

管理信息系统的数据管理非常重要，常用的数据管理方法有以下五种。

1. 数据备份

数据备份可以有效防止数据丢失或损坏，保证数据的安全性。数据备份的方法有手动备份、自动备份、云备份等。为保证数据的完整性和可用性，最好定期备份数据。

2. 数据加密

数据加密是防止数据被未经授权的人访问和窃取，从而保护数据安全的一种方法。常见的数据加密的方法有以下三种。

（1）对称加密

对称加密又称单密钥加密、私钥加密，是一种加密和解密使用相同密钥的加密方法。对称加密算法主要有 DES 算法、3DES 算法、TDEA 算法、Blowfish 算法、RC5 算法、IDEA 算法。

（2）非对称加密

非对称加密又称公钥加密，是一种加密和解密使用不同密钥的加密算法，常见的非对称加密算法有 RSA 算法、ECC 算法等。

（3）哈希加密

哈希加密是指对口令进行一次性的加密处理，形成杂乱字符串。

3. 数据分类

数据分类就是把具有某种共同属性或特征（或者说相同内容、相同性质）的数据归并在一起统一管理。对数据进行分类，可以方便用户快速找到所需数据，提高数据的利用价值。

数据分类要遵循以下五个基本原则。

① 选择数据最稳定的本质特性作为分类的基础和依据。
② 按照系统内在规律形成类目明确的分类标准。
③ 设置的类目可扩充，以保证分类对象增加时，不会打乱已经建立的分类体系。
④ 分类要从实际需求出发，综合各种因素来确定具体的分类原则。
⑤ 分类标准要有兼容性，保证不同分类体系间数据的协调和转换。

数据分类的方法有很多种，如可以按照计量层次、数据来源、时间状况、数据用途等分类。

4. 数据集成

数据集成是指将来自不同数据源的数据整合在一起，使数据能够被统一管理和分析，这有利于用户从中挖掘商机，优化运营，做出更合理的商业决策。

5. 数据可视化

数据可视化是指将相对抽象的数据通过可视的、交互的方式，用直观的图像展示出来，使用户能清晰地发现数据中潜藏的规律。

第二节　数据库、数据库管理系统与数据模型

一、数据库

（一）数据库概述

1. 数据库的定义

数据库（Database）又称数据存储库（Data Store），是一个长期存储在计算机内的，有组织、可共享、统一管理的大量结构化和非结构化的数据的集合。

2. 为什么要使用数据库

如本章第一节所述，文件系统解决了数据管理中的一些问题，但是，随着数据量的不断增大，文件系统越来越无法满足数据管理的需求。具体来说，文件系统阶段数据管理存在以下三个问题。

（1）数据冗余

数据存储时存在多个文件，每个文件中都可能包含相同的文件信息，相同的信息重复存放会占用大量内存，从而造成数据冗余。数据冗余除带来存储空间的浪费问题外，更为严重的是还造成了数据的不一致。

（2）数据独立性差

由于数据不独立于应用程序，因此如果文件结构有修改（如添加、删除、修改字段），就将导致应用程序的修改，数据的独立性很差。

（3）数据文件管理分散，数据之间联系弱

由于数据文件是针对具体部门设计的，数据文件管理分散，文件与文件之间是彼此独立、互不相关的，文件本身不具备自动实现联系的功能，因此数据之间的联系弱。

为了解决以上问题，数据库作为一种专门管理数据的软件就出现了。应用程序不再需要自己管理数据，而是通过数据库软件提供的接口来读写数据。

（二）数据库的类型

根据数据的存储格式不同，数据库可以分为关系型数据库和非关系型数据库。

1. 关系型数据库

关系型数据库是采用关系模型来组织、存储数据的数据库，关系模型可以理解为二维表，而关系型数据库就是由二维表及它们之间的关系所组成的。

关系型数据库中有记录、字段、属性值等常用术语。

（1）记录

表中的一行即一条记录，如表 6-1 中的"2023080811，张三，男，广西南宁"为一条记录。

（2）字段（属性）

数据表中的每一列为一个字段，描述了它所含有的数据的意义。表 6-1 中的"学号""姓名""性别""籍贯"都是属性，描述了一个学生的特征。

（3）属性值

行和列的交叉位置表示某个属性值，如表 6-1 中的"张三""男"分别是姓名和性别的属性值。

表 6-1　学生信息表

学号	姓名	性别	籍贯
2023080811	张三	男	广西南宁
2023080812	李晓燕	女	湖南长沙

2. 非关系型数据库

（1）非关系型数据库的概念

非关系型数据库泛指那些区别于关系型数据库，去掉关系型数据库的关系型特性的数据库，简称 NoSQL。NoSQL 最常见的解释是 Non-relational，也会被解释为 Not Only SQL。

（2）非关系型数据库的优点

① 易扩展。

非关系型数据库中的数据之间无关系，因此它非常容易扩展。

② 读写性能高。

非关系型数据库具有非常高的读写性能，尤其是在较大数据量的情况下。这种特性得益于数据之间的无关系性。

（3）常见的非关系型数据库

① 键值存储数据库。

键值存储数据库需要用到一个有特定的键和一个指针指向特定的数据的哈希表。常见的键值存储数据库有 Tokyo Cabinet/Tyrant、Redis、Voldemort、Oracle BDB 等。

② 列存储数据库。

列存储数据库通常用来应对分布式存储的海量数据。该数据库中仍然存在键，但是指向多个列。常见的列存储数据库有 Cassandra、Hbase、Riak 等。

③ 文档型数据库。

文档型数据库与键值存储数据库类似，可以看作键值存储数据库的升级版，它允许嵌套键值，在处理网页等复杂数据时，文档型数据库比键值存储数据库的查询效率更高。常见的文档型数据库有 CouchDB、MongoDB、SequoiaDB 等。

④ 图形数据库。

图形数据库使用灵活的图形模型，并且能够扩展到多个服务器上，进行数据库查询时需要建立数据模型。常见的图形数据库有 Neo4J、InfoGrid、InfiniteGraph 等。

（三）数据库的特点

1. 数据的独立性高

数据的独立性是指应用程序和数据结构之间相互独立、互不影响，即数据的定义从应用程序中分离出来，应用程序通过统一的接口来访问和操作数据，而不需要了解数据的具体存储方式和结构。当数据库有修改时，不需要修改应用程序，大大减少了应用程序的维护和修改工作。

2. 整体结构化

整体结构化是指在数据库中的数据不再仅针对某个应用程序，而是面向全组织，数据之间是有联系的，数据可以被多个用户、多个应用程序共享。

3. 数据的共享性高，冗余度低，方便扩充

由于数据库中的数据是面向整体的，数据可以被多个用户、多个应用程序共享，因此数据库可以节约存储空间，冗余度低。同时，由于数据和应用程序是相互独立的，可以方便进行扩充。

（四）数据库的操作

数据库的操作主要有三大类：一是针对数据库的操作，包括创建、查看、修改、删除数据库；二是针对表结构的操作，包括创建、修改、删除、查询数据表等；三是针对表中数据的操作，包括数据的增加、删除、修改、查询等。我们一般使用结构化查询语言（Structured Query Language，SQL）来实现这些操作，本节中对数据库的操作用到的命令都是 SQL 语句。

1. 对数据库的操作

（1）创建数据库

创建数据库就是在数据库系统中划分一块存储数据的空间，语法格式为：

```
CREATE DATABASE 数据库名称;
```

例如，要创建一个名称为 student 的数据库，命令如下：

```
CREATE DATABASE student;
```

数据库名称像身份证号一样，是一个数据库的标识。

（2）查看数据库

通过查看数据库操作，可以查看数据库系统中创建了哪些数据库，语法格式为：

```
SHOW DATABASES;
```

也可以查看某个已经创建好的数据库的信息，语法格式为：

```
SHOW CREATE DATABASE 数据库名称;
```

例如，要查看创建好的数据库 student 的信息，命令如下：

```
SHOW CREATE DATABASE student;
```

（3）修改数据库

如果想修改数据库，可以使用 ALTER DATABASES 语句实现，ALTER DATABASES 支持更改数据库名称、文件组名称，以及数据文件和日志文件的逻辑名称。

（4）删除数据库

删除数据库就是将数据库系统中已经存在的数据库（包括数据库中的所有数据）删除。数据库被删除后，原来分配给数据库的空间也被回收，删除数据库的语法格式为：

```
DROP DATABASE 数据库名称;
```

例如，删除名称为 student 的数据库，命令如下：

```
DROP DATABASE student;
```

2. 对数据表的操作

（1）创建数据表

创建数据表就是在已经创建好的数据库中建立新表。在创建数据表时，需要指定数据表的名称、字段名、数据类型、长度、约束条件等。例如，在 student 数据库中创建表 StuInf，用来存放学生的基本信息，建立该表的命令如下：

```
CREATE TABLE StuInf (
    sid CHAR(10) PRIMARY KEY,
    sname VARCHAR(20) NOT NULL,
    age SMALLINT,
    gender CHAR(2),
    address VARCHAR(50),
    department VARCHAR(20)
);
```

（2）修改数据表

建立数据表后，可以根据实际需要对数据表的结构和属性进行修改，包括添加新字段、修改字段的数据类型、增加约束条件等。

① 添加新字段。

例如，在 StuInf 表中添加一个名为 tel 的新字段，用来存放手机号码，数据类型为字符串型，长度为 11。命令如下：

```
ALTER TABLE StuInf ADD COLUMN tel VARCHAR(11);
```

② 修改字段的数据类型。

例如，将 StuInf 表中的 age 字段的数据类型修改为浮点型，命令如下：

```
ALTER TABLE student MODIFY COLUMN age FLOAT;
```

③ 增加约束条件。

一般来说，共有以下五大约束条件。

a. 主键约束（Primay Key Constraint）：唯一性，非空性，最多可以指定 16 个列为主键，设置 1～2 个最为常见。

b. 唯一约束（Unique Constraint）：唯一性，可以空，但只能有一个。

c. 检查约束（Check Constraint）：对某列数据的范围、格式的限制（如年龄不能超过 20，性别只限于女）。

d. 默认约束（Default Constraint）：该数据的默认值，比如，学生都是工商管理学院的，所在院系不填就默认为工商管理学院。

e. 外键约束（Foreign Key Constraint）：定义了数据表与数据表之间的关系。

增加五大约束的语法示例如下。

a. 添加主键约束：

```
ALTER TABLE StuInf ADD CONSTRAINT PK_Sid PRIMARY KEY (sid);
```

b. 添加唯一约束：

```
ALTER TABLE StuInf ADD CONSTRAINT UQ_Sid unique(sid);
```

c. 添加检查约束：

```
ALTER TABLE StuInf ADD CONSTRAINT CK_Sage CHECK (age<=20);
```

d. 添加默认约束（如果所在学院不填就默认为工商管理学院）：

```
ALTER TABLE StuInf ADD CONSTRAINT DF_Sdep DEFAULT('工商管理学院')FOR department;
```

e. 添加外键约束（主表 StuInf 和从表 StuMarks 建立关系，关联字段 sid）：

```
ALTER TABLE StuInf ADD CONSTRAINT FK_Stuim FOREIGN KEY(sid) REFERENCES StuMarks (sid);
```

（3）删除数据表

当数据表已经不再使用或者需要重新设计数据表结构时，可以将数据表删除。例如，删除上面的 StuInf 表的命令为：

```
DROP TABLE StuInf;
```

(4) 查询数据表

可以使用 DESCRIBE/DESC 语句查看表的字段信息，包括字段名、字段的数据类型、是否为主键、是否有默认值等，语法格式如下：

```
DESCRIBE 表名;
```

或者将 DESCRIBE 简写为 DESC，即：

```
DESC 表名;
```

3. 对表中数据的操作

对表中数据的操作主要包括数据的增加、删除、修改、查询。

（1）增加

增加操作又称插入操作，是指将新的数据插入数据库的表中。INSERT INTO 语句可以实现数据的插入，命令有两种语法格式。

① 只需提供被插入的值，无须指定要插入数据的列名，系统会用提供的数据依次作为各列的值，语法格式如下：

```
INSERT INTO table_name
VALUES(value1,value2,value3,…);
```

② 指定列名及被插入的值，语法格式如下：

```
INSERT INTO table_name(column1, column2, column3,…)
VALUES(value1,value2,value3,…);
```

例如：

```
INSERT INTO StuInf VALUES ('2020421001','张三',19,'男', '广西南宁市','工商管理学院');
```

（2）删除

删除操作又称擦除操作，是指从数据库中删除数据。删除表中的记录用 DELETE 语句实现，语法格式如下：

```
DELETE FROM table_name
WHERE condition;
```

例如：

```
DELETE FROM StuInf WHERE sid='2020421001';
```

需要注意的是，如果命令不带 WHERE，则将表中所有记录删除，只剩一个空表。

（3）修改

修改操作又称更新操作，是指更新已存在的记录。用 UPDATE 语句实现，语法格式如下：

```
UPDATE table_name
SET column1= value1, column2= value2,…
WHERE condition;
```

例如：

```
UPDATE StuInf SET department ='计算机学院' WHERE sid='2020421001';
```

需要注意的是，如果命令不带 WHERE，则会修改表中所有记录对应的列，例如：

```
UPDATE Websites
SET allexa=5, site-name= 'Baidu.com';
```

执行上述命令会将 Websites 表中所有记录的 allexa 都改为 5，site-name 都改为 Baidu.com。

```
UPDATE StuInf SET age=18,department ='计算机学院';
```

执行上述命令会将 StuInf 表中所有记录的 age 都改为 18，department 都改为'计算机学院'。

因此，执行此命令时要慎重。

（4）查询

查询操作是指从数据库中检索出符合条件的数据。

查询数据表是用户使用数据库表时使用最多的操作。通过查询数据表，用户可以获取数据表中的数据，然后进行统计分析、生成报表，为决策提供参考。常见的查询数据表的操作有以下三个。

① 查询数据表中所有数据，例如：

```
SELECT * FROM StuInf;
```

执行上述命令可以查询 StuInf 表中的所有数据。

② 查询指定字段的数据，例如：

```
SELECT sname, department FROM StuInf;
```

执行上述命令可以查询 StuInf 表中字段是 sname、department 的数据。

③ 查询满足条件的数据，例如：

```
SELECT * FROM StuInf WHERE department ='工商管理学院';
```

执行上述命令可以查询 StuInf 表中 department 字段是'工商管理学院'的数据。

二、数据库管理系统

（一）数据库管理系统的定义

数据库管理系统（Database Management System，DBMS）是一种系统软件，用于操纵和管理数据库。

通过 DBMS，用户可以访问数据库中的数据，数据库管理员可以对数据库进行维护。大多数 DBMS 提供数据定义语言（Data Definition Language，DDL）和数据操作语言（Data Manipulation Language，DML），供用户对数据库进行相关的操作。其中，DDL 负责数据结构定义与数据库对象定义，由 CREATE、ALTER 与 DROP 三个语法组成；DML 主要用于数据库操作，以 INSERT、UPDATE、DELETE 三种指令为核心。

常见的数据库管理系统有 MySQL、Oracle、SAP HANA Cloud、SQL Server、Sybase、Access 等。

（二）数据库管理系统的组成

1. 数据库管理系统软件

数据库管理系统软件是用于管理和维护数据库的工具。

2. 数据库服务器

数据库服务器是用于存储和处理数据的计算机系统，它是数据库的最终用户和管理员所使用的工具。

3. 数据库用户

数据库用户是指使用数据库的用户，他们访问和管理数据库可以通过两种形式的界面：命令行界面（Command Line Interface，CLI）和图形用户界面（Graphical User Interface，GUI）。

命令行界面又称字符用户界面（Charateral User Interface，CUI），通常不支持鼠标，用户需要通过键盘输入指令，计算机接收到指令后，予以解释和执行。这种方式对用户的要求较高。

图形用户界面允许用户使用鼠标等输入设备操纵屏幕上的图标或菜单选项来完成操作，这种方式用户使用起来比较容易。

4. 数据库表

数据库表是用来存储和管理数据库中的数据的单元，它们是关系数据库的基本组成部分。

5. 索引

在数据库中查询数据时，通过索引，用户可以更快地找到数据。

6. 查询和视图

查询和视图是在数据库中执行查询和视图操作的工具，它们可以帮助用户更方便地使用数据。

7. 存储过程和触发器

存储过程和触发器是用于管理和执行存储过程和触发器的工具，它们可以帮助用户更方便地管理和执行存储过程和触发器。

8. 事务管理

事务管理是指管理和确保事务执行和提交的过程。

(三)数据库管理系统的功能

数据库管理系统的主要功能包括以下四个。

1. 数据库定义

数据库管理系统使用数据定义语言(DDL)来创建和更改数据库结构,可以帮助用户定义表、视图、索引、存储过程、函数等。

2. 数据库建立和维护

用户可以通过重建索引、定期备份数据库等操作,优化数据库,维护数据库的性能。

3. 数据库保护

数据库保护又称数据库控制,是通过以下四方面实现的。
① 防止数据库被非法使用,造成数据泄露、更改或破坏的安全性控制。
② 保证数据库中的数据的正确性、有效性、相容性的完整性控制。
③ 防止多个用户同时存取同一数据,造成数据不一致的并发性控制。
④ 将数据库从错误的状态恢复到某一已知的正确状态的数据恢复。

4. 数据库操纵

数据库操纵是指通过 SQL 语句来实现对数据库中的数据进行增加、删除、修改和查询等操作。

(四)数据库管理系统的分类

1. 按照数据模型分类

按照数据模型不同,数据库管理系统可分为以下四类。

(1)关系型数据库管理系统

关系型数据库管理系统(Relational Database Management System,RDBMS),是管理关系数据库并对数据进行逻辑组织的系统。关系型数据库管理系统是最常用的数据库管理系统,有 Oracle、MySQL、SQL Server、PostgreSQL、IBM Db2、Informix、Sybase 和 Ingres 等。

(2)面向对象数据库管理系统

面向对象数据库管理系统(Object-Oriented Database Management System,OODBMS),是支持将数据当作对象来模拟和创造的一种数据库管理系统。常见的面向对象数据库管理系统有 ObjectStore、GemStone、Objectivity/DB 等。这些面向对象数据库管理系统都具有高性能、可扩展性、可靠性和易用性等优点,适用于多种应用场景,如企业应用、物联网、游戏开发等。

(3)层次型数据库管理系统

层次型数据库管理系统(Hierarchical Database Management System,HDBMS),又称分层数据库管理系统,是按记录来存取数据的,记录之间的关系是层次关系。

（4）网络数据库管理系统

网络数据库管理系统（Network DataBase Management System，NDBMS），是采用图状结构存储数据的数据库管理系统。

2. 按照数据结构分类

按照数据结构不同，数据库管理系统可分为以下四类。
① 索引数据库管理系统。
② 文本数据库管理系统。
③ 图形数据库管理系统。
④ 多媒体数据库管理系统。

3. 按照使用场景分类

按照使用场景不同，数据库管理系统可分为以下三类。
① 企业级数据库管理系统。
② 移动设备数据库管理系统。
③ 物联网数据库管理系统。

4. 按照数据分布方式分类

按照数据分布方式不同，数据库管理系统可分为以下三类。
① 集中式数据库管理系统。
② 分布式数据库管理系统。
常见的分布式数据库管理系统有 Hadoop、HBase、Cassandra、MongoDB 等。
③ 云数据库管理系统。

5. 按照使用方式分类

按照使用方式不同，数据库管理系统可分为以下三类。
① 开源数据库管理系统。
常见的开源数据库管理系统有 MySQL、PostgreSQL、IBM DB2、MongoDB、Redis、Neo4j、OrientDB、CouchDB、Hadoop 等。
② 商业数据库管理系统。
③ 自主研发数据库管理系统。
每种数据库管理系统都有其特点和适用场景。在选择数据库管理系统时，需要根据实际需求和应用场景来选择最适合自己的数据库管理系统。

三、数据模型

（一）数据模型的定义、内容和分类

1. 数据模型的定义

数据模型（Data Model）是数据特征的抽象，是对客观事物及其联系的数据化描述。

2. 数据模型的内容

数据模型的内容包括以下三个部分。

（1）数据结构

数据结构主要描述数据的类型、内容、性质以及数据之间的联系等。

（2）数据操作

数据操作主要描述在相应的数据结构上的操作类型和操作方式。

（3）数据约束

数据约束主要描述数据结构内数据之间的语法、词义联系，它们之间的制约和依存关系，以及数据动态变化的规则。

3. 数据模型的分类

按照应用层次不同，数据模型可分为概念数据模型、逻辑数据模型和物理数据模型。

（1）概念数据模型

概念数据模型（Conceptual Data Model），简称概念模型，是面向数据库用户的现实世界的模型，主要用来描述现实世界的概念化结构，与具体的数据库管理系统无关。

（2）逻辑数据模型

逻辑数据模型（Logical Data Model），简称数据模型，此模型既要面向用户，又要面向系统。层次模型、网状模型、关系模型是最常见的三种逻辑数据模型。

（3）物理数据模型

物理数据模型（Physical Data Model），简称物理模型，是面向计算机物理表示的模型，每一种逻辑数据模型在实现时都对应一种物理数据模型，这个工作大部分是由系统自动完成的。

下面将主要讲述概念数据模型和逻辑数据模型。

（二）概念数据模型

1. 信息的描述

数据库管理系统是面向机器的，应用是面向现实世界的，如何将现实世界映射到机器以解决现实问题？直接映射比较困难，因而需要在两者之间架起一座桥梁——信息世界。

（1）现实世界

现实世界是存在于人们头脑之外的客观世界，可以是人、物、事件等，它具有一定的特征或表现形式。比如一个学生，有学号、入学时间、专业、学习成绩等特征。

（2）信息世界

信息世界是现实世界在人们头脑中的反映，即对现实世界的抽象、描述。信息世界用来抽象和描述现实世界的术语主要有以下七个。

① 实体。

客观存在并且可以相互区别的"事物"称实体。实体可以是具体的人、物、事件，也可以是抽象的事件。比如，一个学生，一张桌子，一次选课的情况。

② 属性。

实体所具有的某种特性称属性,如学生的学号、课程的名称、产品的销售额等。

③ 码。

能唯一标识一个实体的属性或属性组的称实体的码,如职工的职工号、供应商的编号等。

④ 域。

某属性的取值范围称该属性的域。比如考试满分为 700 分,学生成绩范围是[0,700],这就是学生成绩这个属性的域。

⑤ 实体型。

实体型是用实体名及其属性名集合来抽象和描述的同类实体,如产品(产品编号、产品名称、规格、生产厂家、单价)。

⑥ 实体集。

同型实体的集合称实体集,如所有的职工、所有的产品等。

⑦ 联系。

客观事物内部以及事物之间的关联称联系,包括单个实体型内部的联系(指组成实体的各属性之间的联系)和实体型之间的联系(指不同实体集之间的联系)。其中,实体型之间的联系一般有三种:一对一联系(记为 $1:1$),一对多联系(记为 $1:n$)和多对多联系(记为 $m:n$)。联系也可以有属性。比如,学生和课程之间存在"选课"联系,选课之后会有一个成绩,"成绩"就是"选课"这个联系的属性;企业与职工之间存在"聘任"联系,聘任之后企业要付职工工资,"工资"就是"聘任"这个联系的属性。

(3) 机器世界

机器世界又称计算机世界,是对现实世界的第二层抽象,即对信息世界中的信息的数据化,将信息用字符、数值等表示。从信息世界到机器世界,需用数据模型来描述。

机器世界用来抽象和描述信息世界的主要术语有以下三个。

① 字段。

字段(Field)对应信息世界的属性,字段名一般与属性名相同。

② 记录。

记录(Record)对应信息世界的实体,是字段的有序集合。

③ 关键字。

关键字(Key)对应信息世界的码。

现实世界、信息世界、机器世界之间的对应关系如图 6-2 所示。

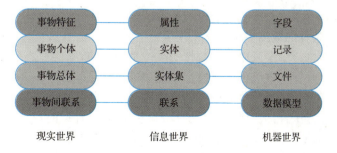

图 6-2　现实世界、信息世界、机器世界之间的对应关系

2. 实体-联系模型（E-R 图）

为了描述实体之间的联系，可采用实体-联系模型（Entity-Relationship Model，简称 E-R 图）。E-R 图中有三种元素：实体、属性、实体间的联系，分别使用矩形框、椭圆形框和菱形框三种符号，实体或实体间的联系与其属性用短线连起来，有联系的实体也用短线连起来并在短线上标上联系的类型。E-R 图示例如图 6-3 所示。

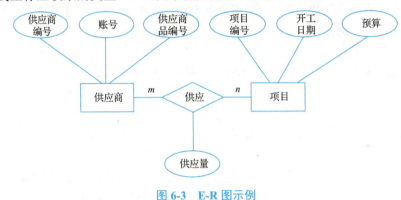

图 6-3　E-R 图示例

（三）逻辑数据模型

1. 层次模型

满足以下两个条件的数据模型称层次模型。
① 有且仅有一个节点无父节点，这个节点称根节点。
② 其他节点有且仅有一个父节点。
同一父节点的子节点称兄弟节点，没有子节点的节点称叶节点。

2. 网状模型

网状模型是一个网络，可以用图来表示。

3. 关系模型

关系模型是一种常用的数据模型，它的数据逻辑结构是一张二维表。
常用的关系术语有以下三个。
① 记录：二维表中每一行称一个记录，或一个元组。
② 字段：二维表中每一列称一个字段，或一个属性。
③ 域：一组具有相同数据类型的值的集合。
满足以下六个条件的数据模型称关系模型。
① 属性同类型性：二维表中每列数据的类型是相同的。
② 属性名唯一性：二维表中的属性名不能相同。
③ 属性的次序无关性：二维表中列的排列顺序可以是任意的。
④ 元组的次序无关性：二维表中行的排列顺序可以是任意的。
⑤ 元组分量的原子性：二维表中的分量是不可再分割的最小数据项，不允许表中有表。
⑥ 元组的唯一性：二维表中的任意两行不能完全相同。

第三节　关系模式与关系模式规范

一、关系模式

关系模式（Relation Schema）是对关系的描述，它可以形式化地表示为 R(U) 或 R(A1, A2, ⋯, An)。其中，R 为关系名，U 为属性名集合，A1，A2，⋯，An 为各属性名，如学生信息（学号，身份证号，姓名，年龄，学院编号）。

属性和属性间数据的依赖关系，涉及以下八个术语。

① 分量：元组的某个属性值。

② 码：表中可以唯一确定一个元组的某个属性（或者属性组）。

③ 候选码：可以唯一标识一个元组的最少的属性集合，如果缺少一个属性就不能确定整行数据，候选码都可能是主码。

④ 主码：从候选码中挑选的其中一个。

⑤ 全码：若关系模式中只有一个候选码，且这个候选码中包含全部属性，则该候选码为全码。例如，关系模式 R（S，C，T），属性 S 表示学生，属性 C 表示课程，属性 T 表示教师。假如学生可以听不同教师讲授的不同课程，某门课程可以由多个教师讲授，一个教师可以讲授多门课程，那么，这个关系模式 R 只有一个候选码，且这个候选码包含全部属性 S、C 和 T。

⑥ 主属性：候选码所有属性的并集。

⑦ 非主属性：没有在任何候选码中出现过的属性就是非主属性。

⑧ 外码：一个属性（或属性组），它（们）不是这个表的码，但是其他表的码。

【例 6-1】有学生信息和学院信息两个关系模式：

学生信息（学号，身份证号，姓名，年龄，学院编号）；

学院信息（学院编号，专业数，教工人数，学生人数）。

在学生信息中，

码：（学号），（身份证号），（学号，身份证号）；

候选码：（学号），（身份证号）；

主码：可以选（学号）作为主码；

主属性：学号，身份证号；

非主属性：姓名，年龄，学院编号；

外码：学院编号。

学院编号不是学生信息表的码，但是学院信息表的码。

二、关系模式规范

关系模式要满足一定的规范化要求。范式（Normal Form，NF）表示关系模式的级别，是衡量关系模式规范化程度的标准。

关系模式规范化的目的是消除存储异常，减少数据冗余，保证数据的完整性和存储效率，便于插入、删除和修改。

关系模式规范化的原则是遵从概念单一化"一事一地"原则，即一个关系模式描述一个实体或实体间的一种联系。规范化的实质就是概念的单一化。

关系模式规范化的方法是将关系模式投影分解成两个或两个以上的关系模式。要求分解后的关系模式集合应当与原关系模式"等价"，即经过自然连接可以恢复原关系而不丢失信息，并保持属性间合理的联系。

目前，关系数据库有六种范式：第一范式（1NF）、第二范式（2NF）、第三范式（3NF）、巴斯-科德范式（BCNF）、第四范式（4NF）和第五范式（5NF）。满足最低规则要求的范式是第一范式（1NF）。在第一范式的基础上进一步满足更多规则要求的为第二范式，以此类推可知，高级范式包含低级范式的全部规则要求。一般来说，在实际操作中满足第三范式就够用了，因此下面将详细介绍前三个范式。

（一）第一范式

如果关系模式 R 的所有属性均为简单属性，即每个属性都是不可再拆分的（称原子性），则称 R 满足第一范式。

例如，表 6-2 所示的关系模式就不符合第一范式，因为"学院专业"拆分为"学院""专业"，不符合每个属性都是不可再拆分的条件。

表 6-2 学生信息

学号	姓名	学院专业	
		学院	专业
2020100345	张宇	工商管理学院	企业管理

改成表 6-3 后就满足第一范式了。

表 6-3 学生信息（满足 1NF）

学号	姓名	学院	专业
2020100345	张宇	工商管理学院	企业管理

（二）第二范式

如果关系模式 R 满足第一范式，并且有主码，同时每一个非主属性完全依赖于主码，则称 R 满足第二范式。所谓完全依赖是指不能仅依赖于主码的一部分属性，也可以这样理解，不能有任何一列与主码没有关系，即一个表只描述一件事情。比如学生（学号，课程编号，姓名，性别，成绩，学分）这个关系模式，假设（学号，课程编号）是主码。可以看出，非主属性中的姓名和性别只依赖于学号，而不依赖于课程编号，不满足每一个非主属性完全依赖于主码的要求，因此这个关系模式不满足第二范式的要求。

【例 6-2】存在这样一个选课关系模式：选课（学号，课程编号，成绩，学分）。其中（学号，课程编号）为主码，经分析，这个关系模式也不满足第二范式的要求。

在应用中使用不满足第二范式的关系模式会引起数据冗余和更新异常（包括修改、插入、删除异常）等问题。

① 数据冗余：假设同一门课有 100 个学生选修，那学分就重复出现 100 次。

② 修改异常：若某课程的学分修改了，则相应的元组学分值都要修改。如果有的元组没有修改，就会出现同一门课学分不同的情况。

③ 插入异常：若现在新开一门课，还没人选修，这样一来主码里的学号就为空，无法插入。

④ 删除异常：学生已经结业，现在要从当前数据库删除选修记录，则此门课及学分也会被一起删除。

出现数据冗余和更新异常的原因是非主属性中的学分仅部分依赖于主码（学号，课程编号），而不是完全依赖。

解决方法是将原来的关系模式分成两个关系模式：选课（<u>学号，课程编号</u>，成绩）和课程（<u>课程编号</u>，学分），它们之间通过选课中的外关键字课程编号相联系，需要时可进行自然连接，恢复原来的关系。

（三）第三范式

如果关系模式 R 满足第二范式，且任何非主属性都直接依赖于主属性而不能传递依赖于主属性，即表中的每一列只与主码直接相关（而不是间接相关），则称 R 满足第三范式。

【例 6-3】存在一个职工信息关系模式，职工信息（职工号，姓名，所在学院，学院名称，学院地址），其中主码是职工号，经分析，该关系模式满足第二范式，但不满足第三范式。非主属性中的姓名、所在学院直接依赖于主属性，但学院名称、学院地址不直接依赖于主属性，而是通过所在学院传递依赖于主属性，也就是说，职工号不直接决定非主属性（学院名称和学院地址）。

解决方法是将原来的关系模式分为两个关系模式：职工信息（<u>职工号</u>，姓名，所在学院）和学院信息（<u>所在学院</u>，学院名称，学院地址）。需要注意的是，职工信息中不能没有所在学院这个外码，否则两个关系之间就失去了联系。

第四节　数据库设计

要构建一个高效、可扩展、易于维护的数据库管理系统，一个重要的步骤是进行数据库设计。数据库设计包括四个步骤，如图 6-4 所示。

图 6-4　数据库设计的四个步骤

一、需求分析

需求分析这一步骤需要明确数据库管理系统的目标和需求，具体需要明确的问题包括以下六个。

① 数据库管理系统的应用场景是什么？
② 需要存储什么样的数据？
③ 数据量是多少？
④ 用户访问数据的频率是多少？访问的方式是什么？
⑤ 数据安全方面有哪些要求？
⑥ 系统可用性方面有哪些要求？

二、概念结构设计

概念结构设计这一步骤需要完成的工作包括以下五项。

① 确定数据模型，即实体与属性之间的关系。比如，一个选课实体可能包含学号、课程编号、任课教师、成绩等属性。
② 确定实体之间的关系。
③ 确定每个实体的主键和外键。
④ 确定各个实体之间的约束条件，如参照完整性约束、域完整性约束等。
⑤ 进行性能优化，如索引优化等。

三、逻辑结构设计

（一）逻辑结构设计的具体工作

逻辑结构设计这一步骤是将概念结构转换成数据库管理系统所需的逻辑结构。具体包括以下五项工作。

① 将实体转化为数据库表，确保表的设计符合数据库设计规范，如第一范式、第二范式、第三范式等。
② 设计数据库架构，如单机版、集群版、分布式版等。
③ 设计合理的数据库索引，提高查询效率和数据访问速度。
④ 设计存储过程和触发器。
⑤ 进行安全性优化。

逻辑结构设计最主要、最常用的一种方法是将 E-R 图转换为关系模式。

(二)E-R 图转换为关系模式的方法

1. 实体集转换为关系

实体集转换为关系的方法是一个实体集对应于一个关系,关系的关系名与实体集同名,关系的属性是实体集的所有属性,关系的主码是实体集的主码。

比如,将图 6-3 所示的 E-R 图中的两个实体(供应商和项目)转换为以下两个对应关系。

① 供应商(供应商编号,账号,供应商品编号),主码:供应商编号、供应商品编号。
② 项目(项目编号,开工日期,预算),主码:项目编号。

2. 联系转换为关系

在将联系转换为关系时,要根据不同的联系方式采用不同的转换方法。

(1)1∶1 联系的转换

将 1∶1 联系的 E-R 图转换为关系有以下两种方法。

① 将 1∶1 联系转换为一个独立的关系(新建一张二维表,这样转换可能会存在冗余)。转换后,与该联系相连的各实体的码及联系本身的属性均转换为关系的属性,每个实体的码均是该关系的候选码。

例如,图 6-5 中的实体"系"和"系主任"是 1∶1 的联系,两个实体对应两个关系,将实体的 1∶1 的联系转换为一个独立的关系,由此可得到以下三个关系:

系(<u>Sdept</u>,……)
系主任(<u>Sno</u>,……)
管理(<u>Sdept</u>,<u>Sno</u>,人数)

图 6-5 系和系主任两个实体的 E-R 图

② 将 1∶1 联系与某一端实体集所对应的关系合并。
合并后关系的属性:加入对应关系的码和联系本身的属性。
合并后关系的码:不变。

还是以图 6-5 为例,如果将实体"系"与实体"系主任"的联系与"系"合并,则得到两个关系:

系(<u>Sdept</u>,……,人数)
其中,主码不变。
系主任(<u>Sno</u>,……)

(2)一对多(1∶n)联系的转换

1∶n 联系的转换方法也有两种。

① 将联系转换为一个独立的关系。
关系的属性:与该联系相连的各实体的码及联系本身的属性。

关系的候选码：n 端实体的码。

② 将联系与 n 端对应的关系合并。

合并后关系的属性：在 n 端关系中加入 1 端关系的码和联系本身的属性。

合并后的码：不变。

这种方法可以减少系统中的关系个数，一般情况下，更倾向于采用这种方法。

例如，图 6-6 所示的 E-R 图，采用第一种转换方法，可得到以下关系：

部门（<u>部门编号 A</u>，……）

职工（<u>职工编号 B</u>，……）

属于（<u>职工编号 B</u>，<u>部门编号 A</u>，联系的属性）

采用第二种转换方法，可得到以下的关系：

部门（<u>部门编号 A</u>，……）

职工（<u>职工编号 B</u>，……，<u>部门编号 A</u>，联系的属性）

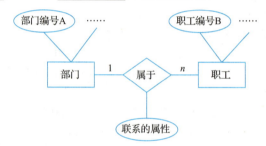

图 6-6　部门和职工两个实体的 E-R 图

（3）多对多（$m:n$）联系的转换方法

关系的属性：与该联系相连的各实体的码及联系本身的属性。

关系的候选码：各实体码的组合。

例如，图 6-7 中的"选修"联系是一个 $m:n$ 联系，可以将它转换为如下关系：

学生（<u>学号</u>，……）

课程（<u>课程编号</u>，……）

选修（<u>学号</u>，<u>课程编号</u>，成绩）

图 6-7　学生和课程两个实体的 E-R 图

（4）三个或三个以上实体间的多元联系的转换

关系的属性：与该联系相连的各实体的码及联系本身的属性。

关系的候选码：各实体码的组合。

例如，图 6-8 中，供应商，项目，零件三个实体间存在一个多元联系"使用"（这里实体的属性省略了，没有画出来）可以转换成以下关系：

供应商（<u>供应商编号</u>，供应商名称，地址，电话）

项目（<u>项目编号</u>，项目名称，开工日期）
零件（<u>零件编号</u>，零件名称，材料，颜色）
使用（<u>供应商编号</u>，<u>项目编号</u>，<u>零件编号</u>，用量）

（5）具有相同码的同一个实体内部的联系的转换

具有相同码的关系模式可合并，以减少系统中的关系个数，可以将其看作一对多联系中的"与 n 端对应的关系合并"。例如，图 6-9 所示的 E-R 图（这里实体的属性省略了，没有画出来），在转换时可将领导关系并入职工关系，将其主码加入。转换后得到的关系是：

职工（<u>职工号</u>，姓名，年龄，专业，领导职工号）

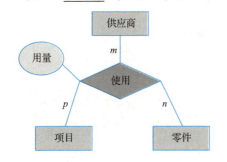

图 6-8　存在多元联系的 E-R 图

图 6-9　具有相同码的同一个实体内部的联系的 E-R 图

四、物理结构设计

物理结构设计是将逻辑设计转换成数据库管理系统所需的物理结构。具体包括以下四项工作。

① 设计合理的数据库分区方案。
② 设计合理的存储安排，优化数据存储结构。
③ 设计合理的备份和恢复方案。
④ 设计合理的性能监控和调优方案。

案例 6-1

某内容管理系统的数据库设计

一、系统简介

1. 系统主要涉及用户

系统主要涉及四种用户，分别为编辑、主编、网站管理员和网站开发者。其中，编辑的权限是向下覆盖的，即上级权限包含下级权限；主编的权限是上级权限。

2. 系统的具体功能

① 新闻编辑：编辑可以拟稿；主编可以后台拟稿、审核、删除。
② 新闻发布：对审核通过的文章进行发布。
③ 栏目管理：网站管理员可以创建栏目并定期维护审查；主编可根据需要分配、删除栏目。

④ 用户管理：网站管理员对用户信息进行记录，并可执行增加、删除、查找、修改功能。

⑤ 管理员登录：提供网站管理员凭证，验证网站管理员信息。

⑥ 用户授权：网站管理员可根据需求对不同用户进行授权。

⑦ 网络模板管理：网站开发者可以制作模板，并为不同栏目定制网页模板。主编可根据新闻类型选择不同的网页模板。

二、数据库设计

数据库设计的 E-R 图如图 6-10 所示。

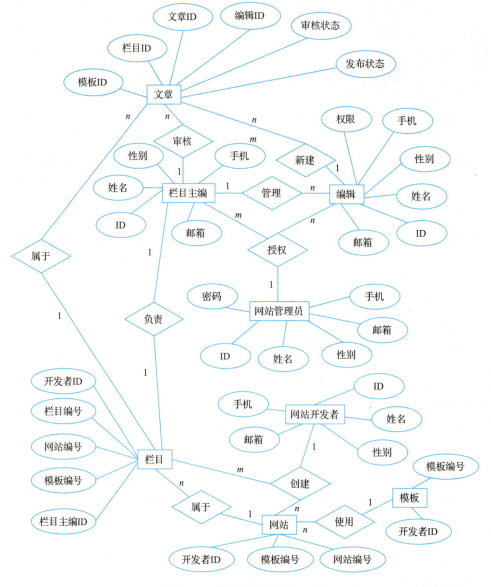

图 6-10　数据库设计的 E-R 图

第五节　数据模式

数据模式是指数据库存放数据的模式，正因为有数据模式，才能构造复杂的数据结构来建立数据之间的内在联系与复杂关系，从而构成数据的全局结构模式。在数据库管理系统中，用户、数据管理员、系统程序员看到的数据形式是不一样的，从用户、数据管理员、系统程序员三种不同的视角，可将数据库结构相应分为三层（称三级模式），模式之间的转换称映射。数据库的分层结构图如图 6-11 所示。

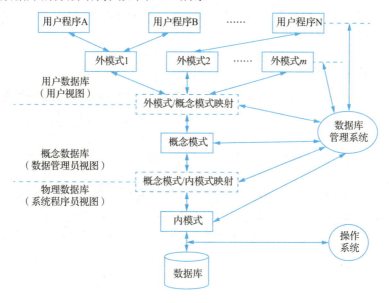

图 6-11　数据库的分层结构图

数据模式给出了数据库的框架结构，而数据库中的数据才是真正的实体，但这些数据必须按框架所描述的结构组织。以外模式为框架所组成的数据库称用户数据库（User's Database），以概念模式为框架所组成的数据库称概念数据库（Conceptual Database），以内模式为框架所组成的数据库称物理数据库（Physical Database）。在这三种数据库中，只有物理数据库是真实存在于计算机外存中的，其他两种数据库并不真正存在于计算机中，而是由物理数据库映射而成。

一、三级模式

（一）外模式

外模式（External Schema），又称子模式或用户模式，用来描述用户看到或者使用的那部分数据的逻辑结构，即各个记录的组成、相互联系、数据的完整性和安全性、数据项的特征等。根据外模式用户数据操作语句或者程序，用户可以操作数据库中的数据。

一个数据库可以有多个外模式，同一外模式也可以为某一用户的多个应用系统所使用，但一个应用程序只能使用一个外模式。每个用户只能看见和访问其所对应的外模式中的数据，而不能看见和访问数据库中的其余数据，因此外模式是保证数据安全性的一个有力措施。

（二）概念模式

概念模式（Conceptual Schema），又称模式或逻辑模式，用来描述整个数据库中的逻辑结构、现实生活中的实体，以及它们之间的联系、约束条件。概念模式是对数据库中全体数据的逻辑结构和特征的描述，是所有用户的公共数据视图。

一个数据库只有一个概念模式，在定义概念模式时不仅要定义数据的逻辑结构（如数据记录由哪些数据项构成，数据项的名字、类型、取值范围等），还要定义与数据有关的安全性、完整性要求，定义数据之间的联系。通常可以使用 DBMS 提供的模式描述语言（子模式 DDL）来严格地定义模式。

（三）内模式

内模式（Internal Schema），又称存储模式（Storage Schema），它是对数据物理结构和存储方式的描述，是数据在数据库内部的表示方式（如记录的存储方式是什么？数据是否压缩存储？是否加密？）。

一个数据库只有一个内模式，建立内模式的目的有两个：一是减少数据冗余和实现数据共享；二是提高存取效率，改善性能。

数据模式的三个层次反映了数据模式的三个不同环境以及它们的不同要求，最下层是内模式，它反映了数据在计算机物理结构中的实际存储形式；中层是概念模式，它反映了设计者的数据全局逻辑要求；最上层是外模式，它反映了用户对数据的要求。

二、两级映射

数据库系统的三级模式是对数据的三个级别的抽象，它把数据的具体物理实现留给物理模式，使用户与全局设计者不必关心数据库的具体物理实现与物理背景。它通过两级映射建立三级模式间的联系与转换，使得概念模式与外模式虽然并不具备物理存在，但是也能通过映射而获得其存在的实体，同时，两级映射也保证了数据库系统中数据的独立性，即数据的物理组织与逻辑概念发生改变也不影响外模式，只需要调整映射方式而不必改变外模式。

（一）外模式到概念模式的映射

概念模式是一个全局模式，而外模式是用户的局部模式。一个概念模式中可以定义多个外模式，而每个外模式是概念模式的一个基本视图。外模式到概念模式的映射给出了外模式与概念模式的对应关系，这种映射一般由 DBMS 实现。

（二）概念模式到内模式的映射

该映射给出了概念模式中数据的全局逻辑结构与数据的物理存储结构间的对应关系，这种映射一般也由 DBMS 实现。

第六节　从数据库获取信息的工具

一、SQL 查询

SQL 是结构化查询语言（Structured Query Language）的简称，它是一种数据库查询和程序设计语言，用于存取数据以及查询、更新和管理关系数据库系统。SQL 是用于操作关系型数据库的标准查询语言，也是常用的查询语言。使用 SQL 进行查询，可以轻松地从一个或多个表中提取数据。

为方便各种查询操作，我们假设已经建好了 student、course 和 secour 三张表并输入了一些数据。学生信息表 student 定义了学号、姓名、出生日期、性别、所属系编号等属性，其中学号为主键，表示为 student（stuno，sname，birthday，gender，deptno）；课程信息表 course 定义了课程编号、课程名称、先修课编号、学时、学分，其中课程编号为主键，先修课编号为外键，表示为 course（cno，cname，cpno，chours，ccredit）；选课表 secour 定义了选课学生的学号、课程编号、课程成绩，其中学号+课程编号为复合主键，表示为 secour（stuno，cno，grade）。

（一）单表查询（只涉及一个表的查询）

1. 查询所有列

查询所有列的语法格式为：

```
SELECT * FROM 表名;
```

或

```
SELECT 列名1,列名2, ……（列出所有列名）FROM 表名;
```

例如，查询 student 表中所有列的信息，有以下两种方法。

```
SELECT * FROM student;
```

或

```
SELECT stuno,sname,birthday, gender,deptno FROM student;
```

以上这两种方法都可以查询表 student 中的所有列，但是执行效率不一样，* 号的执行效率比写列名时的执行效率低，因为 SQL 在执行*号语句时，会先去查数据库中的数据字典，查询 student 这个表都有哪些列，然后查出这张表的所有列的数据。

2. 查询指定列

查询指定列的语法格式为

```
SELECT 列名1,列名2  FROM 表名;
```

【例 6-4】查询 student 表中学生的学号、姓名、出生日期（对应的列名是 stuno，sname，birthday）所用的 SQL 语句是：

```
SELECT stuno,sname,birthday FROM student;
```

3．查询若干元组

【例 6-5】查询选修了课程的学生学号所用的 SQL 语句是：

```
SELECT DISTINCT stuno FROM secour;
```

这里的 DISTINCT 的作用是去重，即相同的学号只保留一个。如果 DISTINCT 后面跟多个列，那么判断重复数据时，只有当所有列的值完全相同时，才会认为其是重复数据。

4．条件查询

查询满足条件的元组，需要通过 WHERE 子句实现，WHERE 子句常用的查询条件的符号和含义如表 6-4 所示。

表 6-4　WHERE 子句常用的查询条件的符号和含义

查询条件的符号	含义
=，>，<，>=，<=，!=，<>，!<，!>，NOT+上述比较运算符	比较
BETWEEN AND，NOT BETWEEN AND	确定范围
IN，NOT IN	确定集合
LIKE，NOT LIKE	字符匹配
IS NULL，IS NOT NULL	空值
AND，OR，NOT	多重条件

【例 6-6】查询 student 表中学号以 23 开头的学生信息，所用的 SQL 语句是：

```
SELECT * FROM student WHERE stuno LIKE '23%';
```

【例 6-7】查询 student 表中学生学号的第二个字符是 2 的学生信息，所用的 SQL 语句是：

```
SELECT * FROM student WHERE stuno LIKE '_2%';
```

这里的 LIKE 表示对字符串进行模糊匹配，有两个点位符："_" 表示通配任意一个字符，"%" 表示通配 0～n 个字符。

【例 6-8】查询 secour 表中成绩在 91 到 95 之间的学生信息，所用的 SQL 语句是：

```
SELECT * FROM secour WHERE grade BETWEEN 91 AND 95;
```

【例 6-9】查询 secour 表中，成绩是 85、90，或者 95 的学生信息，所用的 SQL 语句是：

```
SELECT * FROM secour WHERE grade IN（85,90,95）;
```

5. 排序

使用 ORDER BY 排序关键字对查询结果进行排序，用 ASC 表示升序，DESC 表示降序。

【例 6-10】 查询 student 表中的学生信息，按照学生的学号升序排序，所用的 SQL 语句是：

```
SELECT * FROM student ORDER BY stuno ASC;
```

如果是升序排序，ASC 可以省略，即：

```
SELECT * FROM student ORDER BY stuno;
```

上面两个的效果是一样的。

ORDER BY 后面可以跟多个排序列，含义是先按照第一个排序列排序，如果第一个排序列的值相同，再按照第二个排序列进行排序，如果第二个排序列的值还相同，继续按照第三个排序列进行排序……直到完成对 ORDER BY 后面列出的所有列的排序。

【例 6-11】 查询 secour 表中信息，按照课程编号升序排序，如果课程编号相同，按照成绩的降序排序，所用的 SQL 语句是：

```
SELECT * FROM secour ORDER BY cno ASC, grade DESC;
```

ORDER BY 后面除了可以跟表中的列名，还可以跟 SELECT 和 FROM 之间的查询列的序号，如：

```
SELECT stuno,sname,birthday, gender,deptno FROM student ORDER BY 2,3 ASC;
SELECT stuno,sname,birthday, deptno FROM student ORDER BY 1,4 DESC;
```

6. 聚集

聚集（聚合）是使用 GROUP BY 子句将查询结果按某个列或多个列的值分组，表 6-5 中列出了常见的聚集（聚合）函数及其含义。

表 6-5 常见的聚集（聚合）函数及其含义

聚集（聚合）函数	含义（作用）
COUNT([DISTINCT|ALL]<列名>)	统计个数
SUM([DISTINCT|ALL]<列名>)	求和
AVG([DISTINCT|ALL]<列名>)	平均值
MAX([DISTINCT|ALL]<列名>)	最大值
MIN([DISTINCT|ALL]<列名>)	最小值

【例 6-12】 查询 secour 表中各个课程的课程编号及其选课人数，所用的 SQL 语句是：

```
SELECT cno, COUNT (cno) FROM secour GROUP BY cno;
```

【例 6-13】 查询 secour 表中选修超过 4 门（含 4 门）课程的学生学号，所用的 SQL 语句是：

```
SELECT stuno FROM secour GROUP BY stuno HAVING COUNT (*)>=4;
```

这里 HAVING 的作用跟 WHERE 的作用类似，可以筛选出符合条件的内容，但它们还是有区别的，区别是：①两者的作用对象不同，WHERE 作用对象是表，从中选出满足条件的元组，而 HAVING 作用对象是组，从中选出满足条件的组，和 GROUP BY 搭配使用；②条件的执行有先后，WHERE 后面跟的条件要比 HAVING 后面跟的条件先执行；③WHERE 条件中不允许使用聚合函数，而 HAVING 条件中可以使用聚合函数。

GROUP BY 后面可以跟多个列，只有当多个列的值同时相等时，才会分为同一个组。

（二）多表查询（连接查询）

当需要查询的信息不在同一张表中时，就需要用到连接查询，以对多个表进行查询。连接查询有以下四种类型。

1. 内连接（自然连接）

内连接是把两个表中符合条件的数据连接为一条数据，如果哪个表中存在不符合连接条件的数据，那么这些数据就不显示（被过滤掉）。

【例 6-14】 查询每个学生及其选修课程的情况。

学生信息在 student 表中，选课信息在 secour 表中，两张表中都有学号，可以通过学号将两张表连接，从而查询得到学生的选课信息，所用的 SQL 语句是：

```
SELECT student.*,cno,grade FROM student, secour WHERE student.stuno=secour.stuno;
```

2. 自连接（自身连接）

自连接是内连接的一种特殊情况，是指将一个表和它自己进行连接。

【例 6-15】 查询每门课程的间接先修课（先修课的先修课）。

在 course 表中可以找到课程的先修课信息（记为先修课 1），再找到先修课 1 的先修课 2，则先修课 2 为所查询的课程的间接先修课。所用的 SQL 语句是：

```
SELECT first.cno, second.cpno FROM course first, course second WHERE first.cpno=second.cno;
```

3. 外连接（左连接和右连接）

左连接列出左表所有的元组，右连接列出右表所有的元组。

在例 6-14 中，通过内连接可以查询每个学生的选课信息，但是如果想列出所有学生（即使没有选课）的信息，就要用到左连接。所用的 SQL 语句是：

```
SELECT student.*,cno,grade FROM student LEFT OUTER JOIN ON (student.stuno=secour.stuno);
```

如果要列出右表的全部信息,即没有人选的课程信息也要列出,这时候就要用到右连接。所用的 SQL 语句是:

```
SELECT student.*,cno,grade FROM student RIGHT OUTER JOIN ON (student.stuno=secour.stuno);
```

4. 复合条件连接(多表连接)

【例 6-16】查询每个学生的学号、姓名、选修的课程名称及成绩。

学生的姓名在学生信息表 student 中,选修的课程名称在课程信息表 course 中,成绩在选课表 secour 中,这个查询涉及 studen、course、secour 三张表。所用的 SQL 语句是:

```
SELECT student.stuno,sname,cname,grade FROM student, course, secour WHERE student. stuno =secour. stuno and secour.cno= course.cno;
```

(三)嵌套查询

嵌套查询即 SELECT 语句中包含另一个 SELECT 语句,在里面的 SELECT 语句称子查询或内查询,在外面的查询语句称主查询或外查询。

【例 6-17】查询和黄艳在同一个系的学生。

先在 student 表中查询出黄艳所在的系,再(在 student 表中)查询出该系所有的学生。所用的 SQL 语句是:

```
SELECT student.* FROM student WHERE sdept in ( SELECT sdept FROM student WHERE sname='黄艳');
```

以上各种不同的查询,虽然功能不尽相同,但是方法都是类似的,即:①要先确定从哪个(些)表中查询,以及查询哪些列;②确定查询要满足什么条件,根据条件去筛选。

二、ETL 工具

ETL 是英文 Extract-Transform-Load 的缩写,它是一种用于抽取、转换和加载数据的软件工具。ETL 工具可以自动化数据提取过程,并对数据进行清洗和转换。

(一)ETL 工具的分类

根据数据源不同,ETL 工具可分为结构化数据 ETL 工具和半结构化/非结构化数据 ETL 工具。

1. 常用的结构化数据 ETL 工具

(1) Sqoop

Sqoop 是大数据领域很常见的一种 ETL 工具,它对数据采用直连数据库的方式(一般采用 Java Database Connectivity,即 JDBC)进行抽取,这种方式的优点是数据抽取效率高,缺点是会增加数据库负载,因此需要控制抽取时间。一般来说,企业会选择在凌晨进行数据抽取。

（2）Kettle

Kettle 是一个传统的免费开源的可视化 ETL 工具，其缺点是在面对特别复杂的业务逻辑时，会受制于组件的使用情况。

（3）Datastage

Datastage 是 IBM 公司开发的一款 ETL 工具，它具有良好的跨平台性和数据集成能力，提供了可视化的 ETL 操作界面。其缺点是系统资源和硬盘空间占用率较高，而且价格远高于其他 ETL 工具。

（4）Informatica

Informatica 易于配置和管理，能够快速实现 ETL 任务。其缺点是占用空间大且价格高。

（5）Kafka

Kafka 除了可以用作 ETL 工具，还是一个分布式流处理平台，具有吞吐量高和延迟性低的优点。其缺点是开发和使用成本较高，不适合复杂的数据清洗和转换操作。

2. 常用的半结构化/非结构化数据 ETL 工具

（1）Flume

Flume 支持数据监控，在大数据平台上部署简单，亿级以上大数据同步性能较好。其缺点是没有可视化界面，只能通过后台命令操作，并且功能少，不支持扩展开发，不支持数据清洗处理。

（2）FineDataLink

FineDataLink 是一款可视化 ETL 工具，操作简单，功能丰富，支持三十多种格式和结构的异构数据源。

（3）Logstash

Logstash 是一个开源的主要用于数据采集和转换的 ETL 工具，支持插件式架构、多个数据格式和编码。其缺点是存在性能问题，不适合处理大量数据，而且配置复杂，不易于维护。

（二）ETL 工具的功能

1. 数据抽取

ETL 可以用于结构化数据、半结构化数据、非结构化数据的抽取。

（1）对结构化数据的抽取

对于结构化数据，一般采用 JDBC 直连数据库的方式进行抽取。采用这种方式抽取数据的优点是效率高，缺点是会增加数据库负载，因此选择抽取时间很重要，一般企业选择在网络使用人数较少的时候，如凌晨进行结构化数据的抽取。另外，也可以通过数据库日志方式进行抽取，这种方式对数据库产生的影响极小，但需要解析日志。

（2）对半结构化数据和非结构化数据的抽取

对于半结构化数据和非结构化数据，抽取方式一般是监听文件变动。这种方式具有可以实时抽取变动的内容的优点，比较灵活，但需要解决增量抽取（抽取数据的方式有两种：第一种是全量同步，即将全部数据抽取到目标系统中；第二种方式是增量同步，即只抽取发生变动的数据。第一种方式一般用于数据初始化装载，第二种方式一般用于数据更新）和数据格式转换等问题。

2. 数据转换

数据转换是指将抽取的数据进行标准化处理，使其符合业务需求和目标系统的要求。

（1）对结构化数据的转换

对于结构化数据，转换时主要是对表结构和字段进行标准化处理。

（2）对半结构化数据和非结构化数据的转换

对于半结构化数据和非结构化数据，转换时需要进行文本解析、数据提取、数据关联和数据格式转换等操作。

不论是结构化数据，还是半结构化、非结构化数据，除了选择合适的处理方式和工具，还需要根据业务需求和目标系统的要求，对转换规则进行定义和调整，以保证转换后的数据符合目标系统的要求。

另外，为了保证数据转换的效率和正确性，需要对数据进行清洗。清洗工作主要是对原始数据进行清理、过滤、去重、处理异常数据等操作，以消除数据中的数据重复、二义性、不完整、违反业务或逻辑规则等问题。数据清洗可以保证数据的准确性和稳定性。

3. 数据加载

数据加载主要是将清洗、转换后的数据导入目标数据源，为企业业务提供数据支持。数据加载有全量加载和增量加载两种方式。

（1）全量加载

全量加载是将所有数据都导入目标数据源，适用于首次加载或者数据量较小的情况。

（2）增量加载

增量加载是只将新增或修改的数据导入目标数据源，以节省加载时间和系统资源，适用于数据量较大的情况。

数据加载可以采用多种工具，如 ETL 工具、手动编写的 SQL 脚本、程序编写等。其中，ETL 工具是最常用的工具之一，它能够提供可视化的操作界面和强大的处理能力，可大幅减少开发和维护的工作量。

数据加载时需要注意数据类型、长度、格式等问题，以保证数据的完整性和准确性。同时，也要根据业务需求和目标系统的要求，对数据进行拆分、合并、计算等操作，使之符合业务需求和目标系统的要求。

三、数据 API

API 是英文 Application Program Interface 的缩写，中文意思是应用程序接口，是用于提取数据的软件接口。数据 API 可以用于从网络或移动应用程序中提取数据，并可以与 ETL 工具和其他数据处理工具集成。

四、数据抽取器

数据抽取器是一种特殊的软件工具,可以帮助用户从数据库、网站、文本文件等不同的数据源中提取和收集数据。常见的数据抽取工具有 WebHarvy、Octoparse、ParseHub、Apache Nutch、Beautiful Soup、Scrapy。

五、数据分析工具

数据分析工具是一种用于可视化,分析和报告数据的软件工具。它可以用于提取数据,并与其他数据处理工具集成。常见的数据分析工具有 Microsoft Excel、SPSS、Python、Tableau、R、FineBI、HANA 等。

第七节 业务数据的查询与分析工具——SAP HANA

一、SAP HANA 简介

SAP HANA 是一款列式内存数据库,它能够在同一系统中执行快速的事务处理和先进的分析处理。为什么 SAP HANA 如此重要?这是因为 SAP HANA 拥有独特的优势,它支持企业近乎零延迟地处理海量数据,即时查询数据,并真正实现由数据驱动。SAP HANA 将数据存储在主内存的列存储表中,并且集联机分析处理(Online Analytical Processing,OLAP)和联机事务处理(Online Transaction Processing,OLTP)于一体,处理速度比目前市场上的其他数据库管理系统快很多。

SAP HANA 于 2010 年推出,它是一款成熟的现代化解决方案,目前在全球已经拥有数万家客户。SAP HANA 除充当数据库服务器,存储和检索应用请求的数据外,还针对所有类型的数据(包括结构化和非结构化数据)提供高级搜索、分析和数据集成功能。此外,SAP HANA 还可以作为应用服务器,帮助企业基于实时数据、内存计算和机器学习技术构建由洞察驱动的智能应用。而且,这些功能在云端和本地均可用。通过整合众多数据管理功能,并在同一系统中即时提供所有类型的数据,SAP HANA 能够简化 IT 环境,帮助企业开展创新,打破数字化转型的障碍。

SAP HANA 是一款列式内存数据库,那什么是内存数据库呢?内存数据库(Main Memory Database,MMDB)是一种将数据存储在计算机内存,而不是传统的磁盘或固态硬盘的数据库。虽然目前大多数数据库都增加了许多内存功能,但从根本上来说主要还是基于磁盘的存储数据库。SAP HANA 则是从零开始构建的,主要是利用内存处理数据,其次才是利用其他必要的存储机制来平衡性能和成本。从内存中检索数据要比从磁盘或固态硬盘中检索数据快得多,因此 SAP HANA 可以实现瞬时响应。

内存数据库通常用于对速度和处理量有着极高要求的场景，如电信网络和银行系统。随着多核处理器的发展和内存价格的回落，企业开始将内存数据库用于更广泛的场景，包括实时分析和预测建模、客户体验管理、物流等。

二、SAP HANA 架构

SAP HANA 采用列式内存架构，能够支持快速执行查询和事务处理，该架构包括数据库设计、数据库管理、应用开发、高级分析处理和数据虚拟化。

（一）数据库设计

1. 内存、列式、大规模并行处理数据库

SAP HANA 基于统一的平台和数据实例执行事务处理和分析处理。它将数据按列存储在高速内存中，并对数据进行分区，然后在多个服务器之间进行分配。与聚合数据相比，这样做可以提高查询速度和效率，并避免成本高昂的全表扫描。

2. ACID 合规性

确保符合 ACID 标准的所有要求。ACID 是指原子性（Atomicity，或称不可分割性）、一致性（Consistency）、隔离性（Isolation，或称独立性）、持久性（Durability）。

3. 多租户

支持多个租户数据库在一个系统中运行，共享相同的内存和处理器。每个租户数据库都与自己的数据库用户、目录、资源库、数据文件和日志文件完全隔离，能够最大限度地提高安全性和掌控度。

4. 多层存储和持久内存支持

采用各种软件解决方案管理多温数据（热数据、暖数据和冷数据），从而优化存储性能和降低成本。SAP HANA 原生存储扩展是一项内置功能，可以智能地管理内存和持久存储（如 SAP HANA Cloud 数据湖）之间的数据。

5. 可扩展

单一服务器即可以支持 TB 级数据，而且通过在同一集群的多个服务器之间实施无共享架构，可以实现进一步扩展，此外，还可以根据规则，自动在这些服务器之间分配大型表。

（二）数据库管理

1. 数据建模

SAP HANA 的内存技术支持应用开发人员和建模人员利用虚拟数据模型重新构想传统建模。图形建模工具支持利益相关者轻松开展协作，并创建模型来执行可实时处理的复杂业务逻辑和数据转换。

2. 存储程序

SAP HANA 拥有用于构建存储程序的原生语言，并且能够使用高级功能创建可以在数据库内运行的复杂逻辑。

3. 管理

SAP HANA 提供全面的管理工具，支持各种平台生命周期及性能管理操作和自动化，如启动、停止、重新启动、备份和恢复。

4. 安全性

SAP HANA 提供独特的实时数据匿名化功能，能够在保护隐私的同时，充分挖掘数据的价值。SAP HANA 采用强大的身份验证、用户管理和授权协议，可以确保用户仅访问他们有权限查看和处理的数据。

5. 高可用性和灾难恢复

SAP HANA 利用备份、存储镜像、同步、异步和多目标系统复制、热备份、自动重启以及自动故障转移等一系列方法，支持高可用性和灾难恢复，满足广泛的服务水平要求。

（三）应用开发

1. SAP HANA 扩展应用服务

SAP HANA 的内置应用服务器支持开发 REST 和 OData 等服务，以及在本地、云端和移动设备上运行的 Web 应用。

2. 响应式 Web 应用

SAP HANA 包括基于 SAP Fiori 用户界面的 HTML5 和 JavaScript 框架，可以用于开发响应式 Web 应用。这些应用可以在任何设备上运行，并能自动适应屏幕大小，在所有接触点提供一致的观感。

3. 客户端访问

SAP HANA 提供许多客户端库，支持用户从其他应用平台或使用其他语言访问，如 JavaScript、Python、R、Java 和 Go。

4. 应用生命周期管理

SAP HANA 帮助构建和打包应用，管理从开发到测试，再到生产的整个过程，并帮助部署和升级应用。

5. 应用开发工具

SAP HANA 提供轻量级开发工具，支持本地和云端的数据建模和应用开发。另外，ABAP 编程语言提供经优化的 SAP 应用扩展构建功能。

(四)高级分析处理

1. 搜索

用户使用 SQL 可跨多个列和文本内容快速查找文本。SAP HANA 支持多种语言运行全文本搜索和高级模糊搜索。

2. 空间数据处理

SAP HANA 原生支持空间数据和空间功能。SQL 基于开放标准支持空间数据处理,可以存储、查询和访问基于位置的内容。

3. 图形数据处理

SAP HANA 使用属性图存储和处理高度关联的数据,将图形数据处理与其他高级分析处理功能相结合,如文本分析、预测分析、空间数据分析、文档分析和标准关系数据结构的数据分析。

4. 流分析

SAP HANA 支持用户存储、查询流数据,并利用机器学习分析流数据,发现一段时间内的趋势。这些数据源包括来自传感器、工厂设备和物联网设备的时序数据。

(五)数据虚拟化

1. 数据集成和复制

SAP HANA 提供全面的功能,可以处理所有数据集成场景,包括 ETL(提取、转换和加载)和 ELT(提取、加载和转换)、实时数据复制、批量加载处理、数据转换等服务。

2. 数据联合

SAP HANA 通过数据联合,实时对远程数据源(如外部云原生数据源、Apache Hadoop 和其他数据库)执行查询。

3. 缓存

SAP HANA 能够缓存数据,针对远程数据源优化联合查询,控制进行缓存的数据源和结构以及刷新缓存的方式和时间。

三、SAP HANA 的优势

SAP HANA 数据库除存储数据、提供数据服务和打造统一的真实数据源外,还有许多其他优势。以下是 SAP HANA 和 SAP HANA Cloud(SAP HANA Cloud 是一个云原生数据管理平台，可以在运行功能强大的应用程序时帮助用户管理数据存储和集成，它将 SAP HANA 的功能带到云中）的十大优势。

① 全面：包括数据库服务、高级分析处理、应用开发和数据集成。
② 快速：在大规模生产性使用场景中，实现 1 秒内响应查询。
③ 多功能：同时支持事务处理和分析处理，支持多种数据类型。
④ 高效：减少数据足迹，无须数据复制，具有高级压缩功能，减少数据孤岛。
⑤ 强大：使用大规模并行处理数据库，快速查询大型数据集。
⑥ 可扩展：根据分布式环境中的数据量和并发用户数量轻松进行扩展。
⑦ 灵活：可以部署在公有云或私有云、多云，本地或混合场景中。
⑧ 简单：利用先进的数据虚拟化，为所有数据提供统一的网关。
⑨ 智能：利用内置的机器学习技术增强应用和分析功能。
⑩ 安全：提供全面的数据和应用安全性设置等。

本 章 小 结

　　数据管理是为了充分有效地发挥数据的作用而利用计算机硬件和软件技术进行数据的收集、存储、处理和应用的过程。数据组织是实现数据有效管理的关键。数据管理的发展经历了三个阶段：人工管理阶段、文件系统阶段、数据库系统阶段。

　　数据库（Database）又称数据存储库（Data Store），是一个长期存储在计算机内的，有组织、可共享、统一管理的大量结构化和非结构化的数据的集合。根据数据的存储格式不同，数据库可以分为关系型数据库和非关系型数据库。

　　数据库的操作主要有三大类：一是针对数据库的操作，包括创建、查看、修改、删除数据库；二是针对表结构的操作，包括创建、修改、删除、查询数据表等；三是针对表中数据的操作，包括数据的增加、删除、修改、查询等。我们一般使用结构化查询语言（Structured Query Language，SQL）来实现这些操作。

　　数据库管理系统（Database Management System，DBMS）是一种系统软件，用于操纵和管理数据库。通过 DBMS，用户可以访问数据库中的数据，数据库管理员可以对数据库进行维护。

　　数据库管理系统是面向机器的，应用是面向现实世界的，如何将现实世界映射到机器以解决现实问题？直接映射比较困难，因而需要在两者之间架起一座桥梁——信息世界。

　　常见的数据模式是关系模式，为了消除存储异常，减少数据冗余，保证数据的完整性和存储效率，便于插入、删除和修改，需要对关系模式进行规范化。目前，关系数据库有六种范式：第一范式（1NF）、第二范式（2NF）、第三范式（3NF）、巴斯-科德范式（BCNF）、第四范式（4NF）和第五范式（5NF）。

要构建一个高效、可扩展、易于维护的数据库管理系统，一个重要步骤是进行数据库设计。数据库设计包括需求分析、概念结构设计、逻辑结构设计和物理结构设计四个步骤。

数据库中蕴藏着有价值的信息，从数据库获取信息的常见工具有 SQL 查询、ETL 工具、数据 API、数据抽取器、数据分析工具等。

SAP HANA 是一款列式内存数据库，它能够在同一系统中执行快速的事务处理和先进的分析处理，是一种常见的业务数据的查询与分析工具。

习　　题

一、单项选择题

1. 按照应用层次不同，数据模型可分为三种类型：概念数据模型、逻辑数据模型和（　　）。

   A．外模型　　　　B．内模型　　　　C．物理数据模型　　　　D．用户模型

2. ELT 工具对于结构化数据，一般采用（　　）的方式进行抽取。

   A．监听文件变动　　　　　　　　B．文本解析
   C．JDBC 直连数据库　　　　　　D．全量加载

3. 关于 SQL 的 GROUP BY 子句，以下说法正确的是（　　）。

   A．GROUP BY 后面不可以跟多个列

   B．GROUP BY 后面可以跟多个列，当多个列的值同时相等时，它才会分为同一个组

   C．GROUP BY 后面可以跟多个列，当多个列的值中有一个相等时，就会分为同一个组

   D．以上说法均不正确

4. 可以实现查询 student 表中学生学号以 1 开头的学生信息的 SQL 语句是（　　）。

   A．SELECT * FROM student WHERE stuno LIKE '1%';

   B．SELECT * FROM student WHERE stuno LIKE '%1_';

   C．SELECT * FROM student WHERE stuno NOT LIKE '_1%';

   D．SELECT * FROM student WHERE stuno NOT LIKE '_1_';

二、多项选择题

1. 数据库表中的约束条件有（　　）。

   A．主键约束　　　　　　　　　　B．唯一约束
   C．检查约束　　　　　　　　　　D．默认约束
   E．外键约束

2．按照数据模型不同，数据库管理系统可分为（　　）。
　　A．关系型数据库管理系统　　　　B．表格型数据库管理系统
　　C．面向对象数据库管理系统　　　D．层次型数据库管理系统
　　E．网络型数据库管理系统

3．客观存在并且可以相互区别的"事物"称实体，以下是实体的选项有（　　）。
　　A．一个职工　　　　　　　　　B．一次选课
　　C．一个学生　　　　　　　　　D．一次购物
　　E．所有的产品

三、判断题

1．关系模式规范化的目的是消除存储异常，减少数据冗余，保证数据的完整性和存储效率，便于插入、删除和修改。（　　）

2．在数据库系统中，用户、数据管理员、系统程序员看到的数据形式是一样的。
（　　）

3．一个数据库可以有多个外模式，同一外模式也可以为某一用户的多个应用系统所应用，但一个应用程序只能使用一个外模式。（　　）

四、填空题

1．非对称加密又称＿＿＿＿＿＿＿＿，是一种加密和解密使用＿＿＿＿＿＿＿＿密钥的加密算法。

2．关系型数据库是采用＿＿＿＿＿＿＿＿来组织、存储数据的数据库，关系模型可以理解为＿＿＿＿＿＿＿＿，而关系型数据库就是由＿＿＿＿＿＿＿＿所组成的。

3．创建一个名为 teacher 的数据库的 SQL 语句是＿＿＿＿＿＿＿＿。

五、名词解释

1．数据库
2．数据库管理系统
3．字段
4．记录

六、简答题

文件系统解决了数据管理中的哪些问题？有了数据文件为什么还要使用数据库？

七、拓展阅读

数据库设计的意义

1．有利于节约资源

高水平的数据库设计可以满足不同计算机软件系统对于运行速度的需求，而且可以充

分发挥并实现系统功能。计算机软件性能提高后,系统发出的运行指令将更加快速有效,软件运行速度自然得以提高。

此外,具有扩展性的数据库设计可帮助用户节约操作软件的时间。在数据库设计环节,软件设计师可利用其信息存储功能,通过清除一些不必要的数据库,来提高系统的查询效率。此外,软件设计师还可依据软件功能需求进行有效的数据库设计,从而保障数据库有效发挥自身在计算机软件运行中的作用。

2. 有利于减少软件故障

在进行数据库设计时,有些软件设计师的设计步骤过于复杂,且他们也没有对软件本身进行有效分析,这就导致计算机软件无法有效发挥自身功能。另外,有效的设计日志信息的缺乏会导致软件在运行过程中出现一系列故障,使用户在修改一些错误的操作时难度增大。因此,加强数据库设计可有效减少软件故障的发生概率,促进计算机软件功能的实现。

【实验 6-1】SAP HANA Studio 与信息建模

一、SAP HANA Studio

SAP HANA Studio 简称 SAP HANA 工作台,它是用于信息模型创建和 SAPHANA 系统管理的客户端软件,其软件版本必须和 SAP HANA 系统相同。

SAP HANA 工作台是基于开源 Eclipse 平台开发的一个客户端软件,它是遵守 GPL 规范进行的扩展和功能开发,使用 Equinox p2 框架简化了基于 Eclipse 插件的安装和部署。SAP 提供了适用于不同版本的操作系统的软件供用户下载。

从技术角度来看,SAP HANA 工作台用的所有功能组件都是插件,且都是基于 Eclipse 平台开发的。通过这个 SAP HANA 工作台,可以对 SAP HANA 系统进行管理和服务器端应用的开发工作。

作为和 SAP HANA 系统进行交互工作的客户端软件,SAP HANA 工作台具有如下功能。

① 对 SAP HANA 系统进行监控、安全管理、配置管理、审计、启动和升级、系统备份等。

② 在 SAP HANA 中创建数据库表、视图、存储过程、信息模型。

③ 对 SAP HANA 进行数据配置(Data Provision)操作,从外部系统实时复制数据到 SAP HANA,或者直接将离线 CSV 文件传输到数据库表中。

④ 基于 SAP HANA 共享资源库进行 XS 原生应用的协同开发、部署、版本管理。

图 6-12 为 SAP HANA 工作台的一个界面。

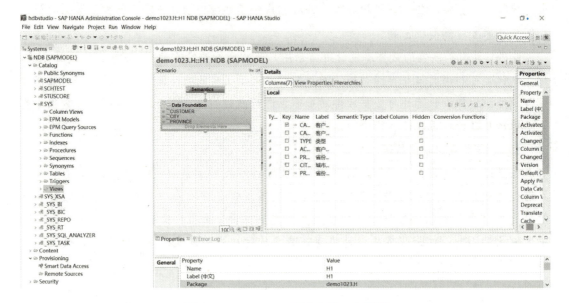

图 6-12　SAP HANA 工作台的一个界面

二、信息建模

在 SAP HANA 中，基于列视图实现的多维数据模型相比于传统的 OLAP 有不少优势，比如，虚拟视图的使用不会产生任何冗余数据，同时也为 HANA 中各类优化器和引擎提供了性能优化的基础，从而把数据从产生到可以分析之间的时间延迟降到最低，帮助企业实现实时分析及预测。

在 SAP HANA 系统中，虽然建模的结果就是生成列视图，但其仍然提供了多个不同的建模对象用于实现不同复杂度的分析需求。SAP HANA 工作台为属性视图（Attribute View）、分析视图（Analytic View）及计算视图（Calculation View）的创建提供了完全图形化的用户界面。其中，计算视图比较特殊，它可以在图形化界面中完成操作，也可以用脚本的方式完成操作。下面以创建属性视图为例具体介绍 SAP HANA 信息建模的步骤。

属性视图是基于不同的数据库表中具有一定关系的属性数据而建立起的实体模型。例如，客户编码是一种属性数据，用于描述谁买了产品。然而，就一个客户而言，系统里有很多数据来描述（客户名称、客户地址、客户状态、客户关系情况等），这些数据都可以通过和客户编码进行数据库连接（Join）查询而得到。

基于此，用户可以创建一个属性视图。该视图将来自不同数据库表中与客户相关的属性数据关联起来，以满足业务上的需求。

场景：广西君武糖业集团的销售客户（CUSTOMER）面向全国各地，销售经理可以查看广西地区客户所在的具体城市信息和客户余额信息。具体操作步骤如下。

步骤 1：创建视图。

如图 6-13 所示，选择"demo"并右击，在弹出的快捷菜单中选择"New"→"Attribute

View",在 SAP HANA 工作台中将弹出"New Information View"对话框,对话框中提供了多个字段,用户可输入或选择所建视图的基本属性。

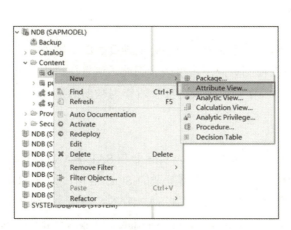

图 6-13　创建视图示例

Name:视图名称,如当前示例的名称为 T_CUSTOMER。

Lable:视图描述,通常输入有意义的文本,用于说明视图的功用。

Package:视图所在的 Package,默认绑定为创建视图时选择的 Package。

View Type:视图类型,在下拉菜单中有三个选项——Attribute View、Analytic View 及 Calculation View。当前示例自动设置该字段为 Attribute View。

Copy From:勾选后可以从已创建好的视图直接进行复制。

Subtype:子类型,在其下拉菜单中有三个选项,具体如下。

① Standard 类型。该类型是默认值,项目中创建的大多数属性视图都是这种类型,如图 6-13 所示。

② Time 类型。该类型可用于生成 OLAP 中常见的时间维,帮助用户方便地实现时间或日期的转换,如计算某日在该年度的第几周。

③ Derived 类型。该类型比较特殊。以销售订单为例,订单上有付款方和收货方,这两者实际上都是系统中的客户主数据,因此,通常会"重用"已有的客户主数据视图,以此为基础衍生出付款方视图和收货方视图。

步骤 2:添加数据库表。

前面介绍了定义属性视图的工作界面,现在开始定义视图的实体部分。实际上,在 SAP HANA 中定义属性视图并不神秘,也不复杂,这与过去在其他数据库产品中创建普通数据库视图的过程非常相似,其中最基础也是最重要的步骤就是选择构成视图的数据库表(有时也称基础表),并使用连接定义表间的关系。

根据数据库表和场景需求,首先需要将客户主数据(CUSTOMER)的表添加到 Data Foundation 中,具体操作如下。

选中 Scenario 窗口下的 Data Foundation,在 Details 窗口中右击,在弹出的快捷菜单中选择"Add"命令，弹出"Find"窗口，可用该窗口来查找 SAP HANA 系统中现有的、当前用户账号拥有访问权限的任意表。

SAP HANA 工作台在打开"Find"窗口时默认以清单的形式显示所有数据库表。我们可以用浏览清单的方式查找需要的数据库表。

步骤3：定义视图结构。

在 ROLAP 多维数据模型，如星形、雪花形模型中，会把维度表的主键连接到事实表的外键上。在 SAP HANA 系统中，属性视图等同于维度表。因此，这里还可以通过输入关键字的方式进行精确定位。挑选数据库表中的部分或全部字段作为视图的字段，并为视图定义主键。

步骤4：检查和激活视图。

在传统 RDBMS 中会用 SQL 语句创建数据库视图，实际上在 SAP HANA 系统中创建数据库视图的过程也与之相似。前面的步骤等同于撰写复杂的 SQL 语句，如果 SQL 语句需要执行，当前新建的属性视图就需要进行激活，最终在 SAP HANA 系统中生成对应的列视图。在工作区域右上角的工具栏中有两个按钮：Save and Validate Changes to this object（保存并检查）、Save and Activate（保存并激活），通过这两个按钮可以完成属性视图保存并检查和保存并激活两个操作。

第七章

信息系统安全

学习目标

1. 掌握信息系统安全的概念;
2. 掌握几种常见的信息安全技术:身份认证、访问控制、防病毒技术、防火墙技术、入侵检测技术和安全审计;
3. 掌握 SAP HANA 安全管理。

第一节 信息系统安全概述

一、信息系统安全的概念

信息系统安全是指保障计算机及其相关设备、设施（含网络）的安全、运行环境的安全、信息的安全，实现信息系统的正常运行。

二、信息系统安全的内容

（一）实体安全

实体安全是指保证信息系统的各种设备及环境设备的安全，涉及场地环境安全、设备安全、媒体安全等。信息系统的实体安全是整个信息系统安全的前提。

1. 场地环境安全

场地环境安全主要是指对计算机信息系统所在环境的区域保护和灾难保护。它要求计算机场地要有防火、防水、防盗措施和设施，有拦截、屏蔽、均压分流、接地防雷等设施，有防静电、防尘设备，温度、湿度和洁净度在一定的控制范围等。

2. 设备安全

设备安全主要是指对计算机信息系统设备的安全保护，涉及设备的防毁、防盗、防止电磁信号辐射泄漏、防止线路截获，以及对不间断电源、存储器和外部设备的保护等。设备安全具有以下三个特点。

① 稳定性高：设备在一定时间内正常执行任务的概率较高。
② 可靠性高：设备在一定时间内不出现常见故障的概率较低。
③ 易用性高：设备可随时随地正常使用。

信息系统的设备安全是信息系统安全的物质条件。如果失去这个物质条件，那么信息系统的安全就会变成空中楼阁。

3. 媒体安全

媒体安全主要包括媒体本身的安全和媒体数据的安全两个方面。

（1）媒体本身的安全

媒体可以是纸介质、磁介质（如硬盘、软盘、磁带）、半导体介质的存储器及光盘等。媒体本身的安全是指对存储数据的媒体进行保护，防止媒体损坏、被盗或丢失。

（2）媒体数据的安全

媒体数据的安全是指保护存储在媒体上的数据和信息的安全，防止未经授权的访问、修改或删除。对于存储了重要机密信息的媒体，其数据的安全至关重要，一旦数据丢失或被泄露，就可能造成无法挽回的损失。

（二）个人行为安全

数据安全本质上是一种静态安全，而个人行为表现在整个过程和结果中，因此个人行为安全是一种动态安全。个人行为安全有以下几个特点。

① 秘密：个人行为的过程和结果不会损害数据信息的秘密。必要时，个人行为的过程和结果应保密。

② 一致性：个人行为的过程和结果不会损害数据信息的一致性。

③ 可预测性：当个人行为的整个过程发生偏移时，可以发现、操纵或纠正。

信息系统的个人行为由硬件配置、手机软件和数据信息一起明确。因此，必须从硬件配置、手机软件和数据信息三个方面确保系统的个人行为安全。

（三）软件安全

软件安全主要是指保证操作系统、数据库管理系统、网络软件、应用软件等软件及相关资料的完整性及可用性，涉及软件开发规程、软件安全测试、软件的修改与复制等。

（四）运行安全

运行安全主要是指系统资源和信息资源的合法使用，涉及电源、环境条件、人事、机房管理、出入控制、数据与存储介质管理、运行管理和维护等。

（五）传输信息的网络安全

传输信息的网络安全是指网络系统的硬件、软件及系统中的数据受到保护，不受偶然的因素或者恶意的攻击而遭受到破坏、更改、泄露，系统连续、可靠、正常地运行，网络服务不中断。

（六）信息安全

信息安全的内容将在本章第二、三节详细阐述。

近年来，数字化在带来种种便利的同时，也加大了信息泄露风险。从网络偷窥、非法获取个人信息、网络诈骗等违法犯罪活动，到网络攻击、网络窃密等危及国家安全的行为，伴随万物互联而生的风险互联，给社会生产生活带来了不少安全隐患。党的二十大报告指出，要强化经济、重大基础设施、金融、网络、数据、生物、资源、核、太空、海洋等安全保障体系建设。如何有效保障网络与信息安全，是数字时代的重要课题。

第二节　信息安全概述

一、信息安全的概念

信息安全是指为数据处理系统而建立和采用的技术、管理上的安全保护，以确保数据信息不会因偶然的因素和恶意的攻击而遭到破坏、更改和泄露。

二、信息安全的内容

信息安全包括以下五方面的内容。

1. 保证信息的保密性

保密性（Confidentiality）又称机密性，是指信息不被泄露给非授权的用户、实体或过程。即信息只为授权用户使用，强调有用信息只被授权用户使用的特征。常用的保密技术有以下四个。

① 物理保密：利用限制、隔离、掩蔽、控制等物理方法来保护信息不被泄露。
② 防窃听：使对手侦收不到有用的信息。
③ 防辐射：防止有用信息以各种途径辐射出去。
④ 信息加密：在密钥的控制下，用加密算法对信息进行加密处理。即使对手得到了加密后的信息，也会因为没有密钥而无法读懂有效信息。

2. 保证信息的真实性

信息的真实性是指对信息和客观世界及其变化的反映和描述的准确程度，要如实反映事物的现状和变化，不能人为地夸大或缩小，也不能在加工整理中随意修饰。为了保证信息的真实性，必须搞好调查，取得原始信息并对原始信息进行认真的筛选、整理、分析和加工，防止处理中的失真和人为的臆断，同时还要保证信息在传输过程没有受到干扰。

3. 保证信息的完整性

信息的完整性是指信息在存储或传输过程中保持不被修改、不被破坏、不被插入、不延迟、不乱序和不丢失的特性，保证真实的信息从真实的信源无失真地到达真实的信宿。

4. 保证信息的未授权拷贝

信息的未授权拷贝是指公司或个人未获得权利人的许可或授权，就擅自复制属于权利人的信息，这种行为会侵犯他人的知识产权。

5. 保证所寄生系统的安全性

信息与其所寄生系统的关系就像河与堤坝一样，如果说信息资源是一条河，那么其所寄生的系统则是防护的堤坝。保证所寄生系统的安全性主要强调的是对信息系统边界的防护，构筑信息安全的外部防护"堤坝"，从而隔绝非法获取信息资源的请求。

第三节　信息安全技术

一、信息安全技术的概念

信息安全技术是指通过技术手段保护信息系统中的信息不受非法访问、窃取、篡改、破坏等威胁的技术手段。常见的信息安全技术主要包括身份认证、访问控制、防病毒技术、防火墙技术、入侵检测技术和安全审计等。

二、常见的信息安全技术

（一）身份认证

身份认证是指根据预设的规则来确认用户所声称的身份、身份信息及其授权权限。常见的用户身份认证技术有密码认证、生物特征认证、智能卡认证、数字签名认证和单点登录认证等。

1. 密码认证

密码认证是指通过输入正确的用户名和密码来确认用户身份。为避免密码被破译，一般要设置安全等级较高的密码，如密码的位数较多、定期修改密码、使用动态密码等。

2. 生物特征认证

生物特征认证是指通过对人体生理特征（如指纹、视网膜、声音）及行为模式等进行检测和比对，来确认用户身份。

3. 智能卡认证

智能卡认证是指通过集成在智能卡（如学生的学生卡，职工的考勤卡）上的安全芯片来完成身份认证。

4. 数字签名认证

数字签名认证是指利用公钥密码学原理确保信息的完整性和真实性。

5. 单点登录认证

单点登录认证是指提供一个安全通道，用户只需在登录时输入一次用户名和密码，就可以访问多个应用系统，无须重复登录。

（二）访问控制

《信息安全技术 术语》（GB/T 25069—2022）中对访问控制的定义是：访问控制（Access Control）是一种确保数据处理系统的资源只能由经授权实体以授权方式进行访问的手段。只有确认是合法用户的合法访问才能给予批准，而非授权用户则被拒绝。

访问控制的三要素是 SOA，其中，S 表示主体（Subject），O 表示客体（Object），A 表示控制策略（Access Control Policy）。

（三）防病毒技术

根据《中华人民共和国计算机信息系统安全保护条例》第二十八条，计算机病毒，是指编制或者在计算机程序中插入的破坏计算机功能或者毁坏数据，影响计算机使用，并能自我复制的一组计算机指令或者程序代码。

计算机病毒有很多危害，如影响系统效率、删除或破坏数据、干扰正常操作、阻塞网络、占用系统资源、被后门控制等。

常用的检测计算机病毒的技术有特征代码法、校验和法、行为监测法、启发式扫描和虚拟机技术。

在实际预防计算机病毒的过程中，我们一般采用防病毒软件（又称杀毒软件或反病毒软件，用于消除计算机病毒、特洛伊木马和恶意软件等计算机威胁的一类软件）来解除或删除计算机病毒。常见的防病毒软件有卡巴斯基、360 杀毒（360 安全卫士）、ESET NOD32、电脑管家、金山毒霸、智量终端安全等。

（四）防火墙技术

防火墙是一种隔离技术，防火墙能够起到安全过滤和安全隔离外网攻击、入侵等有害网络安全的行为的作用，就好像在寓所之间砌起一道砖墙，一旦发生火灾，它能够防止火势蔓延到别的寓所。

按照不同的使用场景，防火墙主要可以分为以下四种类型。

1．过滤防火墙

事先预设好过滤规则，防火墙根据规则对在网络中流动的数据包进行过滤，符合过滤规则的数据包会被放行，不符合过滤规则的数据包就会被删除。过滤防火墙主要工作在 OSI 七层协议中的数据链路层和 IP 层。

2．应用网关防火墙

应用网关防火墙主要工作在 OSI 七层协议中的应用层，应用网关防火墙最大的特点是有一套自己的分析逻辑。

3．服务防火墙

服务防火墙主要用于服务器的保护，用来防止外部网络的恶意信息进入服务器的网络环境中。

4. 监控防火墙

前三种防火墙都是被动防守，而监控防火墙不仅可以防守，还会主动出击，主动对数据进行分析和测试，从而发现网络中是否存在外部攻击。这种防火墙对内可以过滤，对外可以监控。

（五）入侵检测技术

入侵检测技术是指通过对行为、安全日志、审计数据，或其他网络上可以获得的信息进行操作，来检测入侵或入侵企图的技术。

入侵检测通过执行以下六项任务来实现。

① 监视、分析用户及系统活动。
② 系统构造和弱点的审计。
③ 识别反映已知进攻的活动模式并向相关人士报警。
④ 异常行为模式的统计分析。
⑤ 评估重要系统和数据文件的完整性。
⑥ 操作系统的审计跟踪管理，识别用户违反安全策略的行为。

入侵检测的方法有很多，如基于专家系统的入侵检测方法、基于神经网络的入侵检测方法等。

（六）安全审计

安全审计是通过对一些重要事件进行记录，从而在系统发现错误或受到攻击时能定位错误或找到攻击成功的原因，它是防止内部犯罪和事故后调查取证的基础。安全审计是一种很有价值的安全机制，可以通过事后的安全审计来检测和调查安全策略的执行情况以及安全遭到破坏的情况。安全审计需要记录与安全有关的信息，明确所记录的与安全有关的事件的类别。安全审计技术能使信息系统自动记录机器的使用时间、敏感操作和违纪操作等，因此它类似于飞机上的"黑匣子"，为系统进行事故原因查询、定位，事故发生前的预测、报警，以及为事故发生后的实时处理提供详细可靠的依据或支持。安全审计对用户的正常操作也有记录，因为往往有些"正常"操作（如修改数据）恰恰是攻击系统的非法操作。安全审计信息应包含防止非法删除和修改的措施，安全审计跟踪可以对潜在的攻击源的攻击起到威慑作用。

三、信息安全技术的应用

信息安全技术广泛应用于各个领域，如金融、电子商务、国防和军事等。在金融领域，信息安全技术可以保护用户的账户信息和交易信息不被非法访问和窃取；在电子商务领域，信息安全技术可以保护用户的个人信息和交易信息不被非法访问和窃取；在国防和军事领域，信息安全技术可以保护国家机密和军事机密不被非法访问和窃取。

四、信息安全技术的发展趋势

随着信息技术的不断发展，信息安全技术也在不断发展。信息安全技术的发展趋势主要包括以下几个方面。

1. 智能化

信息安全技术将更加智能化，将可以自动识别和防御各种安全威胁。

2. 云安全

随着云计算的普及，云安全将成为信息安全技术的重要方向。

3. 大数据安全

随着大数据技术的发展，大数据安全将成为信息安全技术的重要方向。

4. 物联网安全

随着物联网的普及，物联网安全将成为信息安全技术的重要方向。

案例 7-1

电力系统信息网络安全问题与防护措施

电力系统在实际的运行过程中需要传播大量的信息，为此需要建立对应的信息网络系统。但是在实际的运行过程中，有多重因素会导致电力系统的信息网络出现安全问题，从而给电力企业造成极大的经济损失，导致电力企业的经济效益下降。因此，保证电力系统的信息网络安全至关重要。

一、电力系统信息网络存在的安全问题

（一）网络病毒

网络病毒是电力系统信息网络安全中最常见的安全隐患，对电力系统信息网络破坏非常严重。网络病毒具有隐蔽、可复制、传播速度快等特点。假如电力系统的信息网络被网络病毒侵入，遭到网络病毒的破坏，轻则可使电力系统的正常运行受到阻碍，造成数据丢失、信息不能及时共享；重则导致电力系统瘫痪，整个电力系统的功能将会因此受到影响而不能正常发挥作用，从而造成不可估量的损失。

（二）黑客攻击

在电力系统信息网络运行的过程中，黑客的攻击，如利用数字控制系统（Digital Control System，DCS）对电力企业的基层系统进行控制，也是导致电力系统信息网络出现故障，甚至造成大范围电力故障的主要隐患。假如黑客攻击电力系统信息网络并获取了相关的信息，将会严重影响电力系统的正常运行，给电力企业造成极大的经济损失。

（三）脆弱的身份认证

目前，电力行业中的计算机应用系统多使用口令作为用户身份认证的鉴别模式，而这种模式很容易被黑客攻破。有些应用系统还使用自己的用户鉴别方式，通过数据库或者文件将口令、用户名和一些安全控制信息用明文的方式记录。现阶段，这种脆弱的身份认证措施已经不再适用。

（四）内部恶意操作

电力系统内部人员的恶意操作会导致信息网络系统产生安全漏洞，会使信息网络系统出现问题。

（五）信息网络安全意识淡薄

电力系统信息网络安全整体维护工作水平不高，同时网络安全人员的安全防护意识缺乏，违规操作等现象时有发生，从而导致电力系统信息网络出现问题。

（六）信息网络安全制度缺失

在电力系统信息网络运行的过程中，仍然缺乏统一规范的安全防护制度和监督制度，这在很大程度上会对电力系统的信息网络安全造成危害，影响电力信息化水平的提高。同时，由于缺乏科学的安全管理制度，电力系统的信息网络很容易在运行过程中出现漏洞和缺陷。

二、电力系统信息网络安全的具体防护措施

（一）提高对安全性的认识

① 电力企业要加强对电力系统信息网络安全的认识，要建立并完善信息网络安全防护体系，采用分层、分区的管理方法，将区域分为生产管理区、非控制生产区、实时控制区和管理信息区，并保证区域之间有网络物理隔离设备。

② 加强人员素质管理，通过网络安全培训和技能训练，提高网络管理工作人员的素质和能力。

③ 加强对信息网络安全防护体系的密码、技术、数据的管理，切实提高电力系统信息网络安全系数。

（二）做好信息网络系统的维护与支持工作

在现实中，电力系统进行信息网络安全防护时可以采取以下三种安全技术。

1. 防火墙技术

防火墙是网络与网络安全领域的连接入口，防火墙可以对有害信息进行有效的抵御并及时查询出危险信息，保证电力系统信息网络的安全。因此，在日常工作中，电力企业要对防火墙的访问设置相应的权限，对非授权连接进行强力防护。

2. 漏洞缺陷检查技术

漏洞缺陷检查技术就是对电力系统的信息网络设备进行检测，根据检测情况进行风险评估。如果存在安全问题，就要及时采取防护措施进行修复，这样才能够有效避免安全问题发生。

3. 数据加密技术

加密技术就是对网络传输数据的访问权进行限制，或者对原始数据进行加密使其变成密文的技术。数据加密技术主要是防止客户对机密数据文件进行恶意查看、破坏和泄露，有效保证电力系统的信息网络安全，确保信息网络正常稳定地运行。

（三）构建科学完善的安全防护体系

在信息网络的运行过程中，科学地完善防护体系是提升和优化网络安全的重要措施和根本保障。完善的防护体系能够在具体的管理中对信息网络出现的问题进行及时检查，有条不紊地加强安全防护，提升电力系统信息网络安全级别。技术人员应该充分结合电力企业的实际特点和计算机网络安全有关问题，科学地建设信息网络的安全防护体系，切忌盲目建设。同时，在建设防护体系过程中，考虑到电力系统信息网络的功能和板块非常多，因此技术人员要从整体把握安全防护体系，要遵循全面科学的原则建设信息网络的安全防护体系，使电力系统信息网络的各个功能的安全等级得到提升，从而有效地提升电力系统信息网络的安全效益和质量。

（四）建立完善的电力系统信息网络监控中心

为了提高电力系统信息网络安全，还要建立一个综合的、统一的监控中心。为了能将各项信息进行有机整合，可以在各个信息网管中心建立监控中心，这样一旦出现影响信息网络安全的情况，电力企业就能够及时解决。通过监控中心所提供的信息，还可以对可能出现的异常或故障及时进行预防，防患于未然。

（五）加强网络设备的管理和维护

在电力企业的信息网络安全管理中，网络设备起着至关重要的作用。由于网络设备一直处于消耗状态和存在一定的周期和寿命，因此电力企业的安全管理人员要对这些设备进行定期检查和维护，及时对设备进行更新更换，从源头上强化信息安全。电力企业还要及时更新网络技术、更新系统和技术，要做好数据备份；及时更换终端密码，设置难以破解的密码，以免密码被窃取。

资料来源：https://www.99xueshu.com/w/jokjdfk7aabn.html（2024-01-25）。

第四节 SAP HANA 安全管理

一、信息安全管理

信息安全问题不是单靠安全技术就可以解决的，专家指出，信息安全是"三分技术，七分管理"。所谓管理，就是在群体的活动中为了完成某一任务，实现既定的目标，针对特定的对象，遵循确定的原则，按照规定的程序，运用恰当的方法进行的计划、组织、指挥、协调和控制等活动。安全管理是信息安全中具有能动性的组成部分，大多数安全事件的发生，并非技术上的原因，往往是管理不善造成的。为了实现安全管理，应建立专门的安全管理机构，配备专门的安全管理人员，有逐步完善的管理制度，能提供安全技术设施。

信息安全管理主要涉及人事管理、设备管理、场地管理、存储媒介管理、软件管理、网络管理、密码和密钥管理等。

在实施信息安全管理过程中，应用先进的安全技术及建立具有严格管理制度的安全系统，不仅需要大量的资金，还会给使用带来不便，所以安全性和效率是矛盾的，增加安全性，必然要损失一定的效率。因此，要正确评估所面临的安全风险，在安全性与经济性、安全性与方便性、安全性与工作效率之间权衡，选取折中的方案。

保证信息安全,除运用技术手段和管理手段外,还要运用法律手段。法律在保护信息安全中具有重要作用,可以说,法律是信息安全的第一道防线。相关法律条文指出了哪些是违法行为,敦促人们自觉遵守法律,不进行违法活动。对于发生的违法行为,只能依靠法律进行惩处,法律是保护信息安全的最终手段,同时,还可以通过法律的威慑力,使攻击者产生畏惧心理,达到惩一儆百、遏制犯罪的效果。

保护信息安全的措施不仅包括加强行政管理、加强技术开发,以及完善法律法规,还包括加强信息安全的法律法规教育,以提高人们的安全意识,创造一个良好的社会环境,从而保护信息安全。

二、SAP HANA 安全管理

在 SAP HANA 中是如何实现系统安全的呢?除了第六章所提到的 SAP HANA Studio,SAP HANA 还提供了更加强大的管理工具,那就是 SAP HANA Cockpit(SAP HANA 驾驶舱)。

SAP HANA Cockpit 是基于 Web 的管理工具,用来管理、监控和维护 SAP HANA 系统。用户利用 SAP HANA Cockpit 提供的工具,可以对 SAP HANA 的数据库进行管理和监控,并可以通过 SAP HANA 的数据库浏览器开发功能,同时管理多个数据库。SAP HANA Cockpit 的具体功能如下。

(一)使用"数据库概览"页面管理数据库

"数据库概览"页面是跟踪数据库运行状况、服务、内存分配、性能和警报的起点,通过"数据库概览"页面,用户可以查看该特定数据库的关键健康指标。该页面包含一系列卡片,每张卡片都提供了一组相关应用程序的起点,允许监视和管理数据库。用户可以搜索特定卡片,或按区域进行过滤以查看相关卡片。这些卡片涉及以下四类视图。

1. "监控和管理"视图

该视图帮助监控与单主机和多主机资源有关的详细信息。

2. "安全"视图

该视图帮助监视和管理数据库的安全。

3. "性能管理"视图

该视图帮助管理和监控数据库性能。

4. "全部"视图

该视图显示所有视图中的所有可用卡片。

(二)用户和角色管理

每个想要使用 SAP HANA 数据库的用户都必须有一个数据库用户的角色。用户管理员可以创建用户,以及执行与用户管理相关的任务。

根据场景，访问 SAP HANA 的用户可能是技术系统用户，也可能是个人最终用户。成功登录后，系统会验证用户对请求对象执行请求操作的授权，这是由用户被授予的权限决定的。权限可以直接授予或通过角色间接授予数据库用户。

（三）用户身份验证和单点登录

访问 SAP HANA 的数据库用户的身份通过身份验证机制进行验证。SAP HANA 支持多种身份验证机制，其中几种可将 SAP HANA 集成到单点登录环境。用于验证单个用户的机制被指定为用户定义的一部分。

（四）网络安全

SAP HANA 服务实例通过安全端点向公共互联网公开，并支持通过 https 或 WebSockets 进行连接。默认情况下，网络安全设置拒绝对 SAP HANA 服务实例的所有访问。但是，一般来说，用户可以选择"允许来自任何 IP 地址的访问或使用源 IP 白名单限制和控制访问"。用户可以在 SAP HANA 主控室的"网络安全信息"页面查看与安全内部 SAP HANA 通信和安全外部 SQL 客户端通信相关的重要配置。

（五）数据加密

SAP HANA 支持静态数据加密和应用程序数据加密。

1. 静态数据加密

为了保护保存到磁盘的数据免受操作系统级别的未授权访问，SAP HANA 数据库支持在持久层中对以下三种类型的静态数据进行数据加密。

① 数据卷。
② 重做日志卷。
③ 数据和日志备份。

2. 应用程序数据加密

内部加密服务用于加密敏感的应用程序数据。这包括 SAP HANA 用于出站连接所需的凭据、存储在数据库中的 SAP HANA 服务器的私钥，以及由 SAP HANA XS 应用程序（经典或高级）或其他应用程序（通过 SQL）的开发人员定义的安全存储中的数据。

（六）数据匿名化

为了在保护个人隐私的同时对数据进行分析，SAP HANA 中的数据匿名功能在 SQL 的情况下以匿名视图的形式提供，在计算视图的情况下作为匿名节点提供。SAP HANA 中提供的匿名方法允许用户从数据中获得统计上有效的见解，同时保护了个人隐私。

SAP HANA 支持 K-匿名（K-Anonymity）、L-多样性（L-Diversity）和差异隐私（Differential Privacy）方法。

(七) 审计

通过审计，可以了解谁在 SAP HANA 的数据库中做了什么（或试图做什么）和操作的时间，如谁对敏感数据进行了操作以及操作的时间。

审计允许用户监控和记录在 SAP HANA 数据库中执行的选定操作。每个数据库都可以独立配置审计。对某个数据库中审计配置的更改不会影响 SAP HANA 其他数据库中的审计。

虽然审计不会直接提高数据库的安全性，但如果设计得当，它就可以通过以下四个方式帮助提高安全性。

① 如果授予某些用户太多权限，就会发现安全漏洞。
② 显示破坏安全的企图。
③ 保护系统所有者免受违反安全和数据滥用的指控。
④ 允许系统所有者满足安全标准。

SAP HANA 审计通常审核以下操作。

① 更改用户授权。
② 创建或删除数据库对象。
③ 用户认证。
④ 更改系统配置。
⑤ 访问或更改敏感信息。

由于只能审计发生在数据库引擎内部的操作，即只有使用 SQL 进行的更改对数据库引擎可见，因此，如果操作发生时数据库未联机，则无法检测到该操作，也就无法对其进行审核。

本 章 小 结

信息安全是指为数据处理系统建立和采用的技术、管理上的安全保护，以确保数据信息不会因偶然的因素和恶意的攻击而遭到破坏、更改和泄露。

信息安全包括五方面的内容：保证信息的保密性、保证信息的真实性、保证信息的完整性、保证信息的未授权拷贝，以及保证所寄生系统的安全性。常见的信息安全技术主要包括身份认证、访问控制、防病毒技术、防火墙技术、入侵检测技术和安全审计等。

除了 SAP HANA Studio，SAP 还提供了更加强大的管理工具——SAP HANA Cockpit，用来管理、监控和维护 SAP HANA 系统。用户利用 SAP HANA Cockpit 提供的工具，可以方便地对 SAP HANA 的数据库进行管理和监控，并通过 SAP HANA 的数据库浏览器开发功能，同时管理多个数据库。

习 题

一、单项选择题

1. SAP HANA 中的数据匿名功能在 SQL 的情况下以（ ）的形式提供。
   A. 用户视图　　　　　　　　　　B. 匿名视图
   C. 管理员视图　　　　　　　　　D. 应用视图

2. 提供一个安全通道，用户只需在登录时输入一次用户名和密码，就可以访问多个应用系统，无须重复登录的登录认证方式称为（ ）。
   A. 多点登录认证　　　　　　　　B. 一次登录认证
   C. 单点登录认证　　　　　　　　D. 多次登录认证

二、多项选择题

1. 按照不同的使用场景，防火墙主要可以分为（ ）。
   A. 过滤防火墙　　　　　　　　　B. 应用网关防火墙
   C. 外部防火墙　　　　　　　　　D. 服务防火墙
   E. 监控防火墙

2. 过滤防火墙主要工作在 OSI 七层协议中的（ ）。
   A. 传输层　　　　　　　　　　　B. 数据链路层
   C. IP 层　　　　　　　　　　　　D. 应用层
   E. 会话层

三、判断题

1. 身份认证是根据预设的规则来确认用户所声称的身份、身份信息及其授权权限。
（ ）

2. 安全审计是为了防止内部犯罪而在事故前进行预测，通过对一些重要事件进行记录，从而在系统发现错误或受到攻击时能定位错误或找到攻击成功的原因。（ ）

3. 根据场景，访问 SAP HANA 的用户可能是技术系统用户，也可能是个人最终用户。
（ ）

4. 只要设计得当，审计可以直接提高数据库的安全性。（ ）

四、填空题

1. 信息安全的内容包括：_____、_____、_____、_____和_____。

2. SAP HANA 支持_____加密和_____加密。

3. 访问控制的三要素 SOA 中，S 表示_____，O 表示_____，A 表示_____。

五、名词解释
1. 信息安全
2. 访问控制

六、简答题
常见的信息安全技术有哪些？

七、拓展阅读

误用入侵检测

误用入侵检测是指根据已知的攻击特征直接检测出入侵行为。这种方法的检测效果取决于检测知识库的完备性，依赖于特征库的及时更新。误用入侵检测的优点是对于已知的攻击行为误报率低，缺点是无法发现未知的入侵行为。

常用的误用入侵检测方法有以下几种。

1. 模式匹配法

模式匹配法是指通过把收集到的信息与网络入侵和系统误用模式数据库中的已知信息进行比较，来发现违背安全策略的行为。模式匹配法可以显著地减少系统负担，有较高的检测准确率。

2. 专家系统法

专家系统法的思想是把安全专家的知识表示成规则知识库，再用推理算法检测入侵。它主要针对的是有特征的入侵行为。

3. 基于状态转移分析的检测法

基于状态转移分析的检测法的基本思想是将攻击看成一个连续的、分步骤的，并且各个步骤之间有一定关联的过程。该方法主要是在网络发生入侵时及时阻断入侵行为，防止可能还会进一步发生的类似攻击行为。在该方法中，一个渗透过程可以看作是由攻击者做出的一系列行为而导致系统从某个初始状态变为最终某个被危害的状态。

第八章

供应链与供应链管理

学习目标

1. 了解供应链的定义、构成要素及分类；
2. 掌握常见的供应链管理方法；
3. 掌握推式供应链和拉式供应链的特点及业务流程；
4. 掌握供应链驱动方式选择策略。

第一节 供应链与供应链管理概述

一、供应链概述

（一）供应链（Supply Chain）的定义

1. 哈里森对供应链的定义

供应链是执行采购原材料，将它们转换为中间产品和成品，并将成品销售给用户的功能网链。

2. 史蒂文斯对供应链的定义

供应链是通过增值过程和分销渠道控制从供应商到用户的流，它开始于供应的源点，结束于消费的终点。

3.《物流术语》（GB/T 18354—2021）对供应链的定义

供应链是生产及流通过程中，围绕核心企业的核心产品或服务，由所涉及的原材料供应商、制造商、分销商、零售商直到最终用户等形成的网链结构。

我们可以把供应链看成一棵枝叶茂盛的大树。其中，生产企业是树的根；独家代理商是主干；分销商是树枝；满树的绿叶红花是最终用户；在根与主干、枝与干的一个个结点上，蕴藏着一次次的流通，遍体相通的脉络便是信息管理系统。

（二）供应链的构成要素

一般来说，构成供应链的基本要素包括以下几个。

1. 供应商

供应商是给生产厂家提供原材料或零部件的企业。

2. 厂家

厂家即产品制造企业，处于产品生产的最重要环节，负责产品生产、开发和售后服务等。

3. 分销企业

分销企业是为实现将产品送到经营地理范围每个角落而设的产品流通代理企业。

4. 零售企业

零售企业是将产品销售给消费者的企业。

5. 消费者

消费者是供应链的最后环节，也是整条供应链的唯一收入来源。

（三）供应链的分类

1. 根据供应链的范围分类

根据供应链的范围不同，供应链可分为内部供应链和外部供应链。

（1）内部供应链

内部供应链是指由企业内部产品在生产和流通过程中所涉及的采购部门、生产部门、仓储部门、销售部门等组成的供需网络。

（2）外部供应链

外部供应链是指由企业外部的，与企业相关的产品生产和流通过程中所涉及的原材料供应商、生产商、储运商、零售商以及最终消费者组成的供需网络。

内部供应链和外部供应链的关系是：二者共同组成了企业产品从原材料到成品，最终送达消费者的供应链。可以说，内部供应链是外部供应链的缩小化。比如，对于制造企业来说，其采购部门就可看作外部供应链中的供应商。内部供应链和外部供应链的区别只在于外部供应链范围大，涉及企业多，而且企业间的协调更困难。

2. 根据供应链的复杂程度分类

根据供应链的复杂程度不同，供应链可分为直接型供应链、扩展型供应链和终端型供应链。

（1）直接型供应链

直接型供应链是在产品、服务、资金和信息往上游和下游流动的过程中，由公司、该公司的供应商和该公司的客户组成的。

（2）扩展型供应链

扩展型供应链把直接供应商和直接客户的客户也包含在内，因为这些成员均参与了产品、服务、资金和信息往上游和下游流动的过程。

（3）终端型供应链

终端型供应链包括参与产品、服务、资金和信息从终端供应商到终端消费者的所有往上游和下游的流动过程中的所有组织。

3. 根据供应链的稳定性分类

根据供应链的稳定性不同，供应链可分为稳定的供应链和动态的供应链。基于相对稳定单一的市场需求而组成的供应链稳定性较强，而基于变化频繁、复杂的市场需求而组成的供应链动态性较高。在实际管理运作中，企业需要根据不断变化的市场需求，相应地改变供应链的组成。

4. 根据供应链的容量和市场需求分类

根据供应链的容量和市场需求不同，供应链可分为平衡的供应链和倾斜的供应链。当供应链的容量能满足市场需求时，供应链处于平衡状态；而当市场变化加剧，造成供应链上出现成本增加、库存增加、浪费增加等现象时，企业不是在最优状态下运作，则供应链处于倾斜状态。平衡的供应链可以实现各主要职能（采购/低采购成本、生产/规模效益、分销/低运输成本、市场/产品多样化和财务/资金周转快）之间的均衡。

5. 根据供应链的功能性分类

根据供应链的功能性不同，供应链可分为有效性供应链、反应性供应链和创新性供应链。有效性供应链（Efficient Supply Chain）主要体现供应链的物理功能，如以最低的成本将原材料转化成零部件、半成品、产品，以及供应链中的运输等；反应性供应链（Responsive Supply Chain）主要体现供应链的市场中介功能，即把产品分配到有需求的市场，对未预知的需求做出快速反应等；创新性供应链（Innovative Supply Chain）主要体现供应链的用户需求功能，即根据最终用户的喜好或时尚的引导，来调整产品的内容与形式，以满足用户需求。

6. 根据供应链企业的地位分类

根据供应链企业的地位不同，供应链可分为盟主型供应链和非盟主型供应链。盟主型供应链是指供应链中某个成员企业在整个供应链中占据主导地位，对其他成员企业具有很强的辐射能力和吸引能力，通常称该企业为核心企业或主导企业，如以零售商为核心的供应链。非盟主型供应链是指供应链中的企业彼此地位差距不大，对供应链的重要程度相同。

7. 根据供应链的动力因素分类

根据供应链的动力因素不同，供应链可分为推式供应链、拉式供应链和推拉结合供应链。

（1）推式供应链（Push-based Supply Chain）

推式供应链是基于生产预测的计划方法，根据预测的市场需求水平进行生产和库存管理，然后向下游供应链推送产品，推式供应链的动力因素是生产预测。生产商会预测市场需求，然后根据这些预测进行生产和库存管理，以确保他们有足够的产品在需要时提供给顾客。推式供应链通常适用于生产周期长、需求预测准确的产品。

（2）拉式供应链（Pull-based Supply Chain）

拉式供应链是基于顾客需求的生产计划方法，产品的生产和供应是根据实际订单和顾客需求进行的。生产是由需求驱动的，即顾客下订单后，生产商根据顾客的需求开始生产，而不会提前生产产品。拉式供应链通常适用于生产周期短、需求变化快的产品。

（3）推拉结合供应链（Push and Pull Supply Chain）

将拉式和推式结合起来形成的混合式供应链，即推拉结合供应链。推动部分与拉动部分的接口处被称为"推拉边界点"。

在"推拉边界点"之前,是推式的大规模通用化半成品生产阶段,此时有利于形成规模经济。生产按预测进行,中间产品生产出来后就保持中间的这种状态。

在"推拉边界点"之后,也就是收到订单后,生产商根据订单将半成品加工成最终产品,实现快速有效的客户反应。因此,"推拉边界点"之前是推式生产阶段,"推拉边界点"之后是拉式的差别化定制阶段。

二、供应链管理概述

(一)供应链管理的概念

供应链管理(Supply Chain Management,SCM),就是使供应链运作尽量优化,以较少的成本,通过协调供应链成员间的业务流程,让供应链从采购到满足最终顾客的所有过程均能高效率地运作,把合适的产品以合理的价格,及时、准确地送到顾客手上。

(二)供应链管理的基本思想

供应链管理的基本思想有以下几个。
① "横向一体化"的管理思想。
② 非核心业务采取外包方式分散给业务伙伴,形成战略性合作伙伴关系。
③ 供应链企业间形成的是一种合作性竞争。
④ 以顾客满意度作为目标的服务化管理。
⑤ 供应链管理追求物流、信息流、资金流、工作流和组织流的集成。
⑥ 借助信息技术实现目标管理是基础条件。
⑦ 更加关注与物流企业的合作。

(三)供应链管理的内容

供应链管理包括计划、采购、制造、配送、退货五大基本内容。

1. 计划

计划是供应链管理的策略性部分,即建立一系列的方法监控供应链,使其能够有效、低成本地为顾客递送高质量和高价值的产品或服务,这样的计划可以称为好的计划。

2. 采购

企业选择能提供货品和服务的供应商,与供应商设置一套定价、配送和付款流程并找到进行监控和改善管理的方法,将管理与供应商提供货品和服务的流程结合起来,包括提货、核实货单、转送货物到本企业制造部门及批准对供应商的付款等。

3. 制造(或生产)

制造包括安排生产、测试、打包和准备送货所需的活动,它是供应链管理中测量内容最多的部分,涉及质量水平、产品产量和工人生产效率等的测量。

4. 配送

有人将配送称为"物流",但实际上,配送和物流不完全一样。配送是指调整顾客的订单收据、建立仓库网络、派递送人员提货并送货到顾客手中、建立货品计价系统、接收付款。

5. 退货

退货是供应链中的问题处理部分。企业需建立网络接收顾客退回的次品和多余产品,并在顾客使用产品出问题时提供支持。

(四)常见的供应链管理方法

1. 快速反应(Quick Response,QR)

快速反应是美国纺织服装业发展起来的一种供应链管理方法,它是指物流企业面对多品种、小批量的买方市场时,不是储备了"产品",而是准备了各种"要素",从而在顾客提出要求时,能以最快速度抽取"要素",及时"组装",提供顾客所需服务或产品。

2. 有效客户反应(Efficient Consumer Response,ECR)

ECR 是美国食品杂货业发展起来的一种供应链管理策略,它是由生产商、批发商和零售商等成员组成供应链,各方相互协调合作,以更好、更快并且更低的成本满足顾客需要为目的的供应链管理解决方案。它是以满足顾客要求和最大限度降低物流过程中的费用为原则,能及时做出准确反应,使提供的物流供应或服务流程最优化的一种供应链管理策略。

QR 与 ECR 有以下几点不同。

(1)适用的行业不同,目标不同

QR 主要集中在纺织服装业,其主要目标是对顾客的需求做出快速反应,并快速补货。ECR 主要以食品杂货业为对象,其主要目标是降低供应链各环节的成本,提高效率。这是因为食品杂货业与纺织服装业经营的产品特点不同。比如,杂货业经营的产品多是一些功能型产品,每种产品的寿命相对较长,因此,订购数量过多(或过少)造成的损失相对较小。纺织服装业经营的产品多属创新型产品,每种产品的寿命相对较短,因此,订购数量过多(或过少)造成的损失相对较大。

(2)侧重点不同

QR 侧重于缩短交货期,快速响应顾客需求;ECR 侧重于减少和消除供应链的浪费,提高供应链运行的有效性。

(3)管理方法不同

QR 主要借助信息技术实现快速补发,通过联合产品开发缩短产品上市时间;ECR 除新产品快速有效引入外,还实行有效产品管理。

(4)改革的重点不同

QR 改革的重点是补货和订货的速度,目的是最大限度地消除缺货,并且只在产品有需求时才去采购;ECR 改革的重点是效率和成本。

案例 8-1

风神汽车供应链管理

一、风神汽车供应链结构

在风神汽车供应链中，核心企业风神汽车公司总部设在深圳，工厂设在湖北的襄阳、广东的广州。核心企业对整个供应链的运行进行信息流和物流的协调，各节点企业（供应商、中间仓库、工厂、专营店）在需求信息的驱动下，通过供应链的职能分工与合作（供给、库存、生产、分销等），以资金流、物流和服务流为媒介，实现整个风神汽车供应链的增值。"两地生产、委托加工"的供应链组织结构模式既灵活又科学，风神汽车供应链中所有企业得以有效地连接起来形成一体化的供应链，并和从原材料到向顾客按时交货的信息流相协调。同时，在所有供应链成员之间建立起了合作伙伴型的业务关系，促进了供应链活动的协调进行。

二、风神汽车供应链结构的特征

为了适应产品生命周期不断缩短、企业之间合作日益复杂，以及顾客要求更加挑剔的环境，风神汽车供应链中的供应商、产品（整车）制造商和分销商（专营店）被有机组织起来，形成了供给—生产—销售的供应链。风神汽车的供应商包括了多家国内供应商和国外供应商，其在全国各地设有多家专营店。供应商、制造商和分销商在战略、任务、资源和能力方面相互依赖，构成了十分复杂的供给—生产—销售网链。通过分析发现，风神汽车供应链的结构具有以下特征。

第一，风神汽车供应链的结构具有层次性。从组织边界的角度来看，虽然每个业务实体都是供应链的成员，但是它们可以通过不同的组织边界表达出来。这些实体在法律上是平等的，在业务关系上是有层次的，这与产品结构的层次是一致的。

第二，风神汽车供应链的结构表现为双向性。在风神汽车供应链中的企业，使用某种共同资源（如原材料、半成品或产品）的实体之间既相互竞争又相互合作，如襄阳厂和广州厂作为汽车制造厂，必然在产量、质量等很多方面存在竞争，但是在整个风神汽车供应链中又是紧密合作的。广州厂为襄阳厂提供冲压件，在备件、零部件发生短缺时，二者之间又会进行协调调拨以保证生产的连续性，最终保证供应链系统的整体最优。

第三，风神汽车供应链的结构呈多级性。随着供给、生产和销售关系的复杂化，风神汽车供应链中的成员越来越多。如果把供应链中相邻两个业务实体的关系看作一对"供应—购置"关系，对于风神汽车供应链这样的网链结构，这种关系应该是多级的，而且同一级涉及多个供应商和购置商。供应链结构的多级性增加了供应链管理的难度，但也为供应链的优化组合提供了基础，可以使风神汽车公司根据市场变化情况随时对备选伙伴进行组合，省去了重新寻找合作伙伴的时间。

第四，风神汽车供应链的结构是动态的。供应链成员通过物流和信息流联结起来，但是它们之间的关系并不是一成不变的。为适应风神汽车公司战略变化和市场变化的需要，风神汽车供应链中的节点企业需要动态地进行更新。而且，供应链成员之间的关系也会因顾客需求的变化而经常发生适应性的调整。

利用风神汽车供应链的这些特征，风神汽车公司找到了管理的重点。例如，风神汽车公司对供应链系统进行了层次区分，确定了主干供应链和分支供应链，在此基础上建立起了具有竞争力的一体化供应链。另外，风神汽车公司利用供应链结构的多级性特征，对供应链进行等级排列，对供应商或分销商做进一步细分，然后制定出具体的供给或组合策略。利用供应链结构的动态性特征，风神汽车公司适时修正供应链战略，使之不断适应外部环境的变化。

三、风神汽车供应链的管理策略

风神汽车供应链结构具有层次性、双向性、多级性、动态性等特征，在管理上涉及生产设计部门、控制部门、采购部门、市场营销部门等多个业务实体。面对如此复杂的供应链系统，如何选择恰当的管理策略是非常重要的。

1. 供应链核心企业的选址策略

风神汽车供应链中的核心企业设在深圳，这是因为深圳有优惠的税收政策和发达的资本市场，可为风神汽车公司以后的增资扩股、发行企业债券等提供财力支持。此外，深圳在交通、技术引进及资讯等方面，具有无可替代的地理优势，这些都是构成风神汽车供应链核心竞争力的重要因素。而位于湖北的襄阳厂有资金、管理及技术资源的优势，广东的广州厂具有整车组装能力，这样就形成了以深圳的总部作为供应链中销售、财务、技术、服务及管理的枢纽，而整车装配等生产过程放在襄阳厂和广州厂的格局，又以襄阳厂和广州厂为中心联结起众多的上游供应商，从而可以集中公司的核心优势完成销售、采购等核心业务。

2. 业务外包策略

风神汽车公司"总体规划、分期吸纳、优化组合"的方式很好地表达了供应链管理中的业务外包（Outsourcing）及扩展企业（Extended Corporation）思想。这种方式充分利用国际大平台的制造根底，根据市场需求的变化选择新的产品，并且可以最大限度降低基建投资及缩短生产准备期，还可以共享销售网络和市场，共同摊销研发成本、生产成本和物流成本，从而减少供应链运行的总成本，确保风神汽车公司生产出具有个性化、符合中国国情、具有较强竞争力的中高档轿车。风神汽车公司紧紧抓住核心业务，而将其他业务（如制造、仓储、物流等）外包出去。

3. 全球性资源优化配置

风神汽车公司的技术引进策略以及散装件的采购策略表达了其全球性资源优化配置的思想。风神汽车公司的整车设计技术是由日产等公司提供的，而采购则涉及国外采购和国内采购，整车装配在广州和襄阳两地进行，销售在国内不同地区的专营店进行，这就实现了从国内资源整合到全球性资源优化配置的供应链管理，大大增强了整个供应链的竞争能力。

4. 供应商管理库存的方式

在风神汽车供应链的运作模式中，很值得学习和借鉴的是其供应商管理库存（Vendor Managed Inventory，VMI）的思想。国外有学者认为，VMI是一种用户和供应商之间的合作性策略，以对双方来说都是最低的成本优化产品的可获性，在一个相互同意的目标框架下由供应商管理库存，这样的目标框架被经常性地监视和修正，以产生一种连续改良的环境。风神汽车公司的VMI策略和模式，是通过与其供应商之间建立长期战略性合作伙伴关系来实现的，它打破了传统的各自为政的库存管理模式，体现了供应链的集成化管理和"双赢"思想，能更好地适应市场化的要求。VMI是一种供应链集成化运作的决策代理模式，它把库存决策权代理给供应商，由供应商代理客户行使库存管理的决策权。例如，在风神汽车公司的采购过程中，风神汽车公司每六个月与供应商签订一个开口合同或者闭口合同，在每个月月初告诉供应商每个月的要货方案，然后供应商根据这个要货方案安排自己的生产，并将产品运送到风神汽车公司的中间仓库，而风神汽车公司的装配厂只需要按照生产方案凭领料单按时到中间仓库提取材料即可，由供应商采集库存的消耗信息并及时做出补充库存的决策。这种模式实现了准时供货，节约了库存成本，从而提高了整个供应链的竞争力。

5. 战略联盟的合作意识

风神汽车公司通过业务外包的资源整合，实现了强强联合，达到了共赢的目的。利用全球采购和产品开发技术，以及国内第三方物流公司的优势，风神汽车公司不仅获得了良好的开端，还为广州厂、襄阳厂及两地中间仓库和供应商带来了巨大商机，使供应链中的所有企业都能得到好的发展。风神汽车供应链中的合作企业认识到，它们已经构成了相互依存的联合体，各方都十分珍惜这种合作伙伴关系，并培育出了长期战略联盟的意识。可以说，这种意识才是风神汽车供应链真正的价值。

资料来源：根据网络资料整理。

第二节 供应链管理系统

一、供应链管理系统的概念

供应链管理系统是协调调度供应商、采购商、分销商和物流公司以控制产品的采购、生产、库存管理、递送等企业过程的信息系统。供应链管理系统软件是全方位的企业管理应用软件，可以帮助企业实现整个业务运作的自动化。供应链管理系统软件的主要作用是将企业与外部供应商和制造商联系起来。

二、供应链管理系统的价值

1. 数据传输安全，保证随时掌握情况

供应链管理系统将企业管理与外围企业管理有机地结合在一起，解决了因供应商分散、产品品种太多、订单过于频繁等情况而导致品牌运营商与供应商之间出现的沟通、数据传输及时性、数据安全性、数据完整性等方面的问题，整合了品牌运营商和上游资源，实现了效率的极大提升。

2. 信息沟通及时，生产、发货完美整合

品牌运营商通过供应链管理系统发布需求信息，使供应商能及时组织生产、发货等工作。品牌运营商能通过供应链管理系统掌握货品从供应商到门店的整个物流过程。同时，供应商也能通过供应链管理系统了解到自己所生产的货品在门店的库存及销售情况。供应链管理系统实现了供应商与运营商之间的互动。

3. 缩短生产周期，降低企业运营成本

企业采用供应链管理系统可以缩短与供应商的业务洽谈时间，大幅度减少采购成本。供应商也能通过供应链管理系统了解自己产品的应用情况，以做出合理的补货策略。

4. 促进合作，建立良好的供应商关系

企业通过改进与供应商之间的业务处理流程，与供应商进行协同办公，以及密切的信息交换，提高了对例外事件的管理能力和响应速度，从而与供应商建立起稳固、长期的伙伴关系。

三、供应链管理系统的模块

供应链管理系统包括供应商管理、采购管理、生产管理、销售管理、仓储管理和物流管理六个模块，这六个模块紧紧围绕着供应链管理的计划、采购、制造、配送、退货五大基本内容。

1. 供应商管理

供应商管理系统中的供应商管理模块以购货价格为中心，对供应商供货业务资料进行详细的记录和控制，包括不同的供应商、物料、数量段、币别、价格和折扣等信息。此外，供应链管理系统还能自动更新数据、进行数据分析，并提供采购最高限价的控制和预警管理。

为了进一步优化供应链的库存管理，企业可以将生产线上的实际生产状况和配置信息通过供应链管理系统传递给供应商，要求供应商根据产品配置和上线顺序将货物排序后送到生产线旁，实现同步生产，从而有效降低库存。

2. 采购管理

采购管理模块是供应链管理系统中的基础模块，负责企业的采购活动，涉及询价、招标、报价、订单等环节。该模块能够协调供应商和采购商之间的交流，提高采购效率和质量，降低采购成本和风险，确保产品质量和交货期。采购管理模块还可以编制采购计划、生成采购订单，管理采购合同和供应商档案，掌握企业的采购情况和费用支出，帮助企业实现对供应商的管理和审批。

3. 生产管理

生产管理模块是供应链管理系统中与生产相关的重要功能模块。该模块包括生产计划制订、生产任务分配和生产进度跟踪等功能。通过生产计划制订功能，企业可以根据市场需求和资源情况制订合理的生产计划，确保生产高效运行。生产任务分配功能可以将生产任务合理地分配给不同的工作组或工作站，提高生产效率。生产进度跟踪功能可以实时监控生产进度，及时发现和解决生产过程中的问题，确保按时交付产品。

4. 销售管理

销售管理模块是供应链管理系统中与销售环节相关的功能模块。它能够帮助企业实现销售业务的全过程管理和业务流程优化，包括询价、报价、订单管理、出货管理、收款管理等。销售管理模块可以根据企业的情况，满足多种订单类型、不同报价方式和多种发货方式等定制化需求。该模块还支持多种支付方式，帮助企业与客户保持紧密联系和沟通，提高销售效率和客户满意度。同时，销售管理模块能够提供实时、全面的销售分析和预测，帮助企业进行市场调整和销售策略优化，提高销售业绩和利润。

5. 仓储管理

仓储管理模块的核心在于全面管理和控制企业的库存情况，实现物流和资金流的有效整合。该模块包括存货资料管理、入库管理、出库管理、库存查询、库存调拨和盘点等功能。该模块能够根据企业的实际需求进行多仓库、多货位、多计量单位和多批次的库存管理，提高库存周转率和资金利用率，降低库存积压风险。仓库管理模块能帮助企业提高库存管理水平，控制库存成本，优化供应链的库存流转。

6. 物流管理

物流管理模块主要用于全面管理和控制企业的物流流程，涉及运输方式、运输路线、运输费用、货运跟踪、客户投诉等。物流管理模块能够根据企业的物流需求选择合适的运输方式和物流服务商，优化运输路线和运输过程，实现物流信息的共享和跟踪。物流管理模块能为企业提供高效、安全、便捷的物流服务，提升客户满意度和品牌价值。

四、供应链管理系统中的信息

信息是供应链管理系统中很重要的内容，有学者认为，供应链管理就是对物流和信息流等的管理，应注重物流和信息流的协同。

具体来说，供应链管理系统中有"四流"：商流、物流、资金流、信息流。这"四流"将供应链上的成员，如供应商、制造商、经销商、零售商、顾客等，有效地组织在一起进行产品制造、转运、分销及零售。供应链上的成员以及链上信息的流动如图8-1所示。

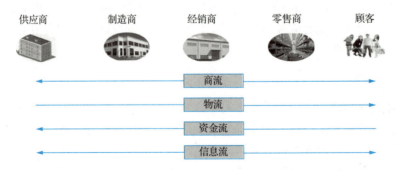

图8-1　供应链上的成员以及链上信息的流动

第三节 推式供应链业务流程

一、推式供应链的概念

推式供应链又称推动式供应链,是指以制造商为核心企业,制造商将产品生产出来后根据产品的生产和库存情况,有计划地把产品从分销商逐级推向用户。这种供应链的驱动力源于供应链上游制造商的生产,制造商处于主动、核心的地位,分销商和零售商处于被动接受地位,各成员企业之间的集成度较低,对需求变动的响应能力较差。

二、推式供应链的运作模式

推式供应链是以生产为中心的,即推动源点在制造商,制造商以提高生产率、降低单件产品成本获利为驱动源进行生产决策,产品生产出来后由"分销商→批发商→零售商"逐级推向用户。推式供应链的运作模式可用图 8-2 表示。

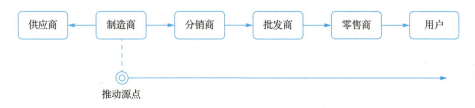

图 8-2 推式供应链的运作模式

三、推式供应链的特点和适用场合

在推式供应链中,制造商利用从零售商处获得的订单进行需求预测,然后根据预测的结果进行生产和分销决策,而预测往往是不准确的,也就是说,制造商从零售商那里获取的订单变动要比用户实际需求的变动大得多(这就是通常所说的"牛鞭效应"),这就导致制造商的计划和管理工作变得很困难,从而使得推式供应链上各节点比较松散,追求降低物理功能成本,这是卖方市场下供应链的一种表现。另外,由于制造商不了解用户需求变化,因此对市场变化反应迟钝。如果预测的结果比实际需求少,就难以满足用户需求,导致服务水平下降;如果预测的结果比实际需求多,意味着制造商要承担高昂的资源闲置成本。对运输能力和库存的确定也面临着同样的问题。

推式供应链比较适用于一些消费变化不大、技术革新不会太快的比较稳定的市场,以及有稳定渠道的市场,如工程机械、日常消费品等市场。

四、推式供应链业务流程

推式供应链的业务流程大致包括采购、生产、物流、库存管理(包括出入库)等环节,涉及的角色包括供应商、制造商、物流企业、分销商(零售商)、最终用户等。

采购:制造商根据用户需求预测需求量,制订生产计划,再根据生产计划确定采购策略,寻找合适的供应商,下达采购单。

生产:制造商收到供应商的材料后根据生产计划进行生产。

物流:制造商向供应商订购的材料通过物流企业运送给制造商;制造商生产出来的产品通过物流企业运送给分销商(零售商),分销商(零售商)将用户需要的产品通过物流企业送到最终用户手中。

库存管理(包括出入库):根据客户(包括制造商、分销商、零售商)要求,安排出入库。

推式供应链业务流程如图 8-3 所示。

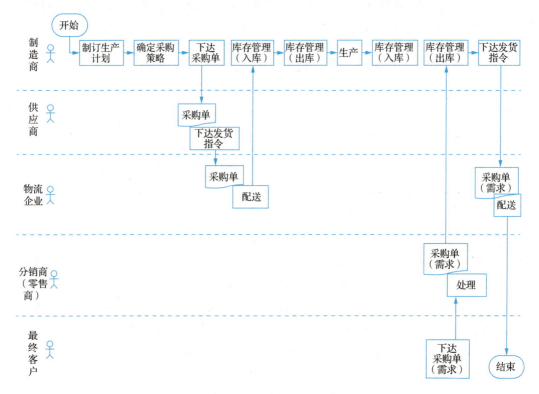

图 8-3 推式供应链业务流程图

第四节　拉式供应链业务流程

一、拉式供应链的概念

拉式供应链又称拉动式供应链，是指以用户为中心，根据用户的个性化需求逐级通过经销商下订单到制造商，将销售订单转变成生产订单，制造商根据订单需求来决定生产什么，以充分满足用户的个性化需求，生产好了再通过渠道给到用户。产品需求是从用户端定义的，需求拉动生产，有一个"拉"的动作。

二、拉式供应链的运作模式

拉式供应链是用户导向（或需求导向）的，推动源点在用户，用户购买产品后，由零售商的销售时点情报，沿着零售商→批发商→分销商，流向制造商，产生自动补货要求。制造商再快速生产，并通知给零售商。拉式供应链的运作模式如图8-4所示。

图 8-4　拉式供应链的运作模式

三、拉式供应链的特点和适用场合

拉式供应链是以用户订单为基础组织生产、采购、物流的，其管理目标是寻求高服务水平。这种模式对供应链各环节集成度要求较高，有时候为了满足用户的差异化需求，会不断追加供应链成本，比较适用于产品需求特殊的定制化产品。这种模式下，制造商无法提前做计划和预测，难以实现生产和物流的规模优势。在这种根据用户订单来安排生产的模式下，由于产品差异大，产品品目也较多，会对计划排产造成很大的困难，加上用户订单变更、紧急插单等情况，制造商经常会面临产品交期难、成本高、利润低等情况，还会因为无法按期交付产品而被罚款。

拉式供应链的信息往往是由下游向上游传递的，下游用户对自身需求的变化更加敏感，另外，处在供应链下游的企业离终端用户更近，更能敏感地意识到终端用户需求的变化。当行业内采用拉式供应链时，可以更好地向上游传递需求变化的讯息。

因此，拉式供应链往往适用于需求变动极大的产品、非标产品、定制产品，适用于技术迭代非常快的行业。

四、拉式供应链的业务流程

简单地说，拉式供应链就是以订单作为运营的起点，信息是按"用户→零售商→……→制造商→供应商→供应商的供应商"这一方向传递的。

在企业（制造商）内部，拉式供应链的业务流程往往是：由销售部门告诉生产部门产品需求计划，再由生产部门将生产计划传递给采购部门，由采购部门根据生产计划确定原料需求情况，采购部门再将原料需求信息传递给企业的供应商。

第五节　供应链驱动方式选择

一、供应链驱动方式选择策略

推式供应链和拉式供应链各有优缺点，企业应如何选择呢？企业在选择供应链驱动方式时，有以下两种方法。

（一）根据两大驱动因素进行选择

1. 市场需求不确定性（市场需求变化风险）

第一个驱动因素是市场需求不确定性（市场需求变化风险），如果企业面对的市场需求不确定性较大，即市场需求变化风险较大，则适宜选择拉式供应链策略；反之，则适宜选择推式供应链策略。

2. 自身产品生产和销售规模经济

第二个驱动因素是企业自身产品生产和销售规模经济，企业的产品生产和销售规模经济越重要的，则企业越适宜选择推式供应链策略；反之，则适宜选择拉式供应链策略。

根据市场需求不确定性和自身产品生产和销售规模经济把产品划分为图 8-5 所示的四个区域，每个区域适宜选择不同的供应链驱动方式。

Ⅰ区域：小批量定制化产品，这类产品的市场需求不确定性较大，且属于产品、装配或配销的规模经济效应较小的品类，如特殊设备，适用于拉式供应链策略。

Ⅱ区域：规模定制化产品，这类产品的市场需求不确定性较大，但在生产、销售或物流配送环节具有规模经济效应。比如家具，一方面，家具需求较为个性化，如在形状、颜色等方面存在很大的需求差异性，无法基于大量预测来确定生产决策，而是要依据订单来安排生产，生产策略必须遵循拉式供应链策略；另一方面，由于家具的需求规模大，在物流配送环节可利用规模经济优势，通过集中大规模运输来降低运输成本，因此，在物流配送方面宜遵循推式供应链策略。

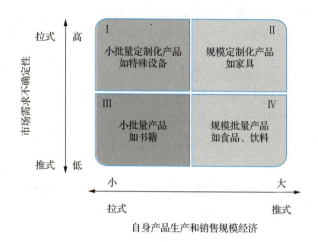

图 8-5　根据市场需求不确定性和自身产品生产和销售规模经济选择供应链驱动方式

Ⅲ区域：小批量产品，这类产品的市场需求不确定性较小，且规模经济也较低，如书籍等，这类产品应当选择什么样的供应链策略，需要结合实际情况具体分析，采用传统的推式供应链策略或拉式供应链策略可能均合适。

Ⅳ区域：规模批量产品，这类产品的市场需求不确定性较小，但具有规模经济效应，如食品、饮料，可以依据需求预测，结合存货管理模式来安排生产计划，这样做不会增加大量的库存成本，同时，可以利用规模经济来降低生产与销售物流配送环节的成本，因此，采用传统的推式供应链策略是比较合适的。

（二）根据供应链销售物流配送端进行选择

图 8-5 中的四个区域的划分主要是考虑了企业生产的产品的特性和规模情况，大多未考虑供应链销售物流配送端的推拉策略，销售物流配送端也可根据市场需求和规模经济效应选择推式或拉式供应链策略。仍以家具为例，家具体积比较大，物流运输成本比较高，厂商可通过大规模运输来降低运输成本。通常情况下，家具厂商接到订单后才安排生产，生产完成后安排发货运输，一般是将该产品与其他所有需要运输到某地区的产品一起集中运送到渠道商商店里，此时选择的就是推式供应链策略。

只有选择了符合产品特点的供应链策略，才能确保后续供应链运营流程的有效性，否则都是舍本逐末。可以说，供应链策略属于供应链战略层面的设计，只有战略设计得科学合理，支撑战略的风险控制相关流程设计才是有效的。

二、推拉结合的供应链整合运作模式

对于一个特定的产品，应当采用什么样的供应链策略呢？有学者认为，可以在产品分销计划实施前后分别采取推、拉两种不同的运作模式，并将推动阶段和拉动阶段之间的分界点作为顾客需求切入点。在切入点之前，按推动式的大规模通用化方式和需求预测组织生产，以形成规模经济；在切入点之后，先将产品的后续分级、加工及包装和配送等过程延迟，待切入顾客的需求信息并接到订单后，再根据实际订单信息，尽快将产品按顾客的个性化或定制要求分级、加工包装为最终产品，实现对顾客需求的快速有效反应。即在供应链的上游采用推式供应链策略，下游采用拉式供应链策略，因此，推拉结合供应链也就是"前推后拉"的混合式供应链。

当然，顾客需求切入点的位置是可以调整的。当切入点向供应链上游方向移动时，顾客的需求信息会较早地被切入生产过程，产品同质化生产阶段会相应缩短，从而扩大按订单执行生产供给活动的范围；当切入点向供应链下游方向移动时，产品的个性化培育时间会被推迟，规模化时间相应延长。实践中，顾客需求切入点的位置一般要根据产品生产特征和市场需求特点等来调整。

总之，推式与拉式供应链策略各有优点，不同行业因产品与市场不同，会采用不同的供应链策略。甚至同一企业的不同产品线，也可能采用不同的供应链策略。以亚马逊网络书店为例，其畅销书部分采用提前进货库存，接单即现货配送的推式供应链策略，而冷门书部分则采用接单后再向出版社订货的拉式供应链策略。另外，企业在产品新上市阶段，通常采用推式供应链策略把现货尽量推向顾客，当产品进入衰退期与夕阳期时，供应链就要逐步拉回。就"推"而言，要推得省，推得准；就"拉"而言，要拉得快，拉得好（让顾客觉得好）。至于如何整合"推"与"拉"，追求供应链在效率与响应方面的最佳组合，大概是供应链管理追求的终极目标了。

本 章 小 结

供应链是生产及流通过程中，围绕核心企业的核心产品或服务，由所涉及的原材料供应商、制造商、分销商、零售商直到最终用户等形成的网链结构。一般来说，构成供应链的基本要素包括供应商、厂家、分销企业、零售企业和消费者。

根据供应链的动力因素不同，供应链可分为推式供应链、拉式供应链和推拉结合供应链。推式供应链是基于生产预测的计划方法，根据预测的市场需求水平进行生产和库存管理，然后向下游供应链推送产品。推式供应链通常适用于生产周期长、需求预测准确的产品。拉式供应链是基于顾客需求的生产计划方法，产品的生产和供应是根据实际订单和顾客需求进行的。拉式供应链通常适用于生产周期短、需求变化快的产品。推拉结合供应链是将拉式和推式结合起来形成的混合式供应链。

供应链管理是使供应链运作尽量优化，以较少的成本，通过协调供应链成员间的业务流程，让供应链从采购到满足最终顾客的所有过程均能高效率地运作，把合适的产品以合理的价格，及时、准确地送到顾客手上。供应链管理包括计划、采购、制造、配送、退货五大基本内容。常见的供应链管理方法有快速反应和有效客户反应。

供应链管理系统具有以下价值：数据传输安全，保证随时掌握情况；信息沟通及时，生产、发货完美整合；缩短生产周期，降低企业运营成本；促进合作，建立良好的供应商关系。

推式供应链和拉式供应链各有优缺点，企业在选择供应链策略时，可以根据市场需求不确定性（市场需求变化风险）和自身产品生产和销售规模经济这两大驱动因素进行选择，也可以根据供应链销售物流配送端进行选择。

习　题

一、单项选择题

1. 企业的产品生产和销售规模经济越重要的，则企业越适宜选择（　　）供应链策略。
   A．前推后拉式　　　B．推式　　　　　C．前拉后推式　　　D．拉式
2. 根据供应链的（　　）不同，供应链分为有效性供应链、反应性供应链和创新性供应链。
   A．复杂程度　　　　B．地域性　　　　C．功能性　　　　　D．动力因素

二、多项选择题

1. 根据供应链的复杂程度不同，供应链可分为（　　）。
   A．平衡供应链　　　　　　　　　B．直接型供应链
   C．扩展型供应链　　　　　　　　D．动态供应链
   E．终端型供应链
2. QR 与 ECR 的不同是（　　）。
   A．适用的行业不同，目标不同　　B．侧重点不同
   C．管理方法不同　　　　　　　　D．效果不同
   E．改革的重点不同

三、判断题

1. 供应链管理就是对物流和信息流等的管理，注重物流和信息流的协同。（　　）
2. 如果企业面对的市场需求不确定性大，即市场需求变化风险大，则企业适宜选择推式供应链策略。（　　）

四、填空题

1. 供应链管理包括_____、_____、_____、_____、_____五大基本内容。
2. 供应链管理系统中有"四流"：_____、_____、_____和_____。
3. 根据供应链的范围不同，供应链可分为_____、_____。

五、名词解释

1. 供应链
2. 供应链管理
3. 有效客户反应

4．快速反应

六、简答题
简述供应链管理系统的价值。

七、拓展阅读

供应链信息共享的模式

信息共享可以帮助供应链上的各方更好地协同工作，提高供应计划的准确性和及时性，降低库存水平和供应风险，还可以提高生产效率和质量，降低成本，最终实现供应链整体效率的提升和长期稳定的发展。供应链信息共享的模式主要有以下几种。

1．供应商管理库存

供应商管理库存是一种以用户和供应商双方都获得最低成本为目的，在一个共同的协议下由供应商管理库存，并不断监督协议执行情况和修正协议内容，使库存管理得到持续改进的合作性策略。这种库存管理策略打破了传统的各自为政的库存管理模式，体现了供应链的集成化管理思想，适应市场变化的要求。供应商管理库存在供应链中的作用十分重要，通过共享销售数据和库存水平信息，供应商可以更好地预测和满足客户需求。

2．协同计划、预测和补货

协同计划、预测和补货（Collaborative Planning Forecasting and Replenishment，CPFR）是一种协同的供应链管理方法，通过共享销售数据、库存水平和预测信息，供应商、零售商和分销商可以共同制订更准确的供应计划。CPFR 在降低销售商的存货量的同时，增加了供应商的销售额。

3．物流信息共享

物流信息共享是指供应链上的各方共享运输、库存和物流信息，以提高物流效率和减少物流成本。

4．订单信息共享

订单信息共享是指供应链上的各方共享订单数据和发货信息，以提高供应链的透明度和协同性。

5．预测信息共享

预测信息共享是指供应链上的各方共享销售预测数据，以制订更准确、更灵活的供应计划。

6．零售商信息共享

零售商信息共享是指零售商与供应商之间共享销售数据和库存信息，以增强供应商对零售商销售情况的了解和提高预测的准确性。

7．供应商合作研发

供应商合作研发是一种协同的研发策略，供应商和制造商可以共同开发新产品、新技术和新工艺，以提高产品质量和竞争力。

8. 供应链金融信息共享

供应链金融信息共享是指供应链上的各方共享资金流和物流信息，以降低供应链的金融风险。

【实验 8-1】广西君武糖业集团拉式供应链整体业务流程

广西君武糖业集团榕江制糖有限公司按订单生产业务场景如下。

广西君武糖业集团博萃贸易有限公司（以下简称博萃贸易有限公司）计划向广西君武糖业集团榕江制糖有限公司（以下简称榕江制糖有限公司）采购白砂糖 10 吨。榕江制糖有限公司线下对客户进行报价，与客户沟通达成一致后，签订销售合同。随后，榕江制糖有限公司进行白砂糖的生产及交付。

1. 创建销售订单

【操作内容】创建销售订单

【路径】SAP 菜单→后勤→销售与分销→销售→订单→VA01-创建

【事务码】VA01

2. 生产订单

生产部计划人员张某根据销售订单情况，结合工厂产能等实际情况，将销售订单转换为相应产品的生产订单（记住自己新建的生产订单号码，后续需要用到）。

【操作内容】生产订单下单

【路径】SAP 菜单→后勤→生产→车间现场控制→订单→创建→CO08-用于销售订单

【事务码】CO08

3. 采购申请

根据生产订单组件的需求量，采购员在 SAP 系统中查询需要购买的物料，并创建采购申请单。

【操作内容】生产订单更改

【路径】SAP 菜单→后勤→生产→车间现场控制→订单→CO02-更改

【事务码】CO02

4. 询价

采购中心商务人员王某根据采购申请对甘蔗等物料进行询报价，分别让南宁甘蔗商贸有限公司（管理信息系统）、南宁甘蔗商贸有限公司、广西东糖双高甘蔗发展有限公司三家公司报价，三家公司报价分别为 500 元/吨、510 元/吨、501 元/吨。

根据三家公司报价情况，对供应商进行综合评价打分，考虑供应商实力、价格等多种因素，最终准备从南宁甘蔗商贸有限公司（管理信息系统）进货，进货价经过商务谈判，确定为 500 元/吨。

市场调研员李某，对物料甘蔗的市场价格进行了调研，并参与了询报价过程，在 SAP 系统进行了报价比对，认为南宁甘蔗商贸有限公司（管理信息系统）500 元/吨的价格比较优惠，在 SAP 系统确定南宁甘蔗商贸有限公司（管理信息系统）入选，其他两家拒绝。

【操作内容】创建采购询价单
【路径】SAP 菜单→后勤→物料管理→采购→询价/报价→询价→ME41-创建
【事务码】ME41

5. 报价

【操作内容】维护报价单
【路径】SAP 菜单→后勤→物料管理→采购→询价/报价→报价→ME47-维护
【事务码】ME47

6. 价格比较

【操作内容】价格比较
【路径】SAP 菜单→后勤→物料管理→采购→询价/报价→报价→ME49-价格比较
【事务码】ME49

7. 采购订单

经过前面的报价比价，已经确定向供应商 10000071 进行采购，业务员可以根据报价单直接创建采购订单。

【操作内容】创建采购订单
【路径】SAP 菜单→后勤→采购→采购订单→创建→ME21N-已知供应商/供应工厂
【事务码】ME21N

8. 采购收货

采购跟单员刘某打印采购订单，并通知仓库保管员吴某采购订单号、到货时间。同时通知供应商南宁甘蔗商贸有限公司（管理信息系统）按照采购订单具体数量、交货时间按时送货。南宁甘蔗商贸有限公司（管理信息系统）送货到榕江制糖有限公司，储运中心仓库保管员根据采购订单收货，货进入质检状态。质控中心进行进厂检验，检验合格。

榕江制糖有限公司储运中心仓库保管员吴某在 SAP 系统进行收货操作。

【操作内容】创建采购收货单
【路径】SAP 菜单→后勤→物料管理→库存管理→货物移动→MIGO-货物移动
【事务码】MIGO

9. 生产领料

车间生产内勤赵某查看车间生产情况，根据生产订单数量进行生产领料，及时补充原料到生产车间，保证生产正常运行。

【操作内容】创建生产领料单
【路径】SAP 菜单→后勤→生产→车间现场控制→货物移动→MIGO-发货/收货
【事务码】MIGO

10. 生产收货

车间生产内勤赵某在系统创建生产入库,形成车间的产品入库单。
【操作内容】生产订单收货
【路径】SAP 菜单→后勤→生产→车间现场控制→货物移动→MIGO-发货/收货
【事务码】MIGO

11. 生产订单关闭

车间主任武某跟踪生产订单的执行过程,确定生产订单全部完工无误,并经过相关部门确认完成后,通知相应人员对该生产订单关闭结算。
【操作内容】生产订单关闭
【路径】SAP 菜单→后勤→生产→车间现场控制→订单→CO02-更改
【事务码】CO02

12. 销售交货

由销售订单需求得知,榕江制糖有限公司销售给博萃贸易有限公司 10 吨白砂糖。榕江制糖有限公司生产完成后进行产品交货。
【操作内容】销售交货
【路径】SAP 菜单→后勤→销售与分销→装运和运输→出库交货→创建→单个凭证→VL01N-含销售订单参考
【事务码】VL01N

第九章

商务智能与商务数据分析

学习目标

1. 了解商务智能的概念和发展;
2. 掌握商务智能系统的基本架构;
3. 理解数据的商业价值;
4. 掌握商务数据分析的步骤;
5. 掌握 Python 在数据分析中的应用;
6. 掌握数据可视化的方法;
7. 掌握数据挖掘及其商业应用。

第一节　商务智能概述

一、商务智能的概念

商务智能（Business Intelligence，BI），又称商业智慧或商业智能，最早可追溯到1958年 IBM 的研究员提到的"智能"这一概念。他将"智能"定义为"对事物相互关系的一种理解能力，并依靠这种能力去指导决策，以达到预期的目标"。1996年，加特纳集团（Gartner Group）提出了商务智能的概念，认为商务智能描述了一系列的概念和方法，通过应用基于事实的支持系统来辅助商业决策的制定。商务智能技术为企业提供了迅速分析数据的技术和方法，包括收集、管理和分析数据，将这些数据转化为有用的信息，然后分发到企业各处。

目前对商务智能的定义是：商务智能是指用现代数据仓库技术、线上分析处理技术、数据挖掘和数据展现技术进行数据分析以实现商业价值。

也有学者把商务智能看成是一种解决方案，从许多来自不同的企业运作系统的数据中提取出有用的数据并进行清理，以保证数据的准确性，然后经过 ETL（E：Extract，抽取；T：Transform，转换；L：Load，装载）后合并到一个企业级的数据仓库里，从而得到企业数据的一个全局视图，在此基础上利用合适的查询和分析工具、数据挖掘工具（大数据魔镜）、联机分析处理（Online Analytical Processing，OLAP）等工具进行分析和处理，把信息变为辅助决策的知识，并将知识呈现给管理者，为管理者的决策提供支持。商务智能也可以理解为：

商务智能=数据仓库+数据挖掘+联机分析处理+数据展现

提供商务智能解决方案的著名 IT 厂商有 SAP、IBM、微软、Oracle、Informatica、SAS、Microstrategy、Royalsoft、帆软等。

二、商务智能的发展

商务智能是随着互联网的高速发展和企业信息化的不断深入而产生的，其发展也是一个渐进的、复杂的演变过程。而且商务智能目前仍然处于发展之中。

商务智能的发展如图9-1所示。

图 9-1　商务智能的发展

（一）事务处理系统

事务处理系统（Transaction Processing System，TPS），又称业务处理系统。20世纪50

年代初期，TPS 被用来进行经营管理工作中的数据处理，特别是会计和统计工作中的数据处理，主要用于运作层的控制管理。TPS 以计算机处理代替某些手工操作，在这一时期主要是借助计算机的运算能力将人力从大量的计算和重复性的工作中解脱出来。在 TPS 中，事务是最小的工作单元，作为一个整体进行工作，换句话说，一个事务要么成功，要么失败，因为如果事务中有一部分失败，则整个事务失败，系统返回到事务开始时的状态，这个取消所有变化的过程称为"回滚"（Rollback）。例如，如果一个事务要更新三个表，如果已经成功更新了两个表并在更新第三个表时失败，则系统会将两次更新取消，并返回到原始的状态，事务的这种特点也称事务的"原子性"。

（二）高级管理人员信息系统

高级管理人员信息系统（Executive Information System，EIS），又称经理信息系统或主管信息系统。20 世纪 80 年代初期，企业管理人员发现将传统上源自职员的信息转变为可以直接从计算机访问的数据，可以方便他们对竞争对手、客户和目标市场进行分析比较，并在时间上进行跟踪，从而使管理人员可以及时了解当前的业务状态并对未来的发展趋势进行预测，还可以应用分析模型进行有效的分析。

（三）管理信息系统

管理信息系统（Management Information System，MIS）的出现部分地解决了 EIS 存在的问题，它面向所有的管理人员，覆盖了企业所有的业务内容，能够帮助管理人员了解企业的日常业务，并进行高效的控制、组织和计划。虽然 MIS 比 EIS 有了很大的进步，但由于它处理的是日常事务，对中层管理人员的作用较大，而对高层决策者却无法从全局的、战略的高度给予很大的支持。

（四）决策支持系统

决策支持系统（Decision Support System，DSS）是辅助决策者通过数据、模型和知识，以人机交互方式进行半结构化或非结构化决策的计算机应用系统。它是由管理信息系统向更高一级发展而产生的先进信息管理系统。它为决策者提供了分析问题、建立模型、模拟决策过程和制订方案的环境，可以帮助决策者提高决策水平和质量。

结构化决策是指对于某一决策过程的环境及规则，能用确定的模型或语言描述，以适当的算法产生决策方案，并能从多种方案中选择最优解的决策。

非结构化决策是指决策过程复杂，不能用确定的模型和语言来描述其决策过程，更无所谓最优解的决策。

半结构化决策是介于结构化决策和非结构化决策之间的决策，对于这类决策可以通过建立适当的算法产生决策方案，从决策方案中得到较优的解。

非结构化决策和半结构化决策一般适用于一个组织的中、高管理层，决策者一方面需要根据经验进行分析判断，另一方面也需要借助计算机为决策提供各种辅助信息，以便及时做出正确有效的决策。

（五）商务智能系统

商务智能系统（Business Intelligence System，BIS）是一个可包含企业所有知识的系统，服务于决策层或部门执行经理，通过可视化帮助他们进行分析和决策。

三、商务智能的前景分析

BI 属于 IT 领域内一个较为庞大的细分领域，BI 有以下四大发展趋势。

（一）云端化

过去，由于业务系统的本地化，BI 也基本是基于本地布局，而随着数据获取技术的深入，以及数据布局越来越广泛，数据分析中的"数据"和"分析"在未来将相伴相随，不一定要通过复杂的获取手段，集中在某个特定分析场景才能进行。近年来，随着业务系统的云端化，业务数据也变得越来越规范标准，且成规模。

BI 的云端化具体有四大表现。

① 云端 BI 与业务系统云端直接打通，或者基于云端应用进行 BI 的嵌入式改造。

② 在提供 SaaS BI（SaaS 全称 Software as a Service，即软件即服务，企业可以从 SaaS 提供商处租赁软件服务，无须购买软硬件、建设机房、招聘 IT 人员，便可通过互联网使用信息系统，就像打开电源开关就能用电一样）产品的同时，提供各种 SaaS 平台上标准的数据接口，目前很多 BI 工具的服务器端（或 Web 端）都是基于此模式的。

③ 虽然很多产品宣传云端的价格便宜，但其数据分析的性能并未提升至卓越状态。虽然云端看似已经可以实现 BI 软件的全部功能，但是云端的性能仍然存在较大的提升空间。

④ 云端服务的协同性有进一步提升的可能，将更有利于团队内部的知识管理和信息共享。

（二）相对于数据价值，BI 工具性减弱

随着可视化技术的逐步完善与发展，BI 产品间的差异越来越小，工具整体所需具备的功能也越发地明晰，使用门槛也在逐年降低。客户对于数据本身的价值越发看重，BI 工具性减弱，与工具性减弱相对应的，是集成程度和平台化需求的加深，如市场对于"全"的需求逐步高于对"专"的需求，数据分析软件也需要逐步搭配轻量级的 ETL 数据准备功能。对于大型企业来说，能够集成多种 BI 产品的平台化服务越来越受到它们的青睐，简单统一的用户界面（User Interface，UI）风格、权限管控，甚至一整套行业问题的分析解决方案，都有助于客户回归到最本质的数据价值上来。

（三）预测性分析、人工智能和机器学习

预测性分析、人工智能和机器学习作为基础技术的影响范围必然是全行业的，BI 产品也不例外。Power BI 和 Anna 的结合，Tableau 和 Microstrategy 的提问式分析，其本质都是转变过去由因推果的分析模式，进阶到通过大量既定的结果推出原因的探因分析，进而利

用规律辅助做出预测性分析。这些技术无疑为 BI 数据分析提供了更多的想象空间，如语音提问式交互、机器洞察、果-因分析等。随着技术的发展和基础信息的爆炸式输入，高级交互和分析手段在稳步地走向成熟。

（四）移动 BI

移动 BI（Mobile Business Intelligence）通过移动终端设备，使客户能够随时随地获取所需的业务数据及分析，能完成独立的分析与决策应用，实现决策分析无处不在的实时动态管理。移动 BI 融合了计算机技术、通信技术、互联网技术，消除了时间和空间的限制，企业高层和基层员工均可将移动 BI 作为辅助决策的有力工具。

由于信息传输更加快速，领导者可以随时随地做决策，从而提高办公效率，实现管理价值。移动 BI 还能使领导者及时得到重要预警，从而提高风险管控水平，实现信息价值。可以说，移动 BI 满足了现代企业运营管理的迫切需要。

案例 9-1

BI 产品应用解决方案

随着李宁集团经营规模的不断扩大，信息化的建设也在不断深入，从 POS 系统到 ERP 系统，从 MAIL 系统到 OA 系统，集团的各项工作都与信息系统密不可分，李宁集团可以说是行业内信息化建设的先导者之一。但是随着信息系统的日益增多，各种问题也不断涌现（如信息孤岛、大量历史数据闲置）。应如何将多个信息系统的数据进行整合？如何将大量闲置的历史数据提炼成知识？

汉端科技（ADM）根据自己多年的 BI 行业经验，针对这些问题提出了解决方案。ADM 的 BI 系统能提供有力的数据挖掘、信息分析整理、数据管理等解决方案，帮助企业梳理和制定完善的报表体系，为企业建立具有竞争力的分析模式和模型，帮助企业充分利用现有信息资源，为企业各个业务部门提供销售、产品规划、财务、库存等核心业务的辅助决策。

BI 系统主要功能及其描述如表 9-1 所示。

表 9-1　BI 系统主要功能及其描述

功能主题	主要功能描述
高级综合分析主题	本年销售系统总体增长
	综合店效（南北区域）
	区域零售总体增长水平
	分销业务部分区域订货情况
	零售子公司分区域订货情况
	平效与竞品差距

续表

功能主题	主要功能描述
销售及业绩看板分析主题	新品销售总体分析
	新品销售同期对比分析
	各产品类别销售-订货对比分析
	交叉分析-按各分析维度
	销售排名分析
订货情况分析主题	订货总体情况
	各指标总体规划与实际订货对比
	订货情况同期对比分析
	交叉分析-按各分析维度
	订货排名分析
客户分析主题	Top 客户分区域订货情况
	客户级别分区域的状态
	VIP 客户分析
生产、库存分析主题	产品库存分析
	在仓产品库存时间分析
	通路库存分析
财务、KPI 分析主题	总体收入
	总体利润
	总体费用
	应收账款
	零售公司指标分析

BI 系统建设要达到的目标如表 9-2 所示。

表 9-2　BI 系统建设要达到的目标

分类	说明
综合决策能力的提高	通过信息及时预警跟踪，以关键有效的信息，为决策者提供更为直接的监控能力，以提高管理效率，防范信息阻塞及死角带来的风险。 　　通过信息关联，以模型固化管理规范为手段，以信息引导数据分析为方法，为决策者提供有力的决策依据。 　　通过财务、生产、销售及采购的综合信息，为决策者综合管理提供有效支持

续表

分类	说明
分析手段及方法更加灵活	通过数据仓库的建设,为企业建立多维分析的基础。 实现基于分析维度的灵活组合查询与分析。 借助 BI 分析工具,实现从顶层汇总数据监控到明细数据的查询分析,提高企业分析的时效性与准确性
建立企业级分析主题	为企业提供具有可决策、可预测的分析模型,将模型分类,形成各个分析主题,为企业的分析决策提供成体系的分析方法与思路
形成数据信息规范	在应用过程中,逐渐形成一套标准数据信息规范

BI 系统架构如图 9-2 所示。

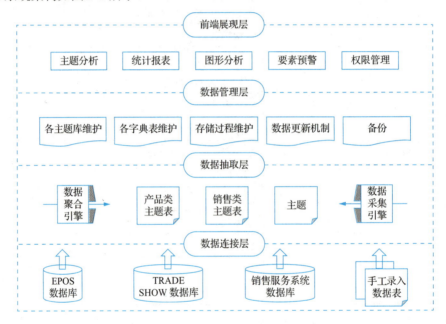

图 9-2　BI 系统架构图

资料来源:根据网络资料整理。

第二节　商务智能系统的基本架构

商务智能系统的基本架构包含以下五层。

一、数据源层

数据源层是商务智能系统的数据来源,商务智能系统的数据来源多样,包括内部系统、外部数据源和第三方数据供应商。内部系统数据主要来自企业内部的数据库、ERP 系统、客户关系管理（Customer Relationship Management，CRM）系统等，包括销售数据、客户数据、财务数据等。外部数据源可以是行业报告、市场调研数据、社交媒体数据等。第三方数据供应商提供特定领域的数据，如地理信息数据、消费行为数据等。

（一）数据收集方式

商务智能系统可以通过多种方式收集数据，其中常见的一种方式是批量导入数据。通过批量导入，商务智能系统可以定期从不同数据源中提取数据，如从企业的 ERP 系统批量导入数据，并将其加载到数据仓库或集中进行进一步处理和分析，还可以通过实时数据接口将数据源连接到商务智能系统，实现数据的同步。

（二）数据质量管理

商务智能系统需要确保数据的准确性、完整性和一致性。因此，在数据收集和整合过程中，数据质量是一个非常重要的因素。为了确保数据质量，可以进行数据清洗和校验，包括去除重复数据、处理缺失值、纠正错误数据等。同时，还要建立数据质量规则和监控机制，及时发现和解决数据质量问题，保证数据的可靠性和有效性。

（三）数据安全和隐私

在数据收集和整合过程中，数据安全和隐私是至关重要的。商务智能系统需要采取安全措施来保护数据的机密性和完整性。数据安全措施包括数据加密、访问控制、身份认证、审计跟踪等，保证只有授权人员可以访问和使用数据，并保护数据免受未经授权的访问和泄露。

通过合理选择数据来源、采用适当的数据收集方式和整合策略，企业可以获得准确、全面的数据，并将其转化为有价值的商务智能信息。同时，确保数据质量和数据安全是保证商务智能系统可靠性和有效性的重要环节。因此，企业应注重数据收集和整合方法的规划和执行，以充分发挥商务智能系统的潜力，支持企业的持续增长和竞争优势。

二、数据仓库层

数据仓库保存着大量的数据，数据仓库是面向主题的，由下到上分别为细节数据层（Data Warehouse Details，DWD）、数据基础层（Data Warehouse Base，DWB）和数据服务层（Data Warehouse Service，DWS）。

细节数据层是业务层与数据仓库的隔离层，主要对数据运营层做一些数据清洗和规范化的操作，如去除空值、脏数据等。

数据基础层存储的是客观数据，一般用于中间层，可以认为是有大量指标的数据层。

数据服务层将数据基础层的基础数据，整合汇总成分析某一个主题域的服务数据，一般是宽表（宽表是一种字段较多的数据库表，通常用于存储与业务主题相关的指标、维度和属性，其优点是查询性能有所提高、数据冗余较少，缺点是违反了范式的设计规范。数据准备阶段应用宽表将相关字段放在同一张表中，可以提高数据挖掘模型训练过程中的计算效率），用于提供后续的业务查询、OLAP 分析、数据分发等。

三、数据整合层

数据整合是指将来自不同数据源的数据进行整合和融合，消除重复、无效的数据，提取有效数据到数据仓库中，建立统一的数据模型和视图。数据整合的作用是使数据符合数据规范和企业的需求。数据整合有以下七个步骤。

1. 第一步：数据抽取

数据抽取是选择并提取数据源集中的一个特定数据子集。通过数据抽取，可以准确地从大批量数据中选取相关的数据。

2. 第二步：数据传送

数据传送是将抽取到的特定数据子集发送到目的位置，数据传送可自动保持数据的流通和共享。

3. 第三步：数据清洗

数据清洗是对直接传送来的数据，在数据格式、数据编码、数据一致性等方面按照清洗规则进行处理。数据清洗可以保障数据库中数据的规范性。

4. 第四步：数据重组

数据重组是将清洗后的数据，按照新的数据组织逻辑进行关联处理，加强数据的内在联系。

5. 第五步：数据发布

数据发布是按照主题数据库层需要，将数据库中部分数据子集定期发布到主题数据库层。数据发布可以保障主题数据库层数据的及时更新。

6. 第六步：服务重组

服务重组是基于主题数据库中的数据，通过开放各类数据服务，提供面向各类应用的主题数据服务，加强数据的重复利用。

7. 第七步：数据展示

数据展示通常是用报表或图形的方式来表示数据之间的关系，使使用者能快速直接地了解数据的变动情况。

经过以上数据整合，可以获得以下优势。

（1）优势一：底层数据结构对用户来说是透明的

数据整合为数据访问（消费应用）提供了统一的接口，消费应用无须知道数据保存在哪里，用哪种方式可以访问源数据库，数据的物理结构是什么，网络采用什么协议……即对于用户来说，底层数据结构是透明的。

（2）优势二：提供真正的单一数据视图

数据整合将数据进行了校验和清理，使用户看到的数据更加真实、准确、可靠，同时数据整合可以为用户提供单一的数据视图。

（3）优势三：可以加强数据管控能力

管控是面向服务的架构（Service-Oriented Architecture）中的重要概念，数据管控是执行层面的，涉及具体落地执行所涉及的各种措施，如数据建模、数据抽取、数据处理、数据加工、数据分析等，数据管控是确保数据被管理和监控，从而让数据得到更好的利用。数据整合使得数据规则可以在数据加载、转换中实施，为数据管控提供了保证。

（4）优势四：有较好的可重用性

数据不加修改或稍加修改，就可以被各种应用重复使用（称为可重用），而不用担心底层实际的数据源的可用性。

四、数据分析层

数据分析层一般采用 OLAP 和数据挖掘技术对数据进行分析和处理。

（一）OLAP 的概念

在数字化时代，数据分析占据着核心地位，商务智能系统中最常用的与数据分析相关的工具是 OLAP（Online Analysis Processing，联机分析处理）。

OLAP 可以帮助数据分析师从多个角度进行数据分析和数据挖掘，可以满足多维数据查询和报表处理的需求，它具有 FASMI，即共享多维信息的快速分析的特征。其中，F 是快速性（Fast），指 OLAP 能在数秒内对用户的多数分析要求做出反应；A 是可分析性（Analysis），指 OLAP 无须用户编程就可以定义新的专门计算，将其作为分析的一部分，并以用户所希望的方式给出报告；M 是多维性（Multi-dimensional），指 OLAP 能提供对数据的多维视图和分析；I 是信息性（Information），指 OLAP 能及时获得信息，并管理大容量信息。

一般来说，数据在数据仓库层是以数据表的形式存储的，为方便数据的分析，OLAP 将数据分离为拥有"维度"+"指标"（或称"度量"）的数据立方体（OLAP Cube）。为了更好地理解数据立方体，我们先看一下以下术语。

1. 维（Dimension）

维是指用户的分析角度（有时也称视角），它也是数据的不同属性集合。比如，销售经理在分析销售数据时，时间周期是一个维，商品类别、门店、客户群类也各是一个维。

2. 维的层次（Level）

一个维中还可以存在细节程度不同的多个描述方面，这些方面称为维的层次。比如，时间维还可以细分为年份、季度、月份、日期等。

3. 维的成员（Member）

维的一个取值称为维的成员，是数据项在某维中位置的描述。比如，某年某月某日，这就是在时间维中位置的描述。

4. 类别（Category）

类别是各维的层次上数据项的取值。比如，时间维的月份层次的类别有 1 月、2 月、3 月等。

5. 度量（Measure）

度量又称指标，是用来描述业务情况的数据。比如，销售额、成本等都是度量。

【例 9-1】某公司是销售日用品的，它有四个门店（假设分别为东部门店、西部门店、南部门店、北部门店），每天每个门店每种日用品的销售情况（销售数量、销售额）都有记录，所记录的部分数据如表 9-3 所示。

表 9-3　部分门店部分日用品的销售情况

销售时间	门店	日用品类别	销售数量	销售额/元
2020/1/1	东部门店	毛巾	20 条	246
2020/1/1	南部门店	香皂	20 块	186
2020/1/2	西部门店	牙膏	30 支	489

现在要分析近三年（如 2020—2022 年）每个月各门店各种日用品的销售情况，那么，销售时间、门店、日用品类别都可以看成一个维，销售时间维还可以细分为年份、月份、日期等，这就是维的层次，而某年某月某日就是销售时间维的成员，销售时间维中的年份层次的类别有 2020 年、2021 年、2022 年等，而销售数量、销售额都是度量（或称指标），数据的表示层次如图 9-3 所示。

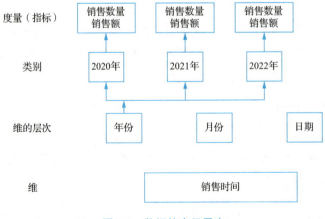

图 9-3　数据的表示层次

为了方便分析，OLAP 将原来存储数据的二维表转换成一个拥有销售时间、门店、日用品类别三个维的数据立方体（又称多维数据模型），数据立方体中包含销售数量、销售额等度量（指标）。这个数据立方体如图 9-4 所示。

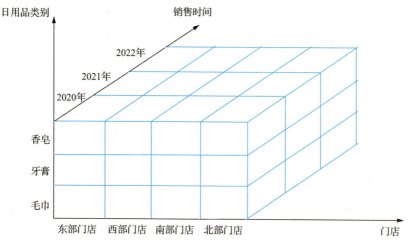

图 9-4　数据立方体

如果认为图 9-4 中的数据立方体看起来不够直接，也可以将该立方体拆解，展开成一个平面的多维数据模型，如图 9-5 所示。

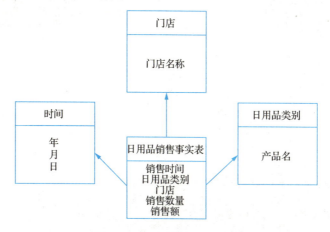

图 9-5　平面的多维数据模型

图 9-5 中间的表称事实表，周围的表称维表。事实表是用来记录具体事件的，这里的"日用品销售"包含具体要素，如"销售时间""日用品类别""门店"等。例如，某时（销售时间）某地（门店）销售某产品（日用品类别）。维表是对事实表中的字段展开的描述，如销售时间展开成一张维表，记录销售的年月日。

（二）OLAP 的基本分析操作

1. 挖掘（Drill-down）

挖掘又称下钻或向下钻取，即从维的层次的上一层降到下一层，将数据拆分为更细节的数据或增加维数，如从年拆分到月，或者增加"市"这个维，将省拆分到省下面的市等。

2. 汇总（Roll-up）

汇总又称上卷、合并或聚合，是下钻的逆操作，即将低层次的细节数据概括为高层次的汇总数据，或者减少维数。比如，将1月、2月、3月汇总成第一季度。上卷和下钻统称钻取，其操作如图9-6所示。

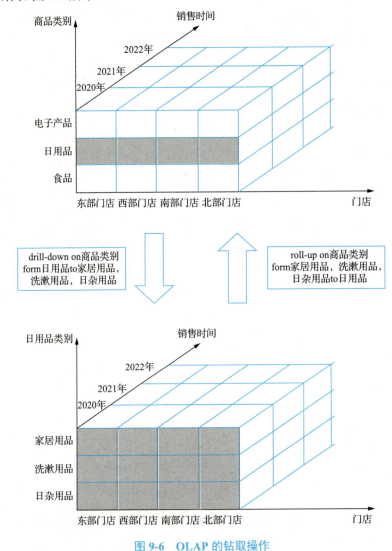

图9-6 OLAP的钻取操作

通过钻取操作，用户可以在不同的维的层次之间灵活切换，从而深入分析数据，发现数据中的规律和异常值，以便更好地对数据进行理解和进行决策分析。

3. 切片（Slice）

切片即选中特定的值，并只保留符合特定条件的数据，比如只对2020年的数据进行分析，可以选"销售时间"为2020年这个特定的值。经过切片，可以得到一个新的数据立方体，如图9-7所示。

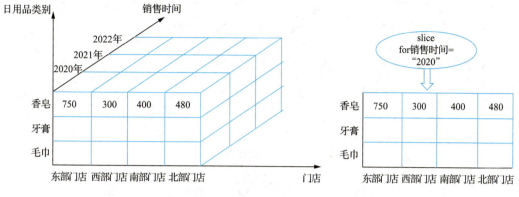

图 9-7　OLAP 的切片操作

4．切块（Dice）

切块即选择某个维中多个范围内的数据，比如对 2020 年、2021 年的香皂和牙膏的数据进行分析，可以选中销售时间维中的 2020 年和 2021 年，和日用品类别维中的香皂和牙膏两个范围内的数据。经过切块操作，可以得到原数据立方体的一个子立方体，如图 9-8 所示。

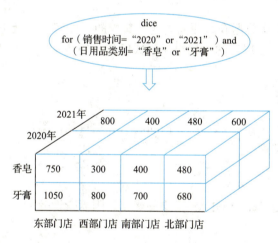

图 9-8　OLAP 的切块操作

切块操作需要确保能清楚地定义每个维的取值范围，避免得到的子集无法覆盖所有的数据，或者包含了重复的数据。

切片和切块操作可以帮助用户快速定位感兴趣的数据，从而深入分析和挖掘数据中的规律和异常值。

5．旋转（Rotate）

旋转即将维的位置互换，就像是二维表的行列转换，如图 9-9 所示。

图 9-9　OLAP 的旋转操作

（三）OLAP 的优势

OLAP 的优势建立在数据仓库面向主题、集成的、保留历史及不可变更的数据存储，以及多维模型多视角、多层次的数据组织形式的特点的基础上，具体来说，OLAP 具有以下三个优势。

1. 数据展现直观

基于多维模型的数据组织形式让数据的展示更加直观，用户可以从多个角度、多个层面去发现事物的不同特性。

2. 查询效率高

多维模型的建立是基于对 OLAP 操作的优化，因而查询效率高。

3. 分析灵活

用户可以从不同的角度和层面来观察数据，同时可以用上面介绍的各类 OLAP 操作对数据进行聚合、细分和选取。这样就提高了分析的灵活性，使用户可以从不同角度、不同层面对数据进行细分和汇总，满足不同分析需求。

五、数据展现层

数据展现层以图表、仪表盘等可视化的形式呈现分析结果，将数据转化为信息并辅助决策。数据可视化的具体形式又分为报表和可视化图表两大类。报表是目前我国大多数企业财务数据的主要展现形式，如资产负债表、现金流量表等。常用的可视化图表有柱状图、折线图、散点图、饼图、气泡图、词云图、漏斗图、甘特图、雷达图、热力地图等。

除了将商务智能系统的功能架构分为五层,也有学者提出将商务智能系统的功能架构分为数据底层、数据分析层和数据展示层三个层级。其中,数据底层负责管理数据,包括数据采集、数据 ETL、数据仓库构建等环节,为前端报表查询和决策分析提供数据基础;数据分析层主要是利用查询、OLAP、数据挖掘以及可视化分析等方法抽取数据仓库中的数据并进行分析,形成数据结论,将数据转化为信息和知识;数据展示层将数据的处理结果以报表或可视化图表等形式呈现,辅助用户决策。商务智能系统的三层功能架构如图 9-10 所示。

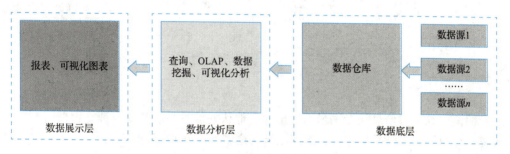

图 9-10　商务智能系统的三层功能架构

第三节　数据的模型和商业价值

一、数据的模型

(一)诺兰模型

1979 年,诺兰将数据分为起步、扩展、控制、集成、数据管理和成熟六个阶段,这六个阶段构成了诺兰模型。在诺兰模型中,数据必须从一个阶段发展到下一个阶段,中间不能实现跳跃式发展。诺兰模型的六个阶段如图 9-11 所示。

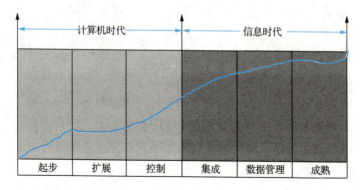

图 9-11　诺兰模型的六个阶段

（二）西诺特模型

1988年，西诺特在诺兰模型的基础上提出了西诺特模型，该模型利用四个阶段的推移来描述计算机所处理的信息。西诺特模型的四个阶段如图9-12所示。

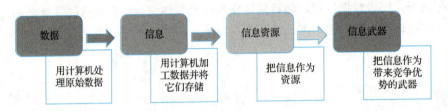

图9-12　西诺特模型的四个阶段

（三）米切模型

米切模型是美国信息化专家米切提出的，他认为信息系统整合与数据管理密不可分，而系统整合期的重点就是搞好数据组织。米切模型如图9-13所示。

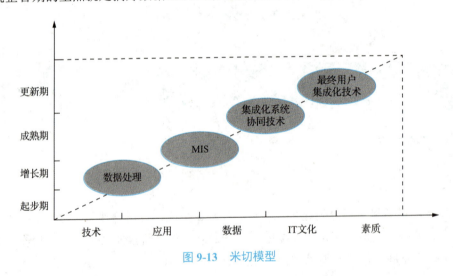

图9-13　米切模型

二、数据的商业价值

（一）为用户带来额外的收入

【例9-2】5辆汽车的价值

假如用户是做汽车销售的，没用数据分析之前，他每月卖5辆汽车。用了数据分析之后，他每月能卖10辆汽车，那么数据的价值就体现出来了，这个价值的大小就是额外的5辆汽车。

【例9-3】新兴市场

新兴市场被认为是最理想的额外收入来源。例如，国庆长假期间，大家要开车出去玩，堵车是必然的，保险公司就可以出一个堵车险，每堵车1分钟，保险公司给客户赔付1元钱，可是之前保险公司为什么不做呢？这是因为传统的保险公司没有技术手段可以实时监控一辆车的状态，所以无法获取客户是否堵车以及堵了多久这些数据。但如果有了车联网数据，就可以解决上述问题，从而给保险公司带来一个纯粹增量的新兴市场。

【例9-4】啤酒与尿布

沃尔玛超市的管理人员在分析销售数据时发现了一个令人难以理解的现象：在某些特定的情况下，同一个购物篮中经常出现"啤酒"与"尿布"这两件看上去毫无关系的商品。这种独特的销售现象引起了管理人员的注意，经过后续调查发现，这种现象出现在年轻的父亲身上。在美国有婴儿的家庭中，一般是母亲在家中照看婴儿，年轻的父亲前去超市购买尿布。父亲在购买尿布的同时，往往会顺便为自己购买啤酒，因而就出现了啤酒与尿布这两种看上去不相干的商品经常会出现在同一个购物篮的现象。如果这类年轻的父亲在超市只能买到两种商品中的一种，则他很有可能会转而去其他超市，直到可以同时买到啤酒与尿布为止。沃尔玛超市发现了这一独特的现象，于是在卖场尝试将啤酒与尿布摆放在同一个区域，让年轻的父亲可以同时找到这两种商品，并很快地完成购物。沃尔玛超市通过让这些客户一次购买两种商品，而不是一种，获得了更高的商品销售收入。

（二）为用户节约不必要的支出

【例9-5】某生产工序上有110个工人，但是通过数据分析，合理排班，用户发现90个工人就可以完成工序，从而节省了20个工人的人工成本，因此，数据可以为用户节约不必要的支出。

（三）降低风险

比如，通过对设备运行情况的数据分析，工厂可以了解设备发生故障的情况，从而降低风险。

又如，通过分析客户的收入、支出和信用情况，金融机构可以降低金融信贷产品的风险。

第四节　商务数据分析

一、商务数据概述

（一）商务数据的定义

商务数据主要是指记载商业、经济等活动领域的信息的数据符号。在电子商务领域，商务数据可以分为两类：前端行为数据和后端商业数据。

前端行为数据包括访问量、浏览量、点击量及站内搜索等反映用户行为的数据。而后端商业数据包括交易量、投资回报率及全生命周期管理等数据。

（二）商务数据的分类

1. 按照数据资料的性质划分

按照数据资料的性质，商务数据可以分为一手数据和二手数据。一手数据主要是指通过用户访谈、问卷调查、产品前台反馈和后台收集得到的数据。二手数据主要包括研究报告和文献资料。

2. 按照数据的来源划分

按照数据的来源，商务数据可以分为交易数据、移动通信数据、人为数据、来自机器和传感器的数据和互联网上的"开放数据"。

（1）交易数据

交易数据包括 POS 机数据、支付刷卡数据、互联网点击数据、ERP 系统数据、CRM 系统数据、企业的生产数据、库存数据、订单数据、供应链数据等。

（2）移动通信数据

移动通信数据包括移动设备上的软件追踪和储存的交易数据（如搜索产品的记录事件），以及个人信息资料或状态报告事件等。

（3）人为数据

人为数据多为非结构性数据，需要使用文本分析功能进行分析，如电子邮件、文档、图片、音频、视频，以及通过微信、博客等社交媒体产生的数据流都是人为数据。

（4）来自机器和传感器的数据

来自智能温度控制器的数据、智能电表的数据、定位系统数据等都属于来自机器和传感器的数据。

（5）互联网上的"开放数据"

如政府机构、企业和非营利组织免费提供的数据都属于互联网上的"开放数据"。

（三）商务数据的应用

商务数据可用于以下方面。
① 勾勒用户画像。
② 提升营销转化。
③ 精细化运营。
④ 优化产品。

二、商务数据分析概述

（一）商务数据分析的概念

商务数据分析是指基于商业理论，通过分析、统计工具，揭示数据背后的规律并将其用于指导决策，从而为企业创造最大价值。

（二）商务数据分析的内容

商务数据分析主要包括以下五方面内容。
① 监控异常的数据。
② 建立模型并预测。
③ 分析关键变量并预测。
④ 预测性分析。
⑤ 数据分析结果呈现。

（三）商务数据分析的步骤

商务数据分析包括以下步骤：识别需求，明确目标；收集数据；分析数据；数据分析过程的评价。具体步骤如图 9-14 所示。

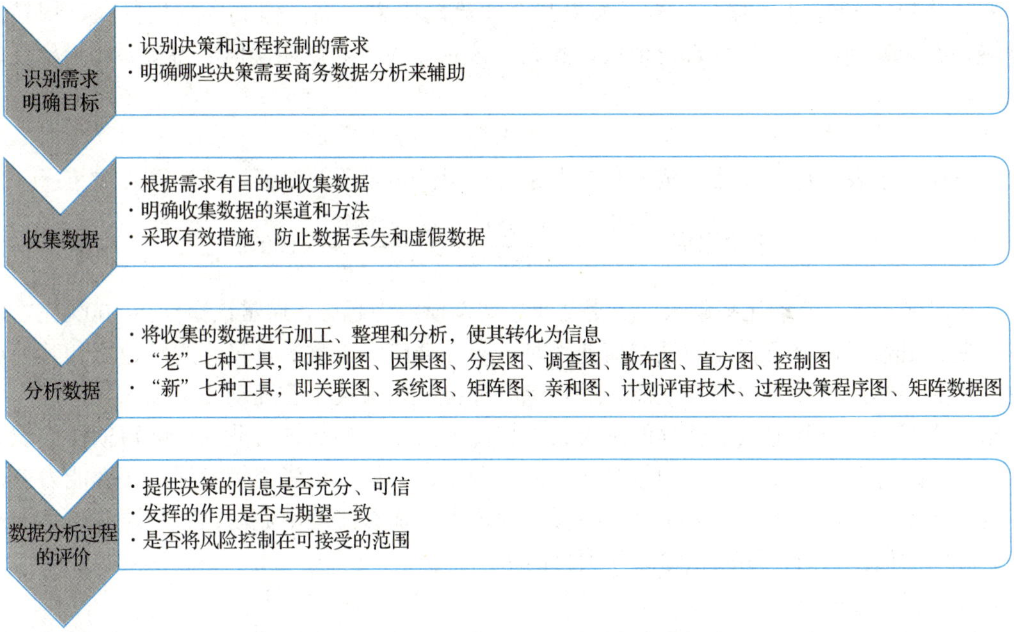

识别需求明确目标	·识别决策和过程控制的需求 ·明确哪些决策需要商务数据分析来辅助
收集数据	·根据需求有目的地收集数据 ·明确收集数据的渠道和方法 ·采取有效措施，防止数据丢失和虚假数据
分析数据	·将收集的数据进行加工、整理和分析，使其转化为信息 ·"老"七种工具，即排列图、因果图、分层图、调查图、散布图、直方图、控制图 ·"新"七种工具，即关联图、系统图、矩阵图、亲和图、计划评审技术、过程决策程序图、矩阵数据图
数据分析过程的评价	·提供决策的信息是否充分、可信 ·发挥的作用是否与期望一致 ·是否将风险控制在可接受的范围

图 9-14　商务数据分析的步骤

（四）财务数据分析

财务数据是常见的商务数据，对财务数据进行分析，可以为企业提供有关企业财务和业务运营的情况，帮助企业了解自身运营中存在的问题，为企业决策提供数据支撑，在企业管理中具有至关重要的作用，因此，此处将重点介绍财务数据分析。

财务数据分析就是通过专门的方法对企业财务报表等财务信息进行分析，得出企业财务状况、经营成果情况以及未来发展趋势的过程。财务数据分析包括对偿债能力、营运能力、盈利能力、资金实力等的分析。财务数据分析可以为企业领导层进行生产经营决策、为投资者进行投资决策，以及为债权人进行信贷决策提供重要依据，避免决策错误所带来的重大损失。

1. 对偿债能力的分析

偿债能力反映的是企业用其资产偿还长期债务与短期债务的能力，以及企业有无支付现金的能力，它能够体现企业的财务状况。静态地讲，偿债能力是用企业资产清偿企业债务的能力；动态地讲，偿债能力是用企业资产和经营过程创造的收益偿还债务的能力。

在分析偿债能力时，主要对以下六个指标进行分析。

（1）流动比率

流动比率表示每 1 元流动负债有多少流动资产作为偿还的保证。其计算公式是：

$$流动比率 = \frac{流动资产合计}{流动负债合计} \times 100\%$$

一般情况下，流动比率越大，表明企业短期偿债能力越强。通常，该指标在 200%左右较好。在运用该指标分析企业短期偿债能力时，还应结合存货规模、周转速度、变现能力和变现价值等指标进行综合分析。如果某企业流动比率很高，但其存货规模大、周转速度慢，存货变现能力差、变现价值低，那么，该企业的实际短期偿债能力就要比指标反映的弱。

（2）速动比率

速动比率表示每 1 元流动负债有多少速动资产作为偿还的保证。其计算公式是：

$$速动比率 = \frac{(流动资产合计 - 存货净额)}{流动负债合计} \times 100\%$$

一般情况下，速动比率越大，表明企业短期偿债能力越强，通常该指标在 100%左右较好。在运用该指标分析企业短期偿债能力时，应结合应收账款的规模、周转速度和其他应收款项的规模，以及它们的变现能力进行综合分析。如果某企业速动比率很高，但应收账款周转速度慢，且其他应收款项的规模大、变现能力差，那么该企业的实际短期偿债能力就要比该指标反映的弱。由于预付账款、待摊费用、其他流动资产等指标的变现能力差，甚至可能无法变现，因此，如果这些指标规模过大，那么在运用流动比率和速动比率分析企业短期偿债能力时，还应扣除这些项目的影响。

（3）现金比率

现金比率表示每 1 元流动负债有多少现金及现金等价物作为偿还的保证，它反映了用现金及现金等价物清偿流动负债的能力。其计算公式是：

$$现金比率 = \frac{货币资金 + 交易性金融资产}{流动负债合计} \times 100\%$$

现金比率能真实地反映企业的实际短期偿债能力，该指标值越大，表明企业的短期偿债能力越强。

（4）资本周转率

资本周转率表示可变现的流动资产与长期负债的比例，它反映了企业清偿长期债务的能力。其计算公式是：

$$资本周转率 = \frac{货币资金 + 短期投资 + 应收票据}{长期负债合计} \times 100\%$$

一般情况下，资本周转率越大，表明企业近期的长期偿债能力越强，债权的安全性越好。由于长期负债的偿还期限长，因此，在运用该指标分析企业的长期偿债能力时，还应充分考虑企业未来的现金流入量、经营获利能力和盈利规模的大小。如果某企业的资本周转率很高，但未来的发展前景不乐观，即未来可能的现金流入量少，经营获利能力弱，且盈利规模小，那么，该企业的实际长期偿债能力将变弱。

（5）清算价值比率

清算价值比率表示企业有形资产与负债的比例，它反映了企业清偿全部债务的能力。其计算公式是：

$$清算价值比率=\frac{资产合计-无形资产及递延资产合计}{负债合计}\times 100\%$$

一般情况下，清算价值比率越大，表明企业的综合偿债能力越强。由于有形资产的变现能力和变现价值受外部环境的影响较大且很难确定，因此运用该指标分析企业的综合偿债能力时，还需充分考虑有形资产的质量及市场需求情况。如果某企业有形资产的变现能力差、变现价值低，那么该企业的综合偿债能力就会受到影响。

（6）利息支付倍数

利息支付倍数是指企业以营业利润支付利息的能力，它通常是用企业某年的息税前利润除以同期的利息费用，故又称利息赚得倍数。其计算公式是：

$$利息支付倍数=\frac{息税前利润}{利息费用}=\frac{税前利润+利息费用}{利息费用}=\frac{税前利润}{利息费用}+1$$

利息支付倍数越低，表明企业的债务压力越大，如果利息支付倍数低于 1，便意味着企业赚取的利润根本不足以支付利息，比较理想的利息支付倍数是 1.5 以上。如果利息支付倍数为负数，则表明企业没有足够的资金来源偿还债务利息，企业偿债能力弱。

2. 对营运能力的分析

营运能力主要是指企业资产的运用效率与效益，其中，效率指资产的周转率或周转速度，效益指企业的产出额与资产占用额之间的比率。

周转速度快，说明企业经营能力强，因而盈利能力和偿债能力也强。

营运能力强的实质是以尽可能少的资产占用尽可能短的时间，生产尽可能多的产品，实现尽可能多的营业收入。

营运能力分析包括流动资产周转情况分析、固定资产周转情况分析和总资产周转情况分析。涉及的财务指标有存货周转率、应收账款周转率、营业周期、流动资产周转率和总资产周转率等。通过对这些反映企业资产运用效率与效益的指标进行计算与分析，可以对企业的营运能力进行评价，最关键的是可以为企业提高经济效益指明方向。

3. 对盈利能力的分析

盈利能力就是企业赚取利润的能力。企业的盈利能力可以从以下三个方面来分析。

① 资产的盈利能力：企业使用资产赚钱的能力，主要衡量指标有总资产报酬率和成本费用利润率。

② 资本的盈利能力：企业使用股东资本赚钱的能力，主要衡量指标是净资产收益率。

③ 商品经营的盈利能力：企业通过出售商品获取利润的能力，主要衡量指标有净利率和毛利率。

在分析以上指标时，可以使用报表和可视化图表，如图9-15就展现了××公司净资产收益率的情况。

图 9-15　××公司 2018—2022 年净资产收益率

分析企业盈利能力时，除了分析以上指标，还要对盈利稳定性、盈利持久性、盈利水平进行分析。常用的评价企业盈利能力的方法是杜邦分析法（DuPont Analysis）。

4．对资金实力的分析

企业的资金实力是指企业为进行生产经营活动而有权长期独立支配和注用的自有资金，以及企业依靠自有资金抵御外界环境变化的资金优势或能力。主要衡量指标有自有资金结构率、自有流动资金率和定额流动资金保证率。这些指标需要利用资金平衡表中资金来源类有关项目的数据进行计算。通过对资金实力的分析，可以得到企业各项财务活动的相互联系和协调情况，可以找到企业财务活动方面的优势和薄弱环节。

第五节　数据分析工具——Python

常用的数据分析工具有很多，如 Excel、SPSS、SAS、R 和 Python，其中 R 和 Python 属于编程语言，目前我们用得较多的是 Python。

一、应用 Python 进行数据清洗与规整

（一）重复值与缺失值的处理

在收集数据时，有些数据是重复的，我们需要去除这些重复值。Python 的查重操作是从上往下进行的，去重操作去除的是重复值中靠下者，即后出现的。另外，在收集数据时，有些数据是缺失的，造成数据缺失的原因可能是这些数据暂时无法获取，或被人为遗漏了。对缺失值的处理方式将直接影响到数据分析的结果。对缺失值的处理方式一般有两种：一

种是用默认值（如 0）或有效值（如平均值）去补齐缺失值；另一种是直接删除。对缺失值进行处理的目的是尽可能减少缺失值引起的分析结果的偏差。

Python 中有三种缺失值，分别是 None（Python 内建的缺失值），NA（Pandas 的缺失值，意为 Not Available），NaN（Pandas 中数值数据的缺失值，意为 Not a Number）。

（二）异常值的处理

假如有一组数据（1，3，8，999999，4，7，5，-2222222，1，7，8），其中的 999999 和 -2222222 与其他数相差很大，我们就称这两个数为异常值。

Python 对异常值的处理方式是先将这些数据标记为缺失值，然后用处理缺失值的方式来处理。

（三）索引操作

1. 列表索引

列表是 Python 中常用的数据结构，使用索引可以直接访问列表中的元素。第一个元素的索引从 0 开始，依次类推。比如，以下程序是对 my_list 这个列表索引，运行结果是 1 和 9，即第一个和最后一个元素，如：

```
my_list=[1,3,5,7,9]
print(my_list[0])
print(my_list[4])
```

2. 字符串索引

使用索引也可以访问字符串中的字符，索引从 0 开始，如：

```
my_string="I come from China!"
print(my_string [3])
print(my_string [7])
```

第一个索引的结果是字符 o，第二个索引的结果是字符 f。

3. 切片操作

除了使用单个索引访问元素，还可以使用切片操作访问一段连续的元素，如：

```
my_list=[1,2,3,4,5]
print(my_list [2:4])    #输出:[3,4]
print(my_list [1:])     #输出:[2,3,4,5]
```

4. 多维列表索引

对于多维列表，可以使用多个索引来访问其中的元素，如：

```
my_list=[[1,3,5],[2,4,6],[7,8,9]]
print(my_list [2][1])   #输出:8
```

二、数据的分组与聚合

（一）数据的分组

数据的分组是指根据指定的列进行数据分组，使用 groupby 方法可以对数据进行分组，如：

```
import pandas as pd
data=pd.rea_csv('student.csv')
gr_SNo=data.groupby('SNo')
```

上面的代码将数据框按照"SNo"列进行分组，并将结果保存在 gr_SNo 对象中。

（二）数据的聚合

数据的聚合是指对一组数据进行计算，产生新的数值，Pandas 提供了各种聚合函数，如 mean、sum、max 和 min 等。这些函数可以应用于 groupby 对象中的每个组，如：

```
gr_SNo.mean()
gr_SNo.sum()
gr_SNo.max()
gr_SNo.min()
```

以上代码分别表示计算组的平均值、总和、最大值、最小值。

三、时间序列数据分析

（一）时间序列数据分析概述

1. 时间序列的概念

时间序列是按规律性时间间隔（如每秒、每分钟、每小时、每天、每周、每月、每季度和每年）记录的观测值序列，如每分钟用户点击量和访问量、门店每天的销售量等。

时间序列是金融、经济、财务、会计中很常见的数据形式，是按时间先后顺序排列形成的线性序列，任意相邻两个时间点的时间间隔是相同的。

2. 分析时间序列数据的意义

分析时间序列数据是做时间序列预测前的准备过程。而时间序列预测拥有巨大的商业重要性。

3. 时间序列数据分析的内容

时间序列数据分析的内容主要是理解时间序列内在本质的多个方面，以便于更好地了解如何做出有意义并且精确的预测。

（二）使用 Python 分析时间序列数据

在 Python 中表示时间序列的数据类型有 date，它表示日期（年月日），标准库中的 datetime、calendar、time 模块提供了处理时间序列数据的方法。

1. 在 Python 中导入时间序列数据

典型的时间序列数据以 CSV 格式或者其他表格形式（如 Excel 格式）存储，我们可以用 Pandas 包里的 read_csv() 函数读取 CSV 格式的时间序列数据文件，用 read_excel() 函数读取 Excel 格式的时间序列数据文件，如：

```
import pandas as pd
# 读取 csv 格式的时间序列数据
data1 = pd.read_csv('sales_csv_data.csv')
# 打印时间序列数据的前()行
print(data1.head())
# 读取 Excel 格式的时间序列数据
data2 = pd.read_excel('sales_excel_data.xlsx')
# 打印时间序列数据的前()行
print(data2.head())
```

2. 用 datetime 模块解释时间序列数据

导入时间序列数据后，数据有时候没有被正确解释，这时就需要使用 Python 的 datetime 模块来解释时间序列数据，如：

```
# 导入 pandas 和 datetime 模块
import pandas as pd
import datetime as dt
# 读取 excel 格式的时间序列数据，指定日期时间列名
data = pd.read_excel('sales_excel_data.xlsx', parse_dates=[[0,1,2]])
#年、月、日三列拼接成一个日期格式
parse_dates=[['年','月','日']]
```

四、Python 在财务会计数据分析中的应用

Python 在财务会计数据分析中主要有以下三个应用。

（一）读取和清理数据

Python 提供的 Pandas 库里有可以读取各种数据格式（如 CSV，Excel，SQL 数据库和 HTML）的财务会计数据的方法，Pandas 库还包括对数据进行操作的函数，如过滤、排序和计算统计数据等。NumPy 库提供了一些数学函数，如傅里叶变换，这些函数在财务会计数据分析中非常有用。

（二）可视化数据

Python 还提供了几种数据分析工具和可视化库（如 Matplotlib、Seaborn 和 Bokeh）。这些库可以帮助财务会计数据分析师更好地理解数据。可视化技术可以提供有助于判断数据趋势和关键信息的图表（如柱状图、散点图和热力图等）。

（三）对数据进行统计分析

Python 可以通过 Scipy 和 Statsmodels 库来执行统计分析，如进行线性回归分析或时间序列分析。另外，NumPy 库也提供了一些可以计算基本统计数据的函数，如平均值、中值和标准差等函数。

第六节 数据可视化

数据可视化是利用用户对形状、颜色的感官敏感，有效地传递信息，帮助用户更直观地从数据中发现关系、规律、趋势，数据可视化可以将枯燥的数据变得生动。例如，折线图通过折线的上升或下降来表示数据的增减变化，它可以展现出数据随时间变化的趋势。

一、折线图

（一）单条折线图

1. 绘制单条折线图的参数

单条折线图涉及以下三个参数。
① kind：表示图表类型。
② figsize：表示图表大小。
③ title：表示图表标题。

2. 参数设置

① 绘制单条折线图的代码是：

```
s.plot(kind='line')
```

其中，kind 是图表类型。
② 传递一个代表图像宽和高的元组 figsize，单位是英寸，如：figsize=(10,10)。
③ 传递一个字符串（名字）给参数 title。
举例如下。

```
import matplotlib.pyplot as plt
import matplotlib.font_manager as fm
```

```
import matplotlib
matplotlib.rcParams['font.family']='Microsoft YaHei'
x=['6月1日','6月2日','6月3日','6月4日','6月5日','6月6日','6月7日','6月8日','6月9日','6月10日']
y=[105,112,126,118,111,114,122,126,160,128]
plt.title('销售量走势图', fontproperties=fm.FontProperties(fname='C:\Windows\Fonts\simsun.ttc'))
plt.xlabel('日期', fontproperties=fm.FontProperties(fname='C:\Windows\Fonts\simsun.ttc'))
plt.ylabel('数量(个)')
plt.plot(x,y)
plt.savefig('销售量走势图.png')
plt.show()
```

运行上述 Python 程序，得到图 9-16 所示的销售量走势图。

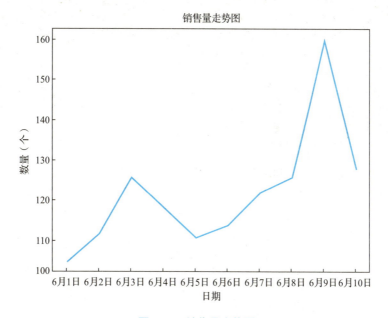

图 9-16　销售量走势图

（二）多条折线图

① 多条折线图的绘制代码是：DataFrame 对象.plot()。

② 多条折线图是针对一个 DataFrame 对象来绘制的。

③ "DataFrame 对象.plot()"默认会将每一组数据绘制成一个单条折线图，然后将各单条折线图合并到同一张图中。举例如下。

```
import pandas as pd
import matplotlib.pyplot as plt
import matplotlib.font_manager as fm
import matplotlib
```

```python
data = {
'year': [2012,2013, 2014, 2015, 2016, 2017, 2018, 2019, 2020,2021,2022],
'sales1': [100, 110, 120, 130, 140, 150, 160, 140, 130, 120, 170],
'sales2': [90, 100, 110, 120, 130, 140, 150, 130, 120, 110, 140],
'sales3': [80, 90, 100, 110, 120, 130, 140, 120, 110, 100, 130]
}
df = pd.DataFrame(data)
x = df['year'].values
y1 = df['sales1'].values
y2 = df['sales2'].values
y3 = df['sales3'].values
matplotlib.rcParams['font.family']='Microsoft YaHei'
plt.plot(x, y1, label='公司1')
plt.plot(x, y2, label='公司2')
plt.plot(x, y3, label='公司3')
plt.legend()
plt.title('销售额走势图', fontproperties=fm.FontProperties(fname='C:\Windows\Fonts\simsun.ttc'),fontsize=20)
plt.xlabel('年份', fontsize=16)
plt.ylabel('销售额（百万元）', fontproperties=fm.FontProperties(fname='C:\Windows\Fonts\simsun.ttc'),fontsize=16)
plt.grid(axis='y', linestyle='--')
plt.show()
```

运行上述 Python 程序，得到图 9-17 所示的销售额走势图。

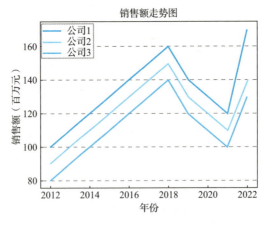

图 9-17　销售额走势图

二、饼（状）图

饼图是一种直观地给出占比的图，下面举一个用 Python 读取 Excel 数据并制作饼图的例子。

假设 Excel 文件名为 data.xlsx，该文件的内容为如图 9-18 所示。

商品名称	数量
毛巾	300
牙刷	100
牙膏	150
香皂	460
洗手液	210

图 9-18　文件"data.xlsx"的内容

读取文件"data.xlsx"中的数据并制作饼图的 Python 程序如下。

```
import pandas as pd
import matplotlib.pyplot as plt
import matplotlib.font_manager as fm
import matplotlib
df = pd.read_excel("data.xlsx")
matplotlib.rcParams['font.family']='Microsoft YaHei'
labels = df['商品名称']
sizes = df['数量']
colors = ['#ff9999','#66b3ff','#99ff99','#ffcc99','#ff0000']
explode = (0.05, 0.05, 0.05, 0.05, 0.05)
plt.pie(sizes, labels=labels, colors=colors, autopct='%1.1f%%', startangle=90, pctdistance=0.85, explode=explode)
plt.title('商品数量占比图', fontproperties=fm.FontProperties(fname='C:\Windows\Fonts\simsun.ttc'),fontsize=20)
plt.show()
```

用 Python 读取 Excel 数据并制作的饼图如图 9-19 所示。

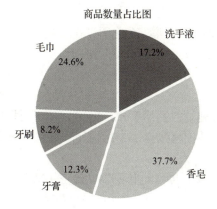

图 9-19　用 Python 读取 Excel 数据并制作的饼图

第七节　数据挖掘及其商业应用

一、数据挖掘的概念

数据挖掘（Data Mining）是指从海量的、有噪声的、不完全的、模糊的数据中提取出隐含的、人们先前未知的、但有潜在价值的信息和知识的过程，通常把数据挖掘理解为数据中的知识发现。数据挖掘通常与计算机科学有关，通过统计、在线分析处理、情报检索、机器学习、专家系统和模式识别等诸多方法来实现，因此，在实际应用中，会经常使用到数据融合、商务智能、机器学习、模式识别等与数据挖掘相近的术语。

二、数据挖掘的步骤

数据挖掘的步骤主要包括：明确需求，定义问题；收集数据；数据预处理；建立模型和使用模型（针对有指导的数据挖掘）；评价和优化；结果解释和应用。

1. 明确需求，定义问题

大多数数据挖掘项目都是针对特定领域，甚至是特定问题的。数据挖掘的第一步就是要明确需求，即到底想做什么？根据需求抽象出问题。比如，我们的需求是获得更多的产品销售额，我们想做的可能是"销售给更多的用户"，也可能是"提高价格获取更多的销售额"，解决这两个问题所需建立的模型是不同的，因此必须做出决定，即必须根据需求抽象出问题。

2. 收集数据

常用的收集数据的方法有以下八种。
① 通过企业业务系统数据库收集。企业通过在采集端部署大量数据库，并在这些数据库之间进行负载均衡和分片，来完成数据的收集工作。
② 通过系统日志收集。企业的业务平台会产生大量的日志数据，这些数据记录了系统和用户的情况。
③ 通过网络收集数据。即通过网络爬虫或网站公开应用程序接口等从网站上获取数据信息。通过这种方式可将非结构化数据、半结构化数据从网页中提取出来，存储在本地的存储系统中。
④ 通过感知设备收集数据。即通过传感器、摄像头或其他智能终端自动采集信号、图片或录像来获取数据。
⑤ 通过问卷调查收集数据。
⑥ 通过查阅资料收集数据。
⑦ 通过实地考察获得数据。
⑧ 通过做试验获得数据。

以上这些收集数据的方法各有优缺点,在实际应用中,要根据实际情况选取恰当的方法来收集数据,数据的收集要尽量全面。

3. 数据预处理

数据预处理这一步主要是对缺失值、异常值进行处理,前面已有介绍。除此之外,这一步还需要在数据中选择出与我们任务相关的特征,这个过程称特征选择。

4. 建立模型和使用模型

建立模型是一个反复的过程。需要仔细考察不同的模型,以判断哪个模型对于解决我们的问题最有用。

(1)训练模型

用经过数据预处理的一部分数据来训练模型参数(这一部分数据称训练集),并根据诊断情况不断迭代、训练、调整模型,从而建立最终的模型。

(2)验证模型

用除训练集之外的那一部分数据来验证模型训练效果,这部分数据称验证集。也有学者认为验证模型不是必需的。

(3)测试模型

除了训练、验证模型,还需要用一个独立的数据集(测试集)来评价模型的准确性。

由此可以看出,我们在不同的阶段要使用不同的数据集,即我们把数据划分成了训练集、验证集、测试集,这三个数据集的比例要根据实际情况来确定,常采用的比例有 6∶2∶2、8∶1∶1、7∶1.5∶1.5。如果不划分出验证集,则训练集和测试集常采用的比例为 8∶2。

最后,使用已经测试过的模型对新收集的数据进行挖掘,得到挖掘结果。

5. 评价和优化

对不同类型的模型的评价方法也有所不同。比如,对回归模型的评价常采用均方误差(Mean Square Error,MSE),对分类模型的评价常采用混淆矩阵,对聚类模型的评价常采用轮廓系数。对于不建立模型的数据挖掘也要进行评价,然后根据评价的结果进行优化。

6. 结果解释和应用

使用模型对数据进行挖掘之后所得到的结果表示什么意思?或者说,能提供给分析人员什么参考?这涉及的就是模型的结果解释。模型结果应用就是把此模型应用到不同的数据集上。一般采取的方法是先在小范围内应用,取得测试数据,觉得满意之后再向大范围推广。

下面举一个日常生活中的例子来说明数据挖掘的步骤。

(1)明确需求,定义问题

我们想拥有健康的身体(这是需求),可能有很多方法可以满足这个需求,如找医生治疗(吃药调理、针灸、按摩等)、采用食疗食补。假如我们选择食疗食补,那么我们的问题就确定了,即吃什么,怎么吃可以达到健康的效果?

(2）收集数据

这里的数据就是食材，收集数据就相当于收集食材。收集方式有很多种，我们可以去菜市场购买，也可以在网上购买。

(3）数据预处理

收集到的食材并不是马上就拿去炒（炖），而是要先去掉一些残枝烂叶，洗干净等。可能需要根据需求对食材进行选择，如只要茎不要叶子等。还可能需要对食材做进一步的处理，如切小块、剁碎等。

(4）建立模型和使用模型

接下来就该建立模型了，将食材处理至可以食用有很多种方法，如炒、炖等，炒和炖的效果会不一样，我们可以将这个处理过程看成是用不同的模型来完成，它们的效果不一样。不同的人炒或炖也可能有不同的结果。比如炒多久？什么时候放盐？放多少盐？加不加水？什么时候加水？加多少水？选择不同，结果也不同。

(5）评价和优化

食物做好之后，我们可以评价（如口感如何，吃了之后有没有效果等），然后还可以考虑怎么优化和改进。

(6）结果解释和应用

经过一段时间的使用，确认食疗食补可以达到健康的效果，觉得满意之后再向更大的范围推广。

三、数据挖掘的方法

数据挖掘分为有指导的数据挖掘和无指导的数据挖掘。

有指导的数据挖掘又称有监督学习，是利用可用的数据建立模型，这个模型是对一个特定属性的描述。

无指导的数据挖掘又称无监督学习，这种方法不建立模型，而在所有的属性中找出某种关系。

（一）有指导的数据挖掘

常见的有指导的数据挖掘有分类、预测、估值等。

1. 分类

(1）分类的概念

分类是一种很重要的数据挖掘方法，通过训练集中的数据表现出来的特性，将数据划分为若干类别，并对类别进行描述或者建立模型（或称分类器），用生成的类描述或模型对没有分类的数据进行分类。即通过对已有数据集（训练集）的学习，得到一个目标函数 f（模型），把每个属性集 X 映射到目标属性 y（类）上（y 必须是离散的）。

简单来说，分类就是基于某一维度，把目标群体分为不同的类别，因此，分类很关键的一步是确定分类的维度（或称分类的标准）。比如，对反映客户信用的数据进行训练后将客户按信用分为高、中、低三个等级，如果现在有一个新的客户，那么就可以利用分类器对他进行分析，然后将他划分到某个类别中（如把他映射到高信用等级）。

（2）分类的特点和目的

分类输出属性是离散的、无序的。分类的目的是对不同的类给予有针对性的管理（或处理）。比如，企业对客户进行分类，针对不同类型的客户进行客户分析，制定不同的客户服务策略。

（3）分类过程

分类过程包括训练阶段（又称建立模型阶段、学习阶段）和评估阶段（又称分类阶段）两个阶段。学习阶段使用训练集构建分类模型，分类阶段使用模型预测给定数据的类标号，即分类。

① 训练阶段。

训练阶段是从已知的数据集中选取一部分数据作为建立模型的训练集，而把剩余的部分作为测试集，训练集和测试集的比例一般为 8∶2。

训练阶段可以看成是学习（构造）一个映射函数的过程，通过对训练集进行训练得到的映射函数就是分类模型（或分类器），可以表示为分类规则、决策树或数学公式等形式。分类的训练阶段如图 9-20 所示。

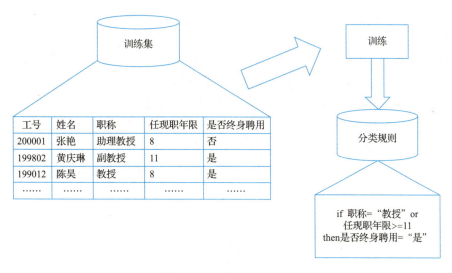

图 9-20　分类的训练阶段

② 评估阶段。

在评估阶段，使用训练阶段建立的分类模型对测试集数据元组进行分类，从而评估分类模型的预测准确率。如果认为分类模型的准确率是可以接受的，则使用该分类模型对类别标记为未知的数据元组进行分类。分类的评估阶段如图 9-21 所示。

（4）常见的分类方法

常见的分类方法有决策树、K 最近邻（K-Nearest Neighbor，KNN）、支持向量机（Support Vector Machine，SVM）、向量空间模型（Vector Space Model，VSM）、贝叶斯法、神经网络等。

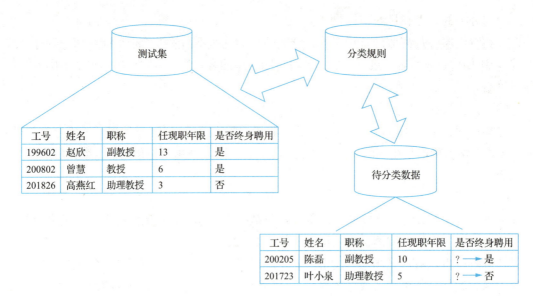

图 9-21 分类的评估阶段

（5）分类模型评价

根据分类的类别数，分类模型可分为二分类模型和多分类模型，对于二分类模型的评价可以借助混淆矩阵（又称误差矩阵）进行。评价用到的术语主要有以下五个。

① 真正类（True Positive，TP）：实际是正类被预测成正类，又称真阳。
② 假正类（False Positive，FP）：实际是负类被预测成正类，被误判了，又称假阳。
③ 假负类（False Negative，FN）：实际是正类被预测成负类，被漏掉了，又称假阴。
④ 真负类（True Negative，TN）：实际是负类被预测成负类，又称真阴。
⑤ 混淆矩阵（Confusion Matrix）：用来反映某个分类模型的分类结果，其中行表示的是真实的类别，列表示的是模型预测的类别。混淆矩阵是一个 $m \times m$ 的矩阵，如图 9-22 所示。

真实情况	预测情况		合计
	正类（Positive）	负类（Negative）	
正类（Positive）	TP	FN	p（实际为正类的总数）
负类（Negative）	FP	TN	n（实际为负类的总数）
合计	p'（预测为正类的总数）	n'（预测为负类的总数）	$p+n$（样本总数）

图 9-22 混淆矩阵

这几个术语不大好记，可以记住 True、False 描述的是分类模型判断是否正确，True 表示分类模型判断正确，记为 T；False 表示分类模型判断不正确，记为 F。Positive、Negative 是分类模型的分类结果，Positive 代表正类，记为 P；Negative 代表负类，记为 N。比如 TP，

T 表示分类模型判断正确，分类结果是正类（既然分成正类是对的，那么实际的也应该是正类）；又如 FN，F 表示分类模型判断不正确，分类结果是负类（既然分成负类是不对的，那么实际的应该是正类）。

二分类模型的评价指标包括以下七个。

① 正确率（accuracy）：

$$\text{accuracy} = \frac{\text{预测正确的总数}}{\text{样本总数}} = \frac{TP + TN}{p + n}$$

正确率表示被分对的样本数占所有样本数的比例，正确率又称准确率。一般来说，正确率越高，分类模型越好。但也有例外，如在不平衡（正样本和负样本数目相差很大）的数据集上，高正确率不能说明分类模型好。假如正样本 100 个，负样本 9900 个，直接把所有的样本都预测为负，准确率将为 99%，但是此分类模型的实际性能是非常差的，因为它把所有正样本都分错了。

② 错误率（error rate）：

$$\text{error rate} = \frac{\text{预测错误的总数}}{\text{样本总数}} = \frac{FP + FN}{p + n}$$

错误率表示被分类模型错分的样本数占所有样本数的比例。对具体实例来说，分对和分错是互斥事件，因此正确率和错误率存在以下关系：

$$\text{error rate} = 1 - \text{accuracy}$$

③ 灵敏度（sensitive）：

$$\text{sensitive} = \frac{TP}{p}$$

灵敏度表示所有正类中被分对的比例。灵敏度衡量了分类模型对真例的识别能力。灵敏度更侧重于体现"敏感"，即对于实际为正类的样本有多大比例能够被"察觉"到。

④ 特异性（specificity）：

$$\text{specificity} = \frac{TN}{n}$$

特异性表示所有负类中被分对的比例，衡量了分类模型对负类的识别能力。特异性是实际为负类的样本有多大的比例被预测为负类了，这一指标在一些严格要求不能漏检异常样本的任务中比较有意义，比如医学问题，它允许一些没问题的样本被当作有问题的检测出来，可以人工复检，但是不允许存在问题的样本没被检测出来，特异性就是能反映这个问题的指标。

⑤ 精确度（precision）：

$$\text{precision} = \frac{\text{将正类预测为正类的总数}}{\text{预测为正类的总数}} = \frac{TP}{TP + FP}$$

精确度表示被分为正类的实例中实际为正类的比例，精确度又称查准率。精确度低说明误报（或者说错报）的多。精确率的提出是为了让模型现有的预测结果尽可能不出错（宁可漏检，也不能让现有的预测有错）。

⑥ 召回率（recall）：

$$\text{recall} = \frac{\text{将正类预测为正类的总数}}{\text{实际为正类的总数}} = \frac{TP}{TP + FN}$$

召回率是对覆盖面的度量，即正确预测为正类的占全部实际为正类的比例，召回率又称查全率。召回率低说明漏报的多。召回率的提出是为了让模型预测到所有想被预测到的样本（就算多预测一些错的，也能接受）。

精确度是相对模型预测而言的。假设模型一共预测了 100 个正类，其中 80 个实际也是对的正类，那么精确度就是 80%。我们可以把精确度理解为，当用模型做出一个新的预测时，它的置信度是多少，或者说它做的这个预测是对的可能性是多大。而召回率是相对于原样本而言的。假设测试集里有 100 个正类，如果模型只预测到了 40 个正类，那么召回率就是 40%，即模型的预测能覆盖到 40%。

为了更好地理解以上指标，我们举一个具体的例子。

有一套可以检测是否患某种疾病的系统（可以看成是分类模型），想评估这套系统性能好坏。我们把病人患了这种疾病定义为 Positive，没患该疾病定义为 Negative。那么，到底该用什么指标进行评价呢？

如想回答"在诊断为患病的一群人中，到底有多少人真患病了？"这一问题，就用精确度对系统进行评估价。

如想回答"在一群患病的人中，到底有多少人能被成功检测出来？"这一问题，就用召回率对系统进行评价。

如想回答"在一群病人和非患病的人中，有多少人被系统给出了正确的诊断结果（患病或没患病）？"这一问题，就用正确率对系统进行评价。

理想情况下，精确度和召回率都越高越好，然而事实上这两者在某些情况下是矛盾的：精确率高时，召回率低；精确率低时，召回率高。当二者不可兼得时，应该如何取舍呢？这需要根据实际需求判断哪个指标更重要。

【例 9-6】有两个分类模型都是检测样本人群是否患某种疾病的。正类表示患病（阳性），负类表示不患病（阴性）。假设样本总数为 1000 个，其中有 2 个是患病的。第一个分类模型检测出 1 个患病的，这个也确实是患病的。第二个分类模型检测出 5 个患病的，其中 2 个确实是患病的。

那么，第一个分类模型的精确度 $P_1 = \frac{1}{1} = 1$，召回率 $R_1 = \frac{1}{2} = 0.5$。

第二个分类模型的精确度 $P_2 = \frac{2}{5} = 0.4$，召回率 $R_2 = \frac{2}{2} = 1$。

第一个分类模型的精确度为 1，但召回率低，也就是说存在漏报了；第二个分类模型的精确度不高，只有 0.4，说明存在误判了（这里是 3 次误判），但召回率为 1，也就是说不存在漏报的。

这两个分类模型一个精确度高，但是召回率低，一个精确度低，但是召回率高，应该如何选择呢？就要看精确度和召回率中更看重哪一个。比如第一个虽然精确度高，但是召回率低，也就是有患病的没找出来，这个影响会很大（假设这个病的传染性很强，查不出来对我们的影响很大）；而第二个虽然有 3 个人被误判了，但是真正患病的那 2 个人找出来了，虽然精确度从原来的 1 下降为 0.4，但召回率从 0.5 上升为 1。当然，3 个人被误判也是有一定影响的（如他们要去再检测一次），但这个影响跟漏报造成的影响相比，要小得多。在这种情况下，我们宁愿牺牲一定的误报（即牺牲一定的精确度），也要保证不漏报。即在一定正确率的前提下，我们要求分类模型的召回率尽可能高。

类似地，地震预测、疾病（如传染病）预测就需要很高的召回率，宁愿多预测一些错的也不能漏报。

那什么时候应该更注重精确度而不是召回率呢？当负类被预测成正类（FP）的成本很高（后果很严重或者不能容忍），期望尽量避免产生这种情况时，就应该着重考虑提高精确度。

比如垃圾邮件屏蔽系统，假设垃圾邮件为 Positive，正常邮件为 Negative，FP 是把正常邮件识别为垃圾邮件，这种情况的成本很高，用户不能容忍一封重要工作邮件直接进了垃圾箱。所以这时候我们要着重考虑提高精确度，哪怕牺牲召回率，即宁可把垃圾邮件标记为正常邮件（FN），也不能让正常邮件直接进垃圾箱（FP）。

⑦ F 值。

因为精确度和召回率指标有时候会出现矛盾，所以需要对它们进行综合考虑，最常见的方法就是采用 F 值，F 值实质上是精确度和召回率的调和值。

$$F_{\text{Score}} = (\alpha^2 + 1)\frac{PR}{\alpha^2 P + R}$$

式中，P 表示精确度，R 表示召回率，α 表示 P 和 R 的调和权重，α=1，表示精确度与召回率一样重要。α<1，表示精确度比召回率重要。α>1，表示召回率比精确度重要。

对于多分类模型的评价问题，主要有两种方法。

第一种方法是将多分类模型的评价转换成二分类模型的评价。

各指标的值可通过以下方法计算得到。

① 正确率：与二分类模型相同，也是预测正确的样本数占总样本数的比例。计算方法是用混淆矩阵中对角线上的数字总和除以总样本数。

② 查准率、查全率：每个类别都要先单独计算其精确度和召回率，再进一步处理得出模型的查准率和查全率。

【例 9-7】假设开发了一个动物识别系统来区分输入图片是猫、狗还是兔子。给定分类模型一些动物图片，产生了如图 9-23 所示的结果混淆矩阵。

真实情况	预测情况			合计
	猫	狗	兔子	
猫	50	5	15	70
狗	20	90	10	120
兔子	10	10	30	50
合计	80	105	55	240

图 9-23 动物识别系统结果混淆矩阵

就类别"兔子"而言，把兔子看成一类，其他两个类别（猫和狗）合起来看成另一类，这样就可以把多分类模型转换成二分类模型，相应的混淆矩阵如图 9-24 所示。

真实情况	预测情况		
	猫	狗	兔子
猫			FP (15)
狗			FP (10)
兔子	FN (10)	FN (10)	TP (30)

图 9-24　多分类模型转换成二分类模型的混淆矩阵

类别"兔子"的精确度和召回率分别为：

$$P_{兔子} = \frac{TP}{TP + FP} = \frac{30}{30 + 15 + 10} \approx 0.5455$$

$$R_{兔子} = \frac{TP}{TP + FN} = \frac{30}{30 + 10 + 10} = 0.6$$

同理，可计算出类别"猫"和"狗"的精确度和召回率，分别为：

$$P_{猫} = \frac{TP}{TP + FP} = \frac{50}{80} = 0.625$$

$$R_{猫} = \frac{TP}{TP + FN} = \frac{50}{70} \approx 0.7143$$

$$P_{狗} = \frac{TP}{TP + FP} = \frac{90}{105} \approx 0.8571$$

$$R_{狗} = \frac{TP}{TP + FN} = \frac{90}{120} = 0.75$$

如果想评价该识别系统的总体功能，就必须考虑猫、狗、兔子三个类别的综合预测性能。如何综合这三个类别的精确度呢？通常来说有以下三种解决方案。

① Macro-average 方法。

该方法是将不同类别的评价指标（精确度或召回率）加起来求平均值，给所有类别相同的权重，即平等看待每个类别，一般把计算得到的精确度、召回率分别记为宏查准率（Macro-Precision）、宏查全率（Macro-Recall）。根据例 9-7，可得：

$$\text{Macro-Precision} = \frac{P_{猫} + P_{狗} + P_{兔子}}{3} \approx 0.6759$$

$$\text{Macro-Recall} = \frac{R_{猫} + R_{狗} + R_{兔子}}{3} = 0.6881$$

② Weighted-average 方法。

该方法是给不同类别不同的权重（权重根据该类别的真实分布比例确定），每个类别的精确度或召回率乘权重，然后进行相加，得出的结果分别记为加权查准率（Weighted-Precision）、加权查全率（Weighted-Recall）。根据例 9-7，可得：

$$W_{猫} = \frac{7}{24}$$

$$W_{狗} = \frac{12}{24}$$

$$W_{兔子} = \frac{5}{24}$$

$$\text{Weighted-Precision} = W_{猫} \times P_{猫} + W_{狗} \times P_{狗} + W_{兔子} \times P_{兔子} \approx 0.7245$$

$$\text{Weighted-Recall} = W_{猫} \times R_{猫} + W_{狗} \times R_{狗} + W_{兔子} \times R_{兔子} \approx 0.7083$$

③ Micro-average 方法。

该方法是先把每个类别的 TP、FP、FN 相加之后，再根据二分类模型的精确度、召回率公式进行计算，计算的结果分别记为微查准率（Micro-Precision）、微查全率（Micro-Recall）。

$$\text{Micro-Precision} = \frac{\text{TP}_{猫} + \text{TP}_{狗} + \text{TP}_{兔子}}{\text{TP}_{猫} + \text{TP}_{狗} + \text{TP}_{兔子} + \text{FP}_{猫} + \text{FP}_{狗} + \text{FP}_{兔子}}$$

$$= \frac{50 + 90 + 30}{50 + 90 + 30 + 30 + 15 + 25} \approx 0.70833$$

$$\text{Micro-Recall} = \frac{\text{TP}_{猫} + \text{TP}_{狗} + \text{TP}_{兔子}}{\text{TP}_{猫} + \text{TP}_{狗} + \text{TP}_{兔子} + \text{FN}_{猫} + \text{FN}_{狗} + \text{FN}_{兔子}}$$

$$= \frac{50 + 90 + 30}{50 + 90 + 30 + 20 + 30 + 20} \approx 0.70833$$

我们发现，Micro-Precision 和 Micro-Recall 是相同的。

第二种方法是 Kappa 系数。

Kappa 系数是一种基于混淆矩阵的用于一致性检验的系数，它也可以用于分类精度的衡量。Kappa 系数的取值范围是[-1，1]，在实际应用中，取值范围一般是[0，1]。这个系数的值越大，代表模型实现的分类精度越高。Kappa 系数的计算公式是：

$$k = \frac{p_0 - p_e}{1 - p_e}$$

式中，p_0 是每类正确分类的样本数量之和与总样本数的比例，代表总体分类精度。

$$p_e = \frac{a_1 \times b_1 + a_2 \times b_2 + \cdots + a_m \times b_m}{n \times n}$$

式中，a_1，a_2，$\cdots$，a_m 是每类的真实样本个数，b_1，b_2，$\cdots$，b_m 是预测出来的每类的个数，n 为总样本数。

通常，Kappa 系数值落在[0，1]区间，可将该区间分为五组来表示不同级别的一致性。[0，0.2)表示极低的一致性（Slight），[0.21，0.4)表示一般的一致性（Fair），[0.4，0.6)表示中等的一致性（Moderate），[0.6，0.8)表示高度的一致性（Substantial），[0.8，1]表示几乎完全一致（Almost Perfect）。

【例 9-8】某分类模型的混淆矩阵如图 9-25 所示。

预测的类别 实际类别	类1	类2	类3
类1	200	15	20
类2	10	80	5
类3	16	4	100

图 9-25　某分类模型的混淆矩阵

根据图 9-5 可知，

$$p_0 = \frac{200 + 80 + 100}{450} \approx 0.8444$$

$$p_e = \frac{235 \times 226 + 95 \times 99 + 120 \times 125}{450 \times 450} \approx 0.3828$$

$$k = \frac{p_0 - p_e}{1 - p_e} = \frac{0.8444 - 0.3828}{1 - 0.3828} \approx 0.7479$$

2．预测

（1）预测的概念

预测与分类类似，其模型可以看作一个映射或者函数 $y = f(x)$，其中，x 是输入元组，y 是输出（又称目标值）。与分类不同的是，预测所需要的属性值是连续的、有序的。

（2）预测过程

与分类一样，预测过程也包括两个阶段：第一个阶段是训练阶段，使用训练集数据；第二个阶段是预测阶段，使用测试集数据。预测的准确率是通过 y 的预测值与实际已知值的差来评价的。

预测与分类的区别是：分类是用来对数据对象的类进行标记，而预测是用来估计某些空缺或未知值。比如，根据客户购买的信息来判断该客户属于"普通客户"类还是"VIP 客户"类，就是分类，而估计这个客户的购买量是多少则是预测。

3．估值

估值与分类类似，但估值最终的输出结果是连续型的数值，估值的量并非预先确定的。估值可以作为分类的准备工作。

（二）无指导的数据挖掘

常见的无指导的数据挖掘有聚类、关联规则挖掘等。

1. 聚类

（1）聚类的概念

聚类是指由计算机自动寻找并建立分组规则的方法，通过判断样本之间的相似性将整个样本集合聚集成若干个类（又称簇）的过程。其目标是使属于同一个类的样本尽量相似，而属于不同类的样本差别明显。常见的聚类算法有系统聚类和 K 均值聚类。

（2）适合做聚类分析的数据类型

适合做聚类分析的数据类型主要有数值型数据、文本数据、图像数据、时间序列数据和地理数据。针对不同的数据类型，聚类分析的应用会有所差异，使用的算法也需要结合数据规模、聚类目的等多种因素进行选择。

（3）如何选择合适的聚类算法

选择合适的聚类算法需要考虑多个因素，如数据类型、数据规模、聚类目的和算法特点等。以下是五个选择聚类算法的建议。

① 根据数据类型和数据规模来选择。

不同的聚类算法适用于不同的数据类型和数据规模。比如，K 均值聚类算法适用于数值型数据，而基于密度的聚类算法 DBSCAN 适用于密度型数据。因此，在选择聚类算法时，需要考虑数据类型和数据规模。

② 根据聚类目的来选择。

聚类目的不同，选择的聚类算法也不同。如果想要将数据分为预先确定的 k 个簇，则可以选择 K 均值聚类算法。如果想要发现数据中的异常点，则可以选择局部异常因子等算法。

③ 根据算法特点来选择。

不同的聚类算法具有不同的特点，如是否对初始值敏感，是否需要事先指定簇的个数，是否支持噪声点等。在选择聚类算法时，需要考虑算法的特点。

④ 根据算法效率来选择。

算法效率也是一个重要的因素。如果数据量非常大，就需要选择能够处理大规模数据集的聚类算法。

⑤ 根据经验和实验来选择。

经验和实验也是选择聚类算法的重要参考因素。在实际应用中，需要根据经验和实验结果，选择适合的聚类算法。

（4）聚类效果的评价

聚类效果可以采用轮廓系数（Silhouette Coefficient）来评价。它结合内聚度和分离度两种因素，可以用来在相同原始数据的基础上评价不同算法或者算法的不同运行方式对聚类效果产生的影响。

① 轮廓系数的核心思想。

轮廓系数的核心思想是判断类间距离与类内距离的相对大小。如果类间距离大于类内距离，则说明聚类效果好；反之，如果类间距离小于类内距离，则说明聚类效果不好。

② 轮廓系数的计算过程。

假设我们已经通过一定算法（如使用 K 均值聚类算法）将数据进行聚类，分成了 k 个簇。对于簇中的每个向量，分别计算它们的轮廓系数。计算过程如下。

对于其中的一个样本 i 来说，

第一步，计算样本 i 到同一簇内其他样本的平均距离 $a(i)$，$a(i)$ 称为样本 i 的簇内不相似度。$a(i)$ 越小，说明样本 i 与同一簇内其他样本越相似，应该被聚类到该簇。

第二步，计算样本 i 与其他某簇 Cj 的所有样本的平均距离 bij，称为样本 i 与簇 Cj 的不相似度。定义 $b(i)=\min\{bi1, bi2, \cdots, bik\}$ 为样本 i 的簇间不相似度。$b(i)$ 越大，说明样本 i 越不属于其他簇。

第三步，根据样本 i 簇内不相似度 $a(i)$ 和簇间不相似度 $b(i)$，定义样本 i 的轮廓系数：

$$S(i) = \frac{b(i) - a(i)}{\max\{a(i), b(i)\}}$$

$$S(i) = \begin{cases} 1 - \frac{a(i)}{b(i)}, & a(i) < b(i) \\ 0, & a(i) = b(i) \\ \frac{b(i)}{a(i)} - 1, & a(i) > b(i) \end{cases}$$

可见轮廓系数的值位于[-1,1]区间。

$S(i)$ 接近 1，说明内聚度和分离度都相对较优，样本 i 聚类合理。

$S(i)$ 接近 0，说明样本 i 在两个簇的边界上。

$S(i)$ 接近-1，说明样本 i 更应该分到另外的簇。

第四步，计算聚类效果总的轮廓系数。对所有样本的轮廓系数求平均值，就可得出该聚类效果总的轮廓系数，它是对该聚类是否合理、是否有效的度量。

需要注意的是，第一、二步中所说的"距离"，是指不相似度（区别于相似度）。"距离"值越大，代表不相似度程度越高。特别地，当簇内只有一个样本时，我们定义轮廓系数 $S(i)$ 等于 0。

（5）聚类和分类的区别

聚类是一种无指导的学习过程，而分类则是有指导的学习过程。除此之外，聚类和分类的区别还在于：聚类事先没有类表，完全是按照样本间的相似度来进行的，即先有样本后有类；而分类则是基于某种预定的类表，将类表中的条目赋予样本，即先有类后有样本。

2. 关联规则挖掘

关联是指两个或多个变量的取值之间存在某种规律性，关联可分为简单关联、时序关联、因果关联。关联规则挖掘早期用于挖掘客户交易数据库中项集间的关联规则问题，后来用于发现大量数据中项集之间存在的有趣关联或相关联系。

关联规则挖掘过程主要包含两个阶段：第一个阶段是从资料集合中找出所有的高频项目组（Frequent Itemsets），第二个阶段是从这些高频项目组中分析发现关联规则（Association Rules）。

四、数据挖掘的成功案例

数据挖掘帮助 Credilogros Cía Financiera S.A.改善了客户信用评分。

Credilogros Cía Financiera S.A.是一家位于阿根廷的信贷公司，对于该公司而言，重要的是识别与潜在预先付款客户相关的潜在风险，以便将承担的风险最小化。

该公司的第一个目标是创建一个与公司核心系统和两家信用报告公司系统交互的决策引擎来处理信贷申请。同时，该公司还在寻找针对它所服务的低收入客户群体的自定义风险评分工具。

最终该公司选择了 SPSS 公司的数据挖掘软件 PASW Modeler，因为它能够灵活并轻松地整合到该公司的核心信息系统中。通过应用 PASW Modeler，该公司将用于处理信用数据和提供最终信用评分的时间缩短到了 8 秒以内。这使该公司能够迅速批准或拒绝信贷申请，还使得该公司能够简化每个客户必须提供的身份证明文档，在一些特殊情况下，只需客户提供一份身份证明即可批准信贷。此外，软件还提供监控功能。该公司平均每月使用 PASW Modeler 处理约 35000 份申请，应用 PASW Modeler 仅 3 个月该公司就将贷款支付失职减少了 20%。

本 章 小 结

商务智能又称商业智慧或商业智能，是指从许多来自不同的企业运作系统的数据中提取出有用的数据并进行清理、分析和处理，把信息变为辅助决策的知识，并将知识呈现给管理者，为管理者的决策提供支持。

商务智能系统的基本架构分为五层：数据源层，数据仓库层，数据整合层，数据分析层，数据展现层。

数据具有很大的商业价值，如为用户带来额外的收入，为用户节约不必要的支出、降低风险等。要抽取数据中的价值需要对数据进行分析，Python 是常用的数据分析工具，利用 Python 可以对数据进行处理，如读取和清理数据、可视化数据和对数据进行统计分析。

数据可视化可以利用用户对形状、颜色的感官敏感，有效地传递信息，帮助用户更直观地从数据中发现关系、规律、趋势，数据可视化可以将枯燥的数据变得生动。

数据挖掘是指从海量的、有噪声的、不完全的、模糊的数据中提取出隐含的、人们先前未知的，但有潜在价值的信息和知识的过程，通常把数据挖掘理解为数据中的知识发现。常见的数据挖掘方法有分类、预测、估值等有指导的数据挖掘，以及聚类、关联规则挖掘等无指导的数据挖掘。

习　题

一、单项选择题

1. 按照数据的来源，商务数据可分为交易数据、移动通信数据、（　　）、来自机器和传感器的数据和互联网上的"开放数据"。
   A．订单数据　　　　　　　　　　B．人为数据
   C．个人信息资料　　　　　　　　D．非结构性数据
2. 用 Python 绘制单条折线图时，如果要表示图表的标题，应使用（　　）参数。
   A．table　　　　　　　　　　　　B．figsize
   C．kind　　　　　　　　　　　　D．title

二、多项选择题

1. 在一组数据（1，2，3，999999，4，5，6，-10000000，7，8，9，10）中，属于异常数据的是（　　）。
   A．1　　　　B．2　　　　C．999999　　　　D．-10000000
   E．5
2. 属于有指导的数据挖掘的是（　　）。
   A．聚类　　　　B．分类　　　　C．预测　　　　D．关联规则挖掘
   E．估值

三、判断题

1. 非结构化决策是指决策过程复杂，不能用确定的模型和语言来描述其决策过程，更无所谓最优解的决策。　　　　　　　　　　　　　　　　　　　　　　　（　　）
2. 现金比率能真实地反映企业实际的短期偿债能力，该指标值越小，说明企业的短期偿债能力越强。　　　　　　　　　　　　　　　　　　　　　　　　　（　　）

四、填空题

1. 商务智能系统的基本架构分为五层：_____、_____、_____、_____、_____。
2. 诺兰模型将数据分为_____、_____、_____、_____、_____和_____六个阶段。
3. Python 的查重操作是_____进行的，去重操作去除的是_____。

五、名词解释

1. 商务智能
2. 事务处理系统

3. 管理信息系统
4. 商务数据

六、简答题

1. 简述商务数据分析的步骤。
2. 简述数据挖掘的步骤。

七、拓展阅读

数据赋能的未来，看向嵌入式 BI

数据分析能力越来越成为消费者和企业的必备能力。从简单地在一个网页或门户上托管一个可视化仪表板，到在一个云服务上实现数据探索、建模、报告和可视化创建的应用程序，BI 的实现方式越来越多，无论公司规模大小，只要是在以数据为中心的公司中，BI 都是中流砥柱。

随着数字化时代的到来，每家公司都在努力成为一家"数据公司"，希望利用数据和分析的能力将自身与其他公司区分开来。越来越多的用户期望他们日常使用的应用程序、产品和服务能提供可操作的数据分析服务，以获得强大的洞察力。但从头开始构建这些功能是一项艰巨的任务，更好的解决方案是：将行业领先的分析平台嵌入已有的核心产品，这就是嵌入式分析，也是商务智能领域的热门趋势之一。

Bl 软件已经从桌面转移到了网络，又转移到了云端，用户可以按月（或按小时）租用软件。Web 和支持云的 Bl 应用程序可以在不同的服务器上运行，因此不与主机应用程序共享代码或库，这消除了版本控制方面的顾虑。

借助云，BI 产品可以在多租户的环境中运行，为每个租户及其特定数据提供配置、管理和安全服务。云还使 BI 供应商有机会将他们的产品作为软件即服务（Saas）或平台即服务（PaaS）应用程序提供，同时提供其他云优势，包括自动软件更新、最新的安全性、弹性可扩展性和可预测的许可。

越来越多的 BI 供应商开始提供具有丰富的 API 和基于云部署的 BI 平台，使其可以灵活地嵌入其他应用程序，同时可以无限定制和扩展。API 已经从客户端/服务器编程库（如 COM）发展到基于 Web 的接口（如 SOAP、iFrames 和客户端插件），再到现代标准（如 JavaScript 和 REST），用户可以轻松地创建新图表和图形、修改现有图表，以及将 BI 可视化嵌入其他 Web 应用程序。同时 REST API 可以用于访问后端管理功能，如发布、供应、调度和用户管理。

资料来源：https://www.grapecity.com.cn/blogs/sjfndewlkx[2024-03-01]。

【实验 9-1】电子商务数据分析

实验教学：电子商务数据分析。

业务场景：君武电商公司通过构建门店终端、电商平台、移动 App、O2O 销售平台等全方位的销售渠道，建立了品牌和消费者互相感知和交互的多个触点，及时准确地响应消费者需求，智能推送与消费者需求匹配的信息，形成了"不断接近终端、随时提供服务"的销售渠道布局。

君武电商公司主营业务包括加盟及一般特许经营业务、直营零售业务、团购业务、电子商务业务。其中，加盟及一般特许经营业务的客户均为个人控制的加盟门店；直营零售业务、电子商务业务的 B2C 模式主要面向终端客户销售，其客户主要为个人。因此，该公司向个人及个体工商户进行销售所获得的销售额占比较高。2020 年年初该公司运营经理要求以 2019 年各平台的个人订单销售数据为数据基础，从不同方面对各平台的销售额进行对比，并进行可视化数据展示，根据结果分析公司商品在各平台的销售情况，并提出提高销售额的建议。

实验所用数据：在公司后台的信息管理系统中，批量导出公司 2019 年的订单数据，包括订单来源、发货时间、商品名称、实付金额、客户性别及年龄等数据。

对数据进行分析并将结果可视化。

① 从订单来源方面进行销售情况的可视化数据分析；
② 从汇总方面进行销售情况的可视化数据分析；
③ 从时间方面进行销售情况的可视化数据分析；
④ 从地区方面进行销售情况的可视化数据分析。

第十章

信息系统项目管理

学习目标

1. 了解项目管理的定义和技术;
2. 掌握关键路径法和甘特图;
3. 掌握会计项目管理的基本程序;
4. 掌握项目管理组织结构;
5. 掌握项目主数据管理框架和流程。

第一节　项　目　管　理

一、项目管理概述

（一）项目、项目管理的定义

1. 项目的定义

项目是指在限定的资源及限定的时间内需完成的一次性任务，如一项工程、一项服务、一个研究课题或活动等。

2. 项目管理的定义

项目管理是指在项目活动中运用专门的知识、技能、工具和方法开展的各种计划、组织、领导、控制等方面的活动，使项目能够在有限的资源约束条件下，实现或超过设定的需求和期望的过程。

（二）项目管理的分类

项目管理分为三大类：信息项目管理、工程项目管理、投资项目管理。信息项目管理是指在IT行业的项目管理。工程项目管理主要是指项目管理在工程类项目中的应用。比如施工板块的项目管理，主要是做到对成本和进度的把控，在该板块主要是使用工程项目管理软件进行把控。投资项目管理主要应用于金融投资板块，侧重于风险把控。

（三）项目管理的特性

1. 目的性

项目管理的目的性是指通过开展项目管理活动，保证满足或超越项目有关各方明确提出的项目目标或指标，以及满足项目有关各方的潜在需求和追求。

2. 独特性

项目管理的独特性体现在项目管理不同于一般的企业生产运营管理，也不同于常规的管理内容，它是一种完全不同的管理活动。

3. 集成性

项目管理的集成性是指进行项目管理时，必须根据具体项目各要素或各专业之间的配置关系做好集成性的管理，而不能孤立地开展项目各专业的独立管理。

4. 创新性

项目管理的创新性包括两层含义：一是项目管理是对于创新（项目所包含的创新之处）的管理，二是项目管理没有一成不变的模式和方法，需要通过管理创新去实现对具体项目的有效管理。

5. 临时性

项目是一种临时性的任务，它要在一定的期限内完成，当项目的基本目标实现时，就意味着项目已经完成使命，尽管项目所建成的目标也许才刚刚开始发挥其作用。

（四）项目管理应遵循的原则

企业进行项目管理时，一般应遵循以下三项原则。

1. 注重实效，协同创新

项目应围绕项目管理的目标，强调成本效益原则，实现项目各责任主体间的协同发展、自主创新。

2. 按级负责，分工管理

项目各责任主体应当根据管理层次和任务分工的不同，有效行使管理职责，履行管理义务，确保项目取得实效。

3. 科学安排，合理配置

应根据项目的目标和任务，科学合理地编制预算，严格地执行预算。

二、项目管理技术

比较有代表性的项目管理技术有计划评审技术（Program Evaluation and Review Technique，PERT）和关键路径法（Critical Path Method，CPM）、甘特图（Gantt Chart）。

（一）计划评审技术和关键路径法

这两种方法基本上一样，都是利用网络分析项目包含的各种活动的先后次序，协调整个计划的各道工序，合理安排人力、物力、时间、资金，加速计划的完成。两者的区别是计划评审技术的每个活动的工期不是确定的，而是有悲观值、乐观值和最有可能值三个值。下面主要介绍关键路径法。

关键路径法又称要径法，是项目管理领域中的一项重要技术。它用于规划、安排和控制项目中的活动，以确保项目按时完成。关键路径通常是（但并非总是）决定项目工期的进度活动序列。关键路径是项目中最长的路径，即使是很小的浮动也可能影响整个项目的最早完成时间，关键路径的工期决定了整个项目的工期。关键路径可以通过以下步骤来确定。

1. 画 AOE 网

AOE（Activity on Edge Network）网是以边表示活动的带权的有向无环图。在 AOE 网中，用顶点表示事件，弧表示活动，边上的权值表示活动持续的时间。AOE 网可以用来表示一个工程流程，它具有明显的工程的特征。例如，在某顶点所代表的事件发生后，从该顶点出发的活动才能开始；只有在进入某顶点的活动都已经结束时，该顶点所代表的事件才能发生。AOE 网中没有入边的顶点称起点或者源点，没有出边的顶点称终点或者汇点。由于一个工程总有一个开始，一个结束，因此正常情况下，AOE 网只有一个源点和一个汇点，习惯上，源点位于左方，汇点位于右方，如图 10-1 所示。

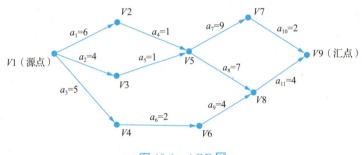

图 10-1　AOE 网

2. 求各个事件的最早发生时间

事件的最早发生时间（Earliest Start Time）是指在其所有紧前工作全部完成后，该事件最早可能发生的时间，因而要看触发这个事件开始的所有活动中最长的那个活动。从源点开始，依次求出各个事件的最早发生时间 VE，最后一个事件的最早发生时间就是完成整个项目所需要的时间。第一个顶点（源点）的 VE=0，因为它没有紧前工作，不需要等待其他工作完成才能开始。

3. 求各个事件的最迟发生时间

事件的最迟发生时间（Latest Start Time）是指在不影响整个任务按期完成的前提下，该事件最迟必须发生的时间。从汇点开始逆序依次求出各个事件的最晚发生时间 VL，最后一个事件（汇点）的最迟发生时间与它的最早发生时间相等。其他事件的最迟发生时间等于其紧后工作最迟发生时间减去这个活动的持续时间的最小值。比如，从图 10-1 可知，$V9$ 的最迟发生时间为 18，从 $V8$ 到 $V9$ 的活动 a_{11} 的持续时间为 4，那么 $V8$ 的最迟发生时间为 18-4=14；$V7$ 的最迟发生时间为 18-2=16；在计算 $V5$ 的最迟发生时间时，因为 $V5$ 的紧后工作是 $V7$ 和 $V8$，$V5$ 的最迟发生时间等于其紧后工作最迟发生时间减去其持续时间的最小值，即 min(16-9,14-7)=7，按此计算，依次得到各事件的最迟发生时间。各个事件的最早发生时间 VE 和最迟发生时间 VL 如图 10-2 所示。

事件	VE	VL
V_1	0	0
V_2	6	6
V_3	4	6
V_4	5	8
V_5	7	7
V_6	7	10
V_7	16	16
V_8	14	14
V_9	18	18

图 10-2　各个事件的最早发生时间和最迟发生时间

4．计算各个活动的最早开始时间 AE

活动的最早开始时间是指在其所有紧前工作全部完成后，该活动有可能完成的最早时刻。活动的最早开始时间 AE 可以通过当前活动的起始顶点（事件）的最早开始时间求得：

$$AE(当前活动)=VE(当前活动的起始顶点)$$

5．计算各个活动的最晚开始时间 AL

活动的最晚开始时间是指在不影响整个任务按期完成的前提下，该活动最晚必须开始的时间。活动的最晚开始时间 AL 可用下式计算得到，

$$AL(当前活动)=VL(当前活动的终点顶点)-当前活动持续的时间$$

经过计算，各个活动的最早开始时间 AE 和最晚开始时间 AL 如图 10-3 所示。

活动	AE	AL
a_1	0	0
a_2	0	2
a_3	0	3
a_4	6	6
a_5	4	6
a_6	5	8
a_7	7	7
a_8	7	7
a_9	7	10
a_{10}	16	16
a_{11}	14	14

图 10-3　各个活动的最早开始时间和最晚开始时间

6．确定关键路径

活动 i 的最晚开始时间与最早开始时间之差 $d(i)=AL(i)-AE(i)$ 称为活动 i 的时间余量，表示在不增加完成整个工程所需总时间的情况下，活动 i 可以拖延的时间。若一个活动的

时间余量为零,则说明该活动必须如期完成,不可以拖延,称活动 i 是关键活动。连接所有关键活动的路径称关键路径,关键路径上各个活动持续的时间之和称路径长度,这个路径长度也是完成整个项目的工期。在不改变 AOE 网的关键路径的前提下,加快包含在关键路径上的关键活动可以缩短整个工程的完成时间。根据图 10-1,关键路径和关键活动如图 10-4 所示。

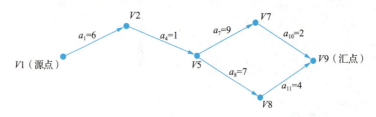

图 10-4　关键路径和关键活动

(二)甘特图

1. 甘特图的含义

甘特图(Gantt Chart)以其提出者甘特的名字命名,甘特图通过条状图来显示项目、进度和其他与时间相关的系统进展的内在关系随着时间进展的情况,甘特图又称横道图、条状图。

甘特图以图示的方式,通过活动列表和时间刻度表示出特定项目的活动顺序与持续时间。甘特图用横轴表示时间,用纵轴表示项目,用线条表示期间计划和实际完成情况,能够直观表明计划何时进行,以及进展与要求的对比,便于管理者弄清项目的剩余任务,评估工作进度。甘特图是以作业排序为目的,最早尝试将活动与时间联系起来的要点工具之一,它能够帮助企业描述工作中心、超时工作等资源的使用。甘特图包含三个要点:①以图形或表格的形式显示活动;②通用的显示进度的方法;③构造时含日历天和持续时间,不将周末和节假日算在进度内。

甘特图简单、醒目,便于编制,在管理中应用广泛。

2. 甘特图的分类

按内容不同,甘特图可分为计划图表、负荷图表、机器闲置图表、人员闲置图表和进度表五种。

3. 甘特图的优缺点

甘特图的优点是突出了项目管理中最重要的因素——时间,具有图形化概要,是通用技术,易于理解;有专业软件支持,无须担心复杂计算和分析。甘特图的缺点是它主要关注进程管理(时间),因此它仅仅部分地反映了项目管理的三重约束(时间、成本和范围);尽管它能够通过项目管理软件描绘出项目活动的内在关系,但是如果关系过多,纷繁芜杂的线图将增加甘特图的阅读难度。

4. 甘特图的绘制步骤

第 1 步：明确项目牵涉到的各个项目。内容包括项目名称（含顺序）、开始时间、工期，以及任务类型（依赖性/决定性）和依赖于哪项任务。

第 2 步：创建甘特图草图。将所有的项目按照开始时间、工期标注到甘特图上。

第 3 步：确定项目依赖关系及时序进度。使用草图，按照项目的类型将项目联系起来，并安排项目进度。此步骤将保证在未来计划有所调整的情况下，各项任务仍然能够按照正确的时序进行。也就是确保所有依赖性任务能并且只能在决定性任务完成之后按计划展开，同时避免关键路径过长。关键路径是由贯穿项目始终的关键性任务所决定的，它既表示了项目的最长耗时，也表示了完成项目的最短可能时间。需要注意的是，关键路径会由于单项任务进度的提前或延期而发生变化。还要注意不要滥用项目资源，同时，对于进度表上的不可预知事件要安排适当的富余时间（Slack Time）。但是，富余时间不适用于关键性任务，因为作为关键路径的一部分，关键性任务的时序进度对整个项目至关重要。

第 4 步：计算单项活动任务的工时量。

第 5 步：确定任务的执行人员及适时按需调整工时。

第 6 步：计算整个项目时间。

5. 绘制甘特图的常用工具

（1）Microsoft Project

这是微软出品的通用型项目管理软件，可以帮助项目管理者实现对时间、资源、成本的计划、控制。

（2）Excel

这是微软办公套装软件 Office 的一个重要组成部分，它可以进行各种数据的处理、统计分析和辅助决策操作，广泛地应用于管理、统计、财经、金融等众多领域。Excel 中有大量的公式函数可以选择，使用 Excel 可以执行计算、分析信息并管理电子表格或网页中的数据信息列表。随着计算机的普及，Excel 在办公自动化领域的应用越来越广泛。

（3）VARCHART XGantt

这是一种甘特图控件，支持以甘特图、柱状图的形式来表示数据，能够实现与 Project 或 P/6 相似界面效果，并支持集成到项目管理、生产排程等应用程序中。它能在几分钟之内实现甘特图开发，而且只需要通过简单设计模式下的属性页配置（不用写代码）就能快速地适应客户的各种需求，其强大的功能可与微软的 Project 系列产品媲美。

（4）GanttProject

这是一款开源的项目管理软件，支持可用资源、里程碑、任务/子任务，以及任务的起始日期、持续时间、相依性、进度、备注等，可输出 PNG（JPG）、HTML、PDF 等格式。

（5）jQuery.Gantt

这是一个甘特图图表插件，可以实现甘特图。其功能包括读取 JSON 数据，结果分页，对每个任务用不同颜色显示，使用一个简短的描述作为提示，标注节假日等。

甘特图示例（只显示部分任务）见图 10-5。

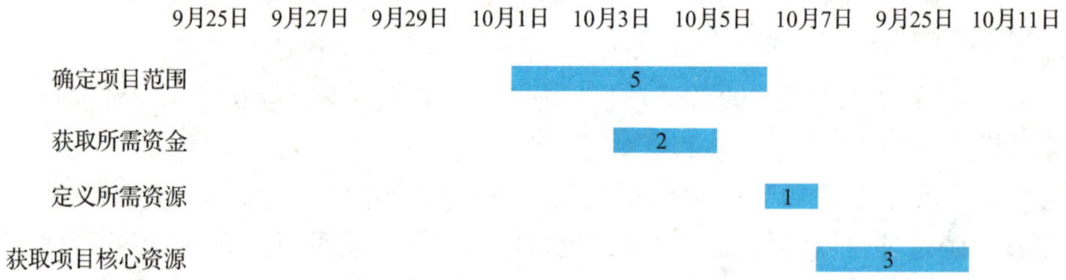

```
          9月25日  9月27日  9月29日  10月1日  10月3日  10月5日  10月7日  9月25日  10月11日
确定项目范围                      ████████5████████
获取所需资金                              ████2████
定义所需资源                                      █1█
获取项目核心资源                                      ██████3██████
```

图 10-5　甘特图示例（只显示部分任务）

三、会计项目管理

会计项目管理是将会计和项目管理相结合的管理方法，旨在确保项目在预算和时间范围内顺利完成，并提供准确的财务信息和报告。通过有效的会计项目管理，企业可以最大限度地利用资源，实现项目目标和组织战略，确保项目的财务健康。

1. 会计项目管理的适用范围

会计项目管理适用于以一次性活动为主要特征的项目活动，如一项工程、服务、研究课题、研发项目、赛事、会展或活动演出等，也适用于以项目制为主要经营单元的各类经济主体。

2. 会计项目管理的基本程序

根据《管理会计应用指引第 502 号——项目管理》的规定，企业应用项目管理工具方法一般按照可行性研究、项目立项、项目计划、项目实施、项目验收和项目后评价等程序进行。

（1）可行性研究

可行性研究是指通过对项目在技术上是否可行、经济上是否合理、社会和环境影响是否积极等方面进行科学分析和论证，以最终确定项目投资建设是否进入启动程序的过程。

可行性研究一般可以从投资必要性、技术可行性、财务可行性、组织可行性、经济可行性、环境可行性、社会可行性、风险因素及对策等方面开展。

（2）项目立项

项目立项是指对项目可行性研究进行批复，并确认列入项目实施计划的过程。经批复的可行性研究报告是项目立项的依据，项目立项一般应在批复的有效期内完成。

（3）项目计划

项目计划是指项目立项后，在符合项目可行性报告批复相关要求的基础上，明确项目的实施内容、实施规模、实施标准、实施技术等方案，并据此编制项目执行预算的书面文件。

项目计划的常用概念如图 10-6 所示。

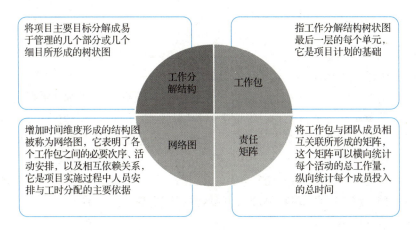

图 10-6 项目计划的常用概念

（4）项目实施

项目实施是指按照项目计划，在一定的预算范围内，保质保量按时完成项目任务的过程。通常，应重点从质量、成本、进度等方面有效控制项目的实施过程。

（5）项目验收

项目验收是指项目完成后，进行综合评价、移交使用、形成资产的整个过程。项目验收一般应由可行性研究报告的批复部门组织开展，可以从项目内容的完成情况、目标的实现情况、经费的使用情况、问题的整改情况、项目成果的意义和应用情况等方面进行验收。

（6）项目后评价

项目后评价是指通过对项目实施过程、结果及其影响进行调查研究和全面系统的回顾，将其与项目决策时确定的目标及技术、经济、环境、社会指标进行对比，找出差别，并分析原因、总结经验、提出对策建议，通过信息反馈，改善项目管理决策，提高项目管理效益的过程。

3. 会计项目管理的工具方法

会计项目管理的工具方法一般包括挣值法、成本效益法、价值工程法等。

（1）挣值法

挣值是指项目实施过程中已完成工作的价值，用分配给实际已完成工作的预算来表示。挣值法是一种通过分析项目实际与项目计划之间的差异，从而判断项目实施的成本、进度、绩效的方法。

（2）成本效益法

成本效益法是指通过比较项目不同实现方案的全部成本和效益，以寻求最优投资决策的一种方法。其中，成本指标可以包括项目的执行成本、社会成本等；效益指标可以包括项目的经济效益、社会效益等。

（3）价值工程法

价值工程法是指对研究对象的功能和成本进行系统分析，比较为获取功能而发生的成本，以提高研究对象价值的方法。

4. 项目财务管理

项目财务管理是指基于项目全生命周期的项目财务活动的归口管理工作，是对项目营运过程中财务资源使用情况的全流程管理活动。

在项目营运过程中，企业应当重视并严格执行项目预算管理、项目执行成本控制、项目会计核算、资金管理与项目结算、项目决算和项目经济后评价等。企业可根据项目规模、周期、经费额度等指定专人负责上述工作，并参与项目论证与评估等工作。

（1）项目预算管理

根据《管理会计应用指引第 502 号——项目管理》的规定，企业进行项目预算管理，一般应从项目预算编制、预算执行控制、项目预算调整等方面开展。

（2）项目执行成本控制

企业进行项目执行成本控制，一般应从项目费用定额表、项目合同管理、项目执行成本变更等方面开展。

（3）项目会计核算

在项目执行过程中，应按照国家统一的会计制度进行会计核算。项目收支应分项目、分要素进行明细核算，确保会计核算制度与项目预算管理相衔接。

（4）资金管理与项目结算、项目决算

企业应建立健全资金管理和项目结算制度，设立项目专款账户对资金的使用进行管理，正确区分会计期间，规范成本列支，统一对项目进行收支与结算。项目结算一般包括项目月度结算、年度结算和完工结算。

企业应严格执行项目决算数据材料的收集、审核、汇总，形成项目决算报告，并提交审计部门进行项目审计。

（5）项目经济后评价

企业应在对比项目可行性研究的基础上进行项目经济后评价，并编制项目经济后评价报告。项目经济后评价报告一般包括项目资金收入和使用情况、重新测算项目的财务评价指标、经济评价指标等。项目经济后评价应通过投资增量效益分析，突出项目对经济价值和社会价值的作用和影响。

第二节 项目管理结构体系

一、项目管理组织结构的定义

项目管理组织结构是指项目管理的组织形式和结构方式，项目管理组织结构决定了项目团队成员的权力、责任和关系，是决定项目管理成功与否的关键因素之一。在确定项目管理组织结构时，需要考虑项目的特点、项目的目标和项目团队成员的能力等因素。

二、项目管理组织结构的类型

按照项目和项目团队成员的归属和管理方式,项目管理组织结构分为职能式组织结构、项目式组织结构、矩阵式组织结构和复合式组织结构。

1. 职能式组织结构

职能式组织结构是将项目团队成员按照职能划在不同的部门,如技术部门、人力资源部门、财务部门等。这种组织结构的优点是可以充分发挥各职能部门的专业能力,提高项目管理效率和质量。但是,由于各职能部门之间的沟通和协调可能存在障碍,项目进度可能会受到影响。

2. 项目式组织结构

项目式组织结构是将项目团队成员按照项目划分为不同的项目组,每个项目组都有自己的项目经理和团队成员。这种组织结构的优点是可以提高项目团队的凝聚力,方便项目经理对项目进行全面的管理和控制。但是,由于需要为每个项目单独建立团队,成本和时间可能会增加。

3. 矩阵式组织结构

矩阵式组织结构是将项目任务按照职能划分到不同的部门,同时将项目团队成员分配到不同的项目组中。这种组织结构的优点是可以同时满足职能部门和项目组的需求,提高项目管理的灵活性和效率。但是,由于团队成员需要同时向多个上级报告工作,沟通和协调可能会存在障碍。

4. 复合式组织结构

复合式组织结构是将多个项目按照不同的目标或地域划分为不同的项目组,同时将项目团队成员分配到不同的项目组中。每个项目组都有自己的项目经理和团队成员,同时还需要与其他项目组进行协调和配合。这种组织结构的优点是可以同时满足多个项目的管理需求,提高资源的利用效率。但是,由于需要同时管理多个项目组和团队成员,对项目管理者的能力要求较高。

三、如何选择适合的项目管理组织结构

在选择适合的项目管理组织结构时,需要考虑以下四个因素。

1. 项目的特点

项目的特点不同,需要的组织结构也会有所不同。例如,对于需要跨部门协作的项目,矩阵式组织结构可能更为合适;对于需要集中管理的项目,项目式组织结构可能更为合适。

2. 项目的目标

项目的目标不同，需要的组织结构也会有所不同。如果项目的目标是提高效率和质量，那么职能式组织结构可能更为合适；如果项目的目标是快速响应市场需求，那么项目式组织结构可能更为合适。

3. 项目团队成员的能力

项目团队成员的能力也是选择项目组织结构的重要因素之一。如果团队成员的能力较强，可以快速适应变化和协调工作，那么矩阵式组织结构可能更为合适；如果团队成员的能力较弱，需要更多的指导和协调，那么职能式组织结构可能更为合适。

4. 项目的风险

项目的风险不同，需要的组织结构也会有所不同。例如，对于风险较大的项目，需要建立更加稳健、严格的项目管理流程和规范，因而职能式组织结构可能更为合适；对于风险较小的项目，可以更加注重灵活性和创新性，因而项目式组织结构可能更为合适。

案例 10-1

某公司的项目管理

某公司准备开发一个软件产品。在项目开始的第 1 个月，项目团队给出了一个非正式的、粗略的进度计划，估计产品开发周期为 12～18 个月。1 个月以后，产品需求已经编写完并得到了批准，项目经理制订了一个以 12 个月为期限的进度表。由于这个项目与以前的一个项目类似，项目经理为了让技术人员去做一些"真正的"工作（设计、开发等），在制订计划时就没让技术人员参加，而是自己编写了详细的进度表并交付审核。项目团队的每个人都相当乐观，都知道这是公司很重要的一个项目。然而没有一个人重视这个进度表。公司要求尽早交付客户产品的两个理由是：①为下一个财年获得收入；②有利于让主要客户选择本公司产品而不是竞争对手的产品。团队中没有人对尽快交付产品产生怀疑。

在项目开发阶段，许多技术人员发现计划安排得太紧，没考虑节假日，新员工需要熟悉和学习的时间也没有考虑进去，计划是按最高水平的人员的进度安排的。除此之外，项目团队其他成员也提出了一些问题，但都没有得到相应的重视。

为了缓解技术人员的抱怨，项目经理将进度表中的计划工期延长了两周。虽然这不能完全满足技术人员的要求，但在一定程度上减轻了技术人员的工作压力。技术主管经常说：产品总是到非做不可时才做，所以才会有现在这样一大堆要做的事情。

而项目经理则认为，项目中出现的问题都是由于技术人员没有商业头脑造成的，他们没有意识到为了把业务做大，需要承担比较大的风险，技术人员不懂得做生意，但我需要促使整个团队去完成这个进度。

在项目实施过程中，争论很多，很少能达成一致意见。商业目标与技术目标总是不能达成一致。为了保证项目进度，产品的规格说明书被匆匆赶写出来。但提交评审时，因为很不完善，评委意见很多，但为了赶进度，也只好接受。

虽然在原来的进度表中有安排对设计进行修改的时间，但因前期分析阶段已经拖慢了进度，即使是加班加点工作，进度仍然缓慢。这之后的编码、测试计划等也因为规格说明书的不断修改而不断返工。

12个月过去了，测试工作的实际进度比计划进度落后了6周，为了赶进度，项目团队将单元测试与集成测试同步进行。但麻烦也随之而来，由于开发小组与测试小组同时对代码进行测试，两个小组都会发现错误，而开发人员正忙于完成自己的工作，因此他们对测试人员发现的错误响应很迟缓。为了解决这个问题，项目经理命令开发人员优先解决测试小组提出的问题，但最终问题还是很多。

经过长时间的加班，项目团队成员都很疲惫，如果按照这一进度继续的话，整个项目的进度将比计划的拖延4个月时间。

资料来源：根据网络资料整理。

第三节 项目管理模块主数据

一、主数据管理概述

目前大多数企业都运行了如 ERP、HCM、CRM 等系统，这些系统分散在多个不同的部门，接触这些系统数据的人很多，因此容易造成数据孤岛、数据重复、数据过时，甚至产生相互矛盾的数据。而不良数据会导致企业决策错误。在数据源不断增多的情况下，为了及时提供准确的信息，企业必须实施主数据管理（Master Data Management，MDM）。

1. 主数据的概念

主数据里的"主"可以理解为"主要""关键"，主数据是指运营企业所需的所有关键数据。这些数据可能是描述客户、员工和供应商的数据，也可能是描述办公室和其他场所的数据，还可能是描述企业生产的产品或者企业拥有的资产的数据。一般来说，主数据在所有业务数据中仅占较小比重，却是企业最复杂且最宝贵的数据之一。

企业常见的主数据有以下五类。

（1）客户主数据

客户主数据是指与客户开展业务所需的所有核心数据，如客户联系方式、客户购买记录和客户付款条款。在某些企业，客户主数据还包括员工、医疗患者和供应商的数据。对客户主数据的管理包括清理和规范 ERP、CRM 等系统内的数据。

（2）供应商主数据

供应商主数据包括供应商账户、合同、政策、定价等数据。这些数据是所有重要采购活动（如计划、寻源、签约和采购等）的核心。经过清理且真实可靠的供应商主数据至关重要，可以用来回答有关供应商支出、定价或绩效等相关问题。

（3）位置主数据

企业的位置主数据包含与企业办公室、分销中心和门店等的实际位置相关的属性数据。

位置主数据与其他数据域建立联系后，能帮助企业制定基于位置的决策，如为特定门店确定合适的产品组合。

（4）产品主数据

产品主数据涵盖了产品的各种属性，如产品编号、产品名称、产品功能、产品类别、产品价格、物料清单和其他所有必要的数据点等。鉴于营销、供应链和产品开发等流程均需使用这些数据，因此，企业必须确保产品主数据准确可靠。

（5）资产主数据

资产主数据是指描述了企业的如厂房、机器设备等固定资产和专利权、商标权等无形资产的数据。资产主类数据通常包括资产的折旧年限和价值、资产类别、租赁信息等。如果资产主数据不准确，将会降低资产利用率和管理水平。例如，预测性维护流程需要使用设备主数据，如果数据有误，预测也会不准确。

2. 主数据管理的概念

主数据管理是一种技术支持的规程，由业务部门和 IT 部门共同负责，其目的是确保企业主数据的唯一性、准确性、语义一致性和可靠性。

3. 主数据管理的作用

（1）减少多个应用中的数据错误和冗余

主数据管理将会合并和核对不同团队采用不同方式录入的相同信息（如客户记录），因为这些信息是重复数据。

（2）优化分析和由数据驱动的决策

如果分析的数据不准确，那么最终生成的结果也会不准确。主数据管理能够优化分析，使由数据驱动的决策更加准确。

（3）精简业务流程，提高效率

通过主数据管理，打造一致的优质主数据，企业可以实现流程自动化，加速端到端业务，如销售线索到收款、寻源到付款、设计到运维等。

（4）确保遵守数据隐私法规和其他相关法规

如果没有主数据管理，数据记录就会孤立地分散在企业的各个部门，导致企业难以确保数据满足法规要求。主数据管理能确保企业遵守数据隐私法规和其他相关法规。

（5）推动数字化业务流程

数据对于推动数字化业务流程至关重要，而主数据是其他所有数据发挥价值的基础。主数据管理有助于企业获得一致、准确的主数据，推动企业的数字化业务流程。

二、主数据管理框架和流程

主数据管理框架由创建主数据记录和维护主数据记录两部分组成，其流程如图 10-7 所示。

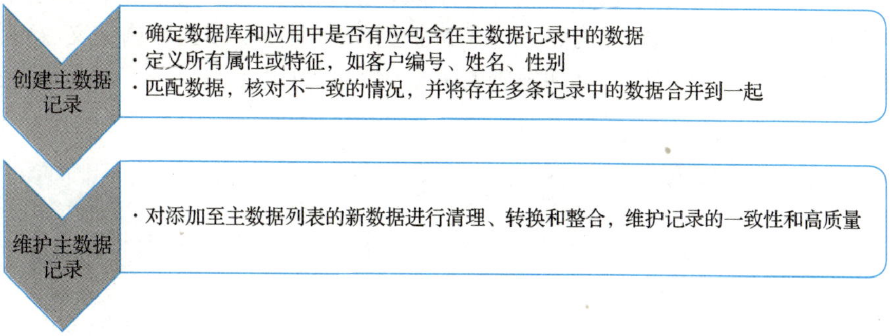

```
创建主数据记录
  · 确定数据库和应用中是否有应包含在主数据记录中的数据
  · 定义所有属性或特征，如客户编号、姓名、性别
  · 匹配数据，核对不一致的情况，并将存在多条记录中的数据合并到一起

维护主数据记录
  · 对添加至主数据列表的新数据进行清理、转换和整合，维护记录的一致性和高质量
```

图 10-7　主数据管理流程

三、主数据管理实现过程中遇到的一些关键技术挑战

① 数据治理及度量和解决数据质量问题的能力。
② 创建和维护组织范围内一致的数据定义。
③ 可伸缩性。要求主数据管理处理大量、复杂的数据，包括社交媒体等非结构化数据，特别是要增加"大数据"的使用。
④ 实施过程控制以支持审计和合规报告的需要。

本 章 小 结

项目是指在限定的资源及限定的时间内需完成的一次性任务，如一项工程、一项服务、一个研究课题或活动等。项目管理是指在项目活动中运用专门的知识、技能、工具和方法开展的各种计划、组织、领导、控制等方面的活动，使项目能够在有限的资源约束条件下，实现或超过设定的需求和期望的过程。

计划评审技术、关键路径法、甘特图是常用的项目管理技术。关键路径法是利用 AOE 网找到从源点到汇点具有最大长度的路径（关键路径）和关键活动，只有缩短关键路径上的关键活动时间，才可以缩短整个工期。

项目管理组织结构是指项目管理的组织形式和结构方式，项目管理组织结构决定了项目团队成员的权力、责任和关系，是决定项目管理成功与否的关键因素之一。按照项目和项目团队成员的归属和管理方式，项目管理组织结构分为职能式组织结构、项目式组织结构、矩阵式组织结构和复合式组织结构。企业可以根据项目的特点、项目的目标、项目团队成员的能力和项目的风险选择适合的项目管理组织结构。

在数据源不断增多的情况下，为了及时提供准确的信息，企业必须实施主数据管理（MDM），主数据里的"主"可以理解为"主要""关键"，主数据是指运营企业所需的所有关键数据。这些数据可能是描述客户、员工和供应商的数据，也可能是描述办公室和其他场所的数据，还可能是描述企业生产的产品或者企业拥有的资产的数据。主数据管理框架由创建主数据记录和维护主数据记录两部分组成，主数据管理实现过程中会遇到数据治理及度量和解决数据质量问题的能力、创建和维护组织范围内一致的数据定义、可伸缩性，以及实施过程控制以支持审计和合规报告的需要等方面的挑战。

习 题

一、单项选择题

1. 计划评审技术的每个活动的工期不是确定的，而是有悲观值、乐观值和（　　）三个值。

 A．最大值　　　　B．最有可能值　　C．最小值　　　　D．平均值

2. AOE 网中，路径上各个活动持续的时间之和称路径长度，关键路径是从源点到汇点具有（　　）的路径。

 A．最短长度　　　B．最关键长度　　C．最大长度　　　D．以上都不对

二、多项选择题

1. 按内容不同，甘特图可分为（　　）。

 A．进度表　　　　　　　　　　　B．负荷图表
 C．计划图表　　　　　　　　　　D．人员闲置图表
 E．机器闲置图表

2. 在选择适合的项目管理组织结构时，需要考虑（　　）。

 A．项目的特点　　　　　　　　　B．项目的目标
 C．项目的完成期限　　　　　　　D．项目的风险
 E．项目团队成员的能力

三、判断题

1. 对于风险较小的项目，可以更加注重灵活性和创新性，因而项目式组织结构可能更为合适。（　　）

2. 在 AOE 网中，只有缩短关键路径上的关键活动时间，才可以减少整个工期的长度。（　　）

四、填空题

1. 项目管理具有_____、_____、_____、_____、_____等特性。

2. AOE 网中没有入边的顶点称_____，没有出边的顶点称_____。

3. 按照项目和项目团队成员的归属和管理方式，项目管理组织结构分为_____、_____、_____和_____。

五、名词解释

1. 项目管理
2. 项目管理组织结构
3. 主数据管理

六、简答题

1. 简述企业为什么必须实施主数据管理。
2. 简述主数据管理框架和流程。

七、拓展阅读

操作型主数据管理和分析型主数据管理

企业实施主数据管理时一般有两种解决方案：操作型主数据管理和分析型主数据管理。那么，到底应选择哪种解决方案呢？

一、操作型主数据管理

操作型主数据管理的核心目标是确保业务用户使用核心系统中的主数据的"单一视图"（如财务、采购、应付账款、工资、销售、服务、订单管理和制造）。操作型主数据管理的两种最常见的主数据管理集成模式是共存/混合模式和集中/事务模式，如图10-8所示。

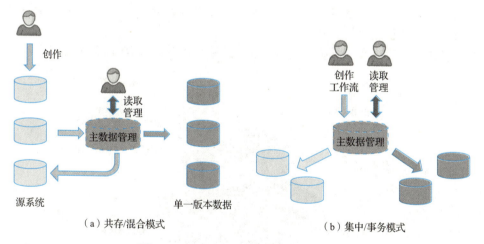

（a）共存/混合模式　　　　　　　　　（b）集中/事务模式

图 10-8　共存/混合模式和集中/事务模式

共存/混合模式类似于分析型主数据管理的整合中心，但其采用了更先进的形式。它在源系统中添加了一个用于黄金记录的集成循环。换句话说，它将黄金记录发回每个源系统，这样就可以在主数据管理中心和源系统之间实现实时同步更新。

在集中/事务模式中，主数据管理中心成为编写主数据的单一（集中式）提供者，所有系统都将其主数据引用到主数据管理中心。尽管这种模式保证了最高级别的主数据质量，但它也是所有模式中最具侵入性的，并且高度消耗资源和时间。

二、分析型主数据管理

分析型主数据管理的核心目标是确保在下游数据仓库中提出主数据的"单一视图"，它通常用于为商务智能和预测分析提供数据，支持企业的决策。分析型主数据管理有两种最常见的模式：注册模式和合并模式，如图10-9所示。

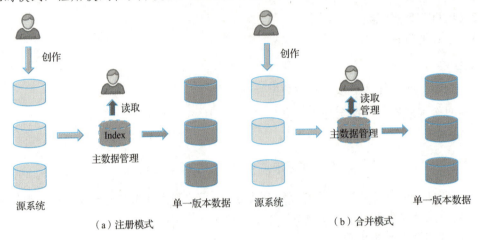

图10-9　注册模式和合并模式

注册模式主要用于识别副本，这种模式不会触及源系统，是非侵入性的。这种模式允许通过联合查询，以只读方式访问黄金记录（单个真实源）。

合并模式也是非侵入性的，它是从源应用程序复制主数据，然后在集线器中进行匹配和整合。黄金记录是在主数据管理中心创建的，可以分发给下游应用程序，或者直接供业务用户的数据管理员使用。

操作型主数据管理和分析型主数据管理的关系和区别如图10-10所示。

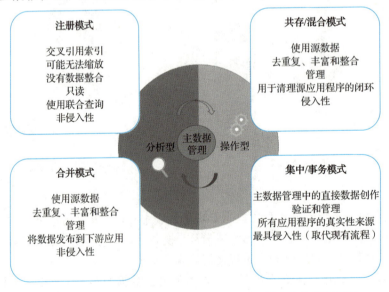

图10-10　操作型主数据管理和分析型主数据管理的关系和区别

资料来源：http://www.360doc.com/content/21/1224/14/78237952_1010147597.shtml[2024-04-01]。

第十一章

碳中和背景下的管理信息系统

> **学习目标**
>
> 1. 掌握碳中和的概念;
> 2. 了解碳中和提出的背景和意义;
> 3. 了解我国实现碳中和的意义;
> 4. 掌握建立碳管理系统的步骤;
> 5. 了解碳管理系统建设中存在的问题和面临的挑战。

第一节 碳中和概述

一、碳中和的基本概念

碳中和（Carbon Neutral），一般是指国家、企业、产品、活动或个人在一定时间内直接或间接产生的二氧化碳排放总量，通过植树造林、节能减排等形式，以抵消自身产生的二氧化碳排放量，实现正负抵消，达到相对"零排放"。简单来说，"碳"即二氧化碳；"中和"即正负相抵，排出的二氧化碳被植树造林、节能减排等形式抵消。

二、碳中和提出的背景和意义

（一）碳中和提出的背景

碳中和提出的背景是全球变暖。全球变暖是指人类活动产生的温室气体排放，导致大气中的温室气体浓度增加，从而导致全球气温上升。全球变暖导致极端气候事件频发，其影响日渐深重，如海洋生态系统遭到破坏严重、海洋酸化、海平面上升、冰川退缩等。

为了减缓全球变暖，各国政府和社会各界都在努力采取有效的措施，其中最重要的就是碳中和。碳中和是一种环境保护措施，旨在通过节能减排、植树造林、改善能源利用效率等，减少温室气体排放，从而减缓全球变暖。

（二）碳中和提出的意义

① 能源的使用是碳排放最重要的来源，而社会经济发展、生活水平的提高和对能源的利用是紧密相关的。只有发展碳排放少的新能源，并且新能源的成本还不能比化石能源高，才能实现既减排，又让经济、生活水平继续向前发展。

② 碳减排对我国的国家安全有利。2023年，我国原油的对外依存度为73%，天然气的对外依存度为42%，一旦能源进口出现问题，我国的能源供应和经济发展会大受影响。

③ 在新能源领域，我国的产业发展和技术发展都处于全球领先地位。减碳有助于我国在能源、汽车等领域做到弯道超车，实现产业竞争力上的超越。

三、我国碳中和的实现

（一）我国实现碳中和的意义

全球变暖是人类面临的全球性问题，各国二氧化碳排放量的增加，逐渐对生命系统造成威胁。在这一背景下，世界各国以全球协约的方式减排温室气体，我国由此提出碳达峰和碳中和目标。

此外，我国油气资源相对匮乏，发展低碳经济、重塑能源体系对我国的能源安全来说具有重要意义。近年来，我国积极参与国际社会碳减排，主动顺应全球绿色低碳发展潮流，积极布局碳中和，已具备实现碳中和条件。

党的二十大报告提出，实现碳达峰碳中和是一场广泛而深刻的经济社会系统性变革。通过低碳发展，可以推动并引领能源低碳革命、绿色低碳工业体系创建和城镇化低碳发展，在可再生能源、新能源汽车、可持续基础设施等领域加快培育新增长点，形成新动能，从而加快建立健全绿色低碳循环发展的经济体系。

（二）我国实现碳中和的挑战与机遇

1. 我国实现碳中和的主要挑战

实现碳中和，可以理解为经济社会发展方式的一场大变革，可以说对当今世界的任何一个国家来说，都是一场巨大的挑战。对我国来说，碳中和的主要挑战表现在以下五个方面。

① 挑战一：资源性劣势。我国的能源禀赋以煤炭为主。在煤炭、石油、天然气这三种化石能源中，释放同样热量的条件下，煤炭排放的二氧化碳量要大大高于天然气，也比石油高不少。而我国发电使用最多的资源是煤炭，这与石油、天然气在发电中占比很高的国家相比，是一个挑战。

② 挑战二：我国制造业的规模十分庞大。我国接近70%的二氧化碳排放来自工业，这个占比高出欧美国家很多，这与我国制造业占比高有关。

③ 挑战三：我国城镇化、基础设施建设、人民生活水平提升等方面的需求空间巨大。

④ 挑战四：我国的能源需求还在增长，这意味着我国的二氧化碳排放无论是总量还是人均量都会继续增长。

⑤ 挑战五：从碳达峰到碳中和之间的调整时间短。我国从碳达峰到碳中和，其间只有30年时间，调整时间短，可谓时间紧任务重。

2. 我国实现碳中和的主要机遇

挑战与机遇并存，我国在实现碳中和过程中会遇到挑战，但也面临一些机遇。

① 机遇一：我国光伏发电技术在世界上领先。我国光伏发电技术处在国际第一方阵，核电技术也跨入世界先进行列，建设水电站的水平更是无出其右者。

② 机遇二：我国西部有大量的风、光资源，尤其是西部的荒漠、戈壁地区，是建设光伏电站的理想场所，光伏电站建设还可带来生态效益；东部有大面积平缓的大陆架，可以为海上风电建设提供大量场所。

③ 机遇三：我国的森林大多处于幼年期，还有不少可造林，加之草地、湿地、农田土壤的碳大多处在不饱和状态，因此生态系统的固碳潜力非常大。

④ 机遇四：我国实现碳中和目标的过程，也是环境污染物排放大大减少的过程。此外，碳中和也意味着我国将减少对外能源依赖，而减少对外能源依赖从某种程度上还会为我国的粮食安全提供助力。

⑤ 机遇五：碳中和涉及大量的国家规划、产业政策、金融税收政策等内容，我国的体制优势将在实现碳中和的过程中发挥重大作用。

（三）我国实现碳达峰碳中和的战略及路径

2022 年 3 月 31 日，在第六届创新与新兴产业发展国际会议上，中国工程院发布重大咨询项目《我国碳达峰碳中和战略及路径》成果。该重大咨询项目成果重点围绕产业结构、能源、电力、工业、建筑、交通、碳移除等方面展开系统研究，旨在贯彻落实党中央、国务院关于实现碳达峰碳中和重大决策部署，为我国实现碳达峰碳中和提供战略及路径选择。该重大咨询项目成果提出我国实现碳达峰碳中和的八大战略、七条路径。

1. 我国实现碳中和的八大战略

（1）节约优先战略

秉持节能是第一能源理念，不断提升全社会用能效率。

（2）能源安全战略

做好化石能源兜底应急，妥善应对新能源供应不稳定，防范油气以及关键矿物对外依存风险。

（3）非化石能源替代战略

在新能源安全可靠逐步替代传统能源的基础上，不断提高非化石能源比重。

（4）再电气化战略

以电能替代和发展电制原料燃料为重点，大力提升重点部门电气化水平。

（5）资源循环利用战略

加快传统产业升级改造和业务流程再造，实现资源多级循环利用。

（6）固碳战略

坚持生态吸碳与人工用碳相结合，增强生态系统固碳能力，推进碳移除技术研发。

（7）数字化战略

全面推动数字化降碳和碳管理，助力生产生活绿色变革。

（8）国际合作战略

加大力度深化国际合作。

2. 我国实现碳中和的七大路径

① 提升经济发展质量和效益，以产业结构优化升级为重要手段实现经济发展与碳排放脱钩。

② 打造清洁低碳安全高效的能源体系是实现碳达峰碳中和的关键和基础。

③ 加快构建以新能源为主体的新型电力系统，安全稳妥实现电力行业净零排放。

④ 以电气化和深度脱碳技术为支撑，推动工业部门有序达峰和渐进中和。

⑤ 通过高比例电气化实现交通工具低碳转型，推动交通运输部门实现碳达峰碳中和。

⑥ 以突破绿色建筑关键技术为重点，实现建筑用电用热零碳排放。

⑦ 运筹帷幄做好实现碳中和"最后一公里"的碳移除托底技术保障。

党的二十大报告提到，立足我国能源资源禀赋，坚持先立后破，有计划分步骤实施碳达峰行动。完善能源消耗总量和强度调控，重点控制化石能源消费，逐步转向碳排放总量和强度"双控"制度。推动能源清洁低碳高效利用，推进工业、建筑、交通等领域清洁低碳转型。

第二节　碳中和下的碳管理系统

一、碳管理系统的概念和建立碳管理系统的重要性

（一）碳管理系统的概念

碳管理系统是指为了降低碳排放量、提高资源利用效率，最终减缓全球变暖而制定的一套用于衡量、监测和管理企业或组织碳排放的管理系统。

（二）建立碳管理系统的重要性

（1）保护环境与减少碳排放

随着全球变暖问题的日益突出，减少碳排放已成为保护环境、维护生态平衡的重要举措。企业建立碳排放系统有助于保护环境与减少碳排放。

（2）履行企业社会责任

建立碳管理系统是企业履行社会责任的一种重要方式，有助于企业树立良好的形象，获得社会认可。

（3）开发低碳经济

建立碳管理系统有助于企业从传统的高碳经济模式转向低碳经济模式，促进企业的可持续发展。

二、碳管理系统的关键要素和碳管理系统的作用

（一）碳管理系统的关键要素

（1）碳排放监测技术

先进的碳排放监测技术是建立碳管理系统的基础，企业需要不断引入新技术，提高监测精度和效率。目前我国的碳排放数据是根据政府间气候变化专门委员会（Intergovernmental Panel on Climate Change，IPCC）提供的排放因子和核算方法核算的，然而这些排放因子和核算结果是否与我国实际碳排放情况一致仍需验证，因此发展可靠的碳排放监测技术，准确而全面获取碳排放数据，可以为碳减排措施的制定及其减排效果的评估提供有力的技术支撑。

（2）员工的参与和培训

员工的参与和培训是碳管理系统成功运行的重要保障，企业需要加强对员工碳管理意识的培养和技能的提升。

(3) 管理层的支持与承诺

管理层的支持与承诺是企业建立碳管理系统的关键，企业建立碳管理系统需要高层领导的重视和支持。

(4) 资源投入与资金支持

企业建立碳管理系统需要投入大量的人力、物力和财力，企业需要充分认识到这一点，并做好资金支持的准备。

（二）碳管理系统的作用

(1) 提高企业竞争力

建立碳管理系统有助于提升企业的竞争力，赢得消费者的青睐。

(2) 降低经营成本

通过降低能源消耗和碳排放，企业可以有效降低生产成本，提高经营效益。

(3) 增强品牌形象

积极开展碳管理活动可以树立企业的环保形象，提升企业在社会上的声誉和地位。

三、建立碳管理系统的步骤

（一）制定碳排放目标

企业应先对碳排放进行测量，以了解自身的碳排放情况，然后在此基础上制定合理的碳排放目标，明确自己的发展方向。

（二）收集和处理数据

企业应收集数据并对收集到的数据进行处理，根据数据的处理结果制订具体的行动计划，包括减排措施、资源调配等。

（三）实施行动计划与监测

企业应将行动计划付诸实施，并持续监测碳排放情况，及时调整措施。

（四）审核与改进

企业应定期对碳管理系统进行审核，发现问题及时改进，不断提升碳管理系统的效率和可靠性。

案例 11-1

某园区碳排放管理系统项目

（一）业务挑战

某园区与全国情况基本类似，其目前的碳排放核算统计及碳排放管理能力，与实现碳达峰碳中和的目标要求相比，还存在一定的差距，主要表现在以下三个方面。

① 数据平台建设滞后，基础数据填报、汇集、管理工作效率较低且不规范。

② 碳排放监测统计体系不健全，减排任务分解、评估考核和指标分配缺乏科学依据。
③ 碳达峰预测分析缺乏辅助决策工具，无法有效满足方案规划制订需要。

（二）建设目标

以建设能源和碳排放管理系统为抓手，加快建立碳账户，形成健全的碳排放核算、监测和统计体系，从而摸清碳排放底数，科学分解减排任务、客观评估考核工作进展，科学高效制订减排方案，全面提高碳排放管理和辅助决策能力，进而率先成为资源和能源型国家级高新区碳达峰制度创新的示范区。

（三）碳排放管理系统架构

该园区的碳排放管理系统架构如图 11-1 所示。

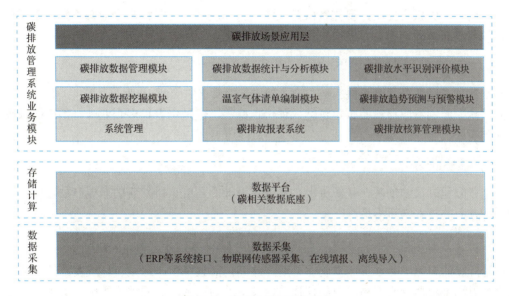

图 11-1　碳排放管理系统架构

（四）收益

碳排放管理系统通过利用数字技术和算法赋能管理部门，建立各个主体的碳排放账户，全面提高了碳排放核算统计、减排任务分配和评估考核、减排规划方案制订"三种能力"，显著提升了管理部门的管理水平和决策的科学性。

资料来源：https://www.vztimes.com/anli/?ac=anliinfo&id=26[2024-04-01]。

第三节　碳管理系统建设中存在的问题和面临的挑战

企业碳管理系统主要包括四方面内容：首先，企业需要进行碳排放核算，了解自身的碳排放情况；其次，制定减排目标和措施，明确企业的减排方向；再次，建立碳管理体系，包括组织结构、制度建设、人员培训等方面；最后，通过监测和报告机制，对企业的碳排放情况进行持续监控和评估。

一、碳管理系统建设中存在的问题

1. 国际交易市场机制不健全

党的二十大报告提出，要健全碳排放权市场交易制度。当前国际碳交易尚未形成统一的标准，交易是否公平公正取决于交易双方的沟通与博弈。

2. 缺乏统一的、可操作性强的核算标准

党的二十大报告提出，要完善碳排放统计核算制度。目前很多企业都不知道碳排放要如何核算，而不同的第三方机构核算出来的结果又不一致。

3. 缺少供应链上下游的协同

目前很多知名企业已对供应链提出了要求，如要求供应商100%采用绿电、遵循"负责任的采购"原则将原材料的碳足迹纳入评价指标等，但是仍有很多企业未将供应链减碳真正落到实处。

4. 技术创新不足

企业应通过技术创新，从源头上、从绿色设计的角度来研发新的减碳产品，但目前企业这一方面的技术创新不足。

5. 绿色溢价问题

可持续的绿色产品本身成本就比普通产品高，而且绿色产品是对环境友好的，从产品全生命周期来看性价比更高，但如何让消费者主动为绿色产品的溢价买单，是企业必须面对的一个问题。

二、碳管理系统建设中面临的挑战

1. 技术限制与成本压力

碳管理系统建设过程中会面临技术限制和成本压力，企业需要寻求技术创新和降低成本的解决方案。

2. 政策法规变化

碳管理系统建设会受到国家政策法规的影响，企业需要密切关注政策动态，及时调整管理策略。

3. 公众舆论与社会压力

公众舆论和社会压力也是碳管理系统建设面临的挑战，企业需要积极回应社会关切，树立良好的企业形象。

本章小结

全球变暖是人类行为造成的地球气候变化后果，它正在改变（影响）人们的生活方式，并带来越来越多的问题，它已成为国际社会普遍关注的问题。各国携手应对气候变化，共同推进低碳经济，是全球应对气候变化的必由之路。本章阐述了碳中和提出的背景和意义、碳中和的基本概念，碳中和下的碳管理系统，总结了碳管理系统建设中存在的问题和面临的挑战。

习题

一、单项选择题

"碳排放"与选项（　　）无关。

A．温室气体排放　　　　　　　　B．二氧化碳排放
C．化石能源使用　　　　　　　　D．二氧化硫排放

二、多项选择题

碳管理系统的关键要素包括（　　）。

A．碳排放监测技术
B．能源需求的预测
C．员工参与和培训
D．管理层支持与承诺
E．资源投入与资金支持

三、判断题

1．全球气候变化主要是由二氧化碳排放引起的。　　　　　　　　　　　　（　　）
2．发展可靠的碳排放监测技术，准确而全面获取碳排放数据，可以为碳减排措施的制定及其减排效果的评估提供有力的技术支撑。　　　　　　　　　　　　　　　　（　　）

四、填空题

碳管理系统是指为了_____、_____，最终减缓全球变暖而制定的一套用于衡量、监测和管理企业或组织碳排放的管理系统。

五、名词解释

碳中和

六、简答题

1. 简述我国实现碳中和的挑战与机遇。
2. 简述建立碳管理系统的步骤。

七、拓展阅读

碳中和认证机构

一、碳中和认证机构概述

碳中和认证机构是指专门致力于减少碳排放、推动碳中和目标的第三方机构。它们对企业的碳排放进行核算、评估和管理，并为企业提供碳中和认证服务。

二、全球认可的碳中和认证机构一览

1. 国际标准化组织（International Organization for Standardization，ISO）

ISO 是全球最具影响力的标准化组织之一，其制定的碳中和标准在全球范围内得到广泛认可。ISO 14064-1 标准规定了组织温室气体排放量的核算和验证方法。此外，ISO 还推出了 ISO 14064-2 标准，该标准规定了产品生命周期内碳排放量的核算和验证方法。

2. 美国绿色电力协会（Green Power Association）

美国绿色电力协会是一家致力于推广可再生能源的第三方机构。该协会为企业提供碳排放核算、可再生能源认证及碳中和认证等服务。同时，该协会还定期发布行业报告，为企业提供碳排放数据及可再生能源使用情况。

3. 英国碳信托（Carbon Trust）

英国碳信托是一家致力于减少碳排放的第三方机构。该机构为企业提供碳排放核算、减排建议及碳中和认证等服务。此外，英国碳信托还为政府和公共机构提供碳排放管理及碳中和方面的咨询服务。

目前，国际标准化组织、美国绿色电力协会和英国碳信托在国际上的认可度较高。

4. 法国国际检验局（Bureau Veritas）

法国国际检验局是一家提供全球检验、测试和认证服务的第三方机构。该机构为企业提供碳排放核算、产品碳足迹及碳中和认证等服务。此外，法国国际检验局还提供环境、健康和安全等方面的咨询服务。

5. 中国质量认证中心（China Quality Certification Centre，简称 CQC）

中国质量认证中心是一家提供全球检验、测试和认证服务的第三方机构。该机构为企业提供碳排放核算、产品碳足迹及碳中和认证等服务。此外，中国质量认证中心还提供环境、健康和安全等方面的咨询服务。中国质量认证中心在国际上具有一定的声誉，其颁发的碳中和认证证书也得到广泛认可。

三、如何选择合适的碳中和认证机构

企业在选择碳中和认证机构时，应考虑以下五个因素。

1. 认证机构的权威性和认可度

企业应选择具有较高权威性和广泛认可度的认证机构，以保证认证结果的公信力和有效性。

2. 认证机构的业务范围和服务内容

企业应了解认证机构的业务范围和服务内容,以确定其能否满足企业的需求。

3. 认证成本

企业应综合考虑认证成本与收益,选择性价比高的认证机构。

4. 认证周期

企业应了解认证周期的长短,以确定企业是否能在要求期限内获得认证。

5. 客户服务质量

企业应了解认证机构的客户服务质量,以确定其能否提供及时、专业的服务。

资料来源:https://aiqicha.baidu.com/qifuknowledge/detail?id=10133471759[2024-04-01]。

参 考 文 献

贝拉斯克斯，2020．商业伦理：概念与案例：第 8 版[M]．刘刚，等译．北京：中国人民大学出版社．

崔维，等，2018．计算机网络基础[M]．石家庄：河北科学技术出版社．

郭东强，傅冬绵，2021．现代管理信息系统[M]．5 版．北京：清华大学出版社．

国家知识产权局知识产权保护司，2022．企业知识产权保护指南[M]．北京：知识产权出版社．

黄源，2023．大数据可视化技术与应用[M]．北京：清华大学出版社．

蒋建春，2020．信息安全工程师教程[M]．2 版．北京：清华大学出版社．

克伦克，博伊尔，2019．管理信息系统：第 7 版[M]．冯玉强，译．北京：中国人民大学出版社．

劳顿 K C，劳顿 J P，2018．管理信息系统：第 15 版[M]．黄丽华，俞东慧，译．北京：机械工业出版社．

李东，2020．管理信息系统的理论与应用[M]．4 版．北京：北京大学出版社．

李少颖，陈群，2020．管理信息系统原理与应用[M]．2 版．北京：清华大学出版社．

李志球，2020．计算机网络基础[M]．5 版．北京：电子工业出版社．

林泽丰，等，2021．大数据实践之路：数据中台+数据分析+产品应用[M]．北京：电子工业出版社．

刘毛华，2021．项目管理基础工具：五图二表[M]．北京：化学工业出版社．

刘平阔，2023．中国能源绿色低碳转型的结构与路径[M]．北京：科学出版社．

刘强，2018．大数据时代的统计学思维：让你从众多数据中找到真相[M]．北京：中国水利水电出版社．

马睿，苏鹏，周翀，2020．大话云计算：从云起源到智能云未来[M]．北京：机械工业出版社．

秦秋莉，邵丽萍，刘会齐，2016．管理信息系统[M]．2 版．北京：科学出版社．

任韬，刘帅，2022．大数据预处理：基于 Python 的应用[M]．北京：首都经济贸易大学出版社．

尚硅谷教育，2022．剑指大数据：Hadoop 学习精要[M]．北京：电子工业出版社．

特雷莎，克莱普尔，2017．大数据时代的隐私[M]．郑淑红，译．上海：上海科学技术出版社．

王良明，2022．云计算通俗讲义[M]．4 版．北京：电子工业出版社．

王珊，萨师煊，2014．数据库系统概论[M]．5 版．北京：高等教育出版社．

王宇韬，房宇亮，肖金鑫，2019．Python 金融大数据挖掘与分析全流程详解[M]．北京：机械工业出版社．

夏火松，2022．物流管理信息系统[M]．3 版．北京：科学出版社．

谢泼德森，2021．数据安全实操指南：不可不知的个人隐私侵犯陷阱[M]．北京：中信出版社．

谢希仁，2021．计算机网络[M]．8 版．北京：电子工业出版社．

尹东升，陈磊，周斌，2014．跟我学 SAP HANA：做大数据时代的领航者[M]．北京：清华大学出版社．

于海浩，刘志坤，2022．大数据技术入门：Hadoop+Spark[M]．北京：清华大学出版社．

张劲松，等，2022．管理信息系统[M]．北京：清华大学出版社．

张俊，2012．SAP BW/BO 实战指南：像学习 Office 一样学习 BW/BO[M]．北京：机械工业出版社．

张敏，王宇韬，2022．大数据财务分析：基于 Python[M]．北京：中国人民大学出版社．

张新，2022．管理信息系统[M]．2 版．北京：经济科学出版社．

张雅文，刘春霞，白尚旺，等，2019．多租户宽表数据存储模式的查询重写机制研究[J]．太原科技大学学报，40（1）：38-42．

赵天唯，甘霖，周丹，2018．管理信息系统教程[M]．北京：清华大学出版社．

Rousseeuw P，1987. Silhouettes：a graphical aid to the interpretation and validation of cluster analysis[J]. Journal of computational and applied mathematics（20）：53-65．